KB067954

90년대생은
왜
이럴까

90년대생은 왜 이럴까

초 판 1 쇄 2023년 5월 30일
지 은 이 비해
펴 낸 곳 하모니북

출판등록 2018년 5월 2일 제 2018-0000-68호
이 메 일 harmony.book1@gmail.com
전화번호 02-2671-5663
팩   스 02-2671-5662

ISBN 979-11-6747-109-3 03320
ⓒ 비해, 2023, Printed in Korea

값 16,800원

90년대생은 왜 이럴까

비해 지음

harmonybook

90년대생은 왜 이럴까?

1994년생. 나는 이제 30살이다. 요즘 MZ세대다 90년대생이다, 말이 많다. 각종 매체에선 MZ세대를 분석하는 글이 쏟아지고, MZ세대를 이야기하는 유튜브 컨텐츠는 늘 화제다. 현재 매체에서 다뤄지는 MZ세대의 정의는 90년대생 및 그 이후 세대를 의미한다. MZ세대가 부정적인 의미에 힘이 실린 이후 80년대생들은 70년대생 쪽에 붙었기 때문이다. 90년대생은 90년대생을 어떻게 바라보고 있을까? 90년대생을 내가 정의하자면 과도기 세대다. 바뀌는 세상에서 문을 여는 세대. 학교도, 수능도, 군대도, 세상도 우리가 들어가면 바뀌기 시작했다. 세상이 급격하게 변할 때는 항상 우리가 문을 열었다. 우리에겐 레퍼런스가 없다. 과도기

의 세대라는 것은 어른들을 따라할 수 없는 세대란 뜻이다. 어른들은 산업화 시대, 우리는 정보화 시대. 아날로그에서 온라인으로 시대가 변했지만, 어른들은 아직 받아들이지 못한다. 반면 우리는 아날로그를 밀어내려고 노력했다. 그 결과 어느 때보다 세대 갈등이 심한 세상이 되었다. 아니, 모든 갈등이 너무나도 심한 세상이 되었다. 이제는 서로를 이해해야만 한다. 뒤처지지 않기 위해서. 더 큰 걸음으로 나아가기 위해서. 이 책은 이 세상에서 살아남기 위한, 그리고 갈등을 겪는 모두를 위한 가이드북이다.

까라면 까야지 vs 가만히 있으면 호구된다

MZ세대. 코로나 이후 대한민국에서 가장 핫한 키워드였다. X세대, Y
세대를 이은 MZ세대는 80년생부터 00년생까지 통쳐서 부르는 말이다.
90년대생은 MZ세대라는 말 자체를 부정한다. 90년대생은 80년생과 90
년생, 00년생은 각자 다른 세대라고 생각한다. 80년대생은 아날로그의
마지막 세대. 90년대생은 디지털의 문을 연 세대, 00년생은 디지털 세대.
그래서 다들 처음 MZ세대의 정의를 들었을 때 바로 의아해했다. "80년
대생이 90년대생이랑 같은 세대라고?" 80년대생은 90년대생과 전혀 같
은 세대가 아니다. 10대 시절을 비교해보자. 80년대생은 오락실의 세대,
90년생은 PC방의 세대이다. 단순히 장소가 바뀐 게 아니라, 선후배, 오
프라인의 문화에서 친구, 온라인의 문화로 바뀌었다는 뜻이다. 90년대
생은 더 이상 오락실의 무서운 형들을 걱정하지 않는다. 학원 끝나고 집
에서 게임으로 만나면 되니까. 한 때 선풍적인 인기를 끌었던 응답하라
시리즈를 보자. 많은 사람이 공감했지만, 90년대생에겐 공감 가는 부분
이 많지 않았다. 왜냐면 90년대생의 학창 시절부터 학교 신축, 놀토 시행
등 학생 인권 및 환경개선이 이루어지기 시작했기 때문이다. 70년대생과
80년대생들은 학창 시절에 대해 서로 공감을 하지만, 80년생과 90년생
의 학창 시절은 아주 조금의 교집합만이 있을 뿐이다.

학창 시절 이후를 살펴보자. 남자라면 대부분 군대에 간다. 군대는 알다시피 조직 문화다. 개인의 의견이 아닌, 군 전체의 의견이 중요하고, 휴가 나간 군인 한 명의 잘못이 군 전체의 잘못이 되는 문화다. 이런 문화를 겪은 사람들이 전역을 하고, 사회에 나간다. 쉽게 계산해보면 대한민국 사람의 절반이 군대를 다녀온다. 군대 물이 빠지지 않은 복학생들은 "너 군대 안 다녀 봤어?" 한마디로 자신의 대학교에 군대 문화를 정착시킨다. 몇몇은 이들이 만들어 놓은 문화를 없애려 노력했지만, 그다음 해도, 그다음 해도 군대를 다녀온 사람들이 다시 문화를 잡아간다. 군대를 다녀오지 않은, 대학교 학년이 낮은 사람들은 '나도 당했으니까…'의 마음으로 부조리는 유지된다. 회사에 나가서도 마찬가지다. 회사를 차린 사람도 군대를 전역했기 때문이다. 이러한 부조리가 유지될 수 있는 이유는 집단문화의 효율성 덕분이다. 혼자서 가방 한 개를 만드는 것보다는 100명에서 100개를 분업해서 만드는 것이 더 효율적이다. 집단의 힘은 개인의 힘을 모아서 하나의 방향으로 분출하는 것에 있다. 그리고 이러한 집단의 힘으로 우리나라는 가난을 벗어나게 된다. 우리나라가 가난하던 시절엔 개인이 중요하지 않았다. 우리나라는 나라를 살리려고 전 국민이 뛰어드는 세상을 거쳤다. 사회 전반에 조직을 위해 희생하는 문화가 당연했다. 당시는 나보다는 가족이, 회사가, 나라가 더 중요한 세상이었다. 군대문화에서 비롯된 이러한 성공 신화는 사회 전반에 모두가 힘을 합치면 된다는 가치관이 넘실거리게 되었다. 개인이 아닌 집단의 정체성을 더 중요시하는 군대문화는 시간이 지날수록 위상을 드높였다. 결국 우리나라는 군대 문화가 되어버렸다.

"군대 다녀와야 사람 돼!" 한국 남자라면 으레 듣는 이야기이다. 사람이 군대를 갔다 오면 어떤 변화가 생길까? 군대문화에서는 예외가 있으면 안 된다. 일사불란. 한 번의 망설임에 목숨이 오가는 곳이다. 이견이 많을수록, 행동은 느려지게 된다. 여기서 한국인들의 입버릇이자, 기초 신념인 "까라면 까야지."가 장착된다. '군대 갔다 와야 사람 된다'란 말은 군대 갔다 오면 조직을 위해 충성을 다하는 규격화된 나사가 된다는 말이었다. 그렇게 군 전역 후 대학에 복학하게 되면, 기존에 자리 잡고 있던 군대식 선후배 문화에 대해서 이해를 하게 되고, 역시 까라면 까야지의 마음으로 대학교를 아주 잘 통솔하게 된다. 여기서 여자들 또한 군대 문화를 배우게 된다. 만약 군대도, 대학도 가지 않았다면? 군대를 전역한 사장님, 대학을 졸업한 선배 밑에서 일하게 된다. 그들 역시 까라면 까야지의 마음을 배우며 회사를 만들고, 다니게 된다. 하지만 대한민국 정부 수립 이후 이런 시스템이 크게 흔들리기 시작한 것은 2014년 이후부터다. 그 시기는 한창 90년대생들이 군대에 입대하던 시기였다.

2014년에 군 내부에서 가장 크게 터진 사건이 2가지 있다. 윤 일병 사건과 임 병장 사건. 군 내외적으로 엄청난 이슈를 끌어왔던 사건이었고, 많은 사람이 분노했다. 이 사건들은 더 이상 군에서도 묵과할 수 없었던 사건이었다. 사건이 일어나도, 쉬이 쉬이 하던 우리나라 군이 드디어 바뀌기 시작한 것이다. 이제 이등병, 일병들의 하소연은 간부든, 병사든 상관없이, 무조건 징계를 받을 정도로 강력하게 바뀌었다. 왜 그동안 부당한 일을 겪었어도, 군대를 바꿀 수 없었을까? 이등병이 자신의 고충을 이야기하면, 당사자와 함께 면담을 진행하는 것이 군대식 해결 방식이었다. 학교폭력 가해자와 피해자를 한곳에 모으고 앞으로 좀 잘해봐 한 마디와 함께 단둘이 있도록 자리를 비켜주는 것이다. 왜일까? 첫째로 군대 간부의 인력 부족 때문이다. 학교에서 학교폭력을 알면서도 외면했던 교사들과 같은 이치다. 군대에선 너무 많은 숫자를 너무 적은 숫자로 통솔해야 했다. 그래서 인력이 부족하다는 이유로 직업군인들이 해야 할 일들의 대부분을 병사에게 위임한다. 간부들은 자신에게 문제가 생기지 않고, 자신의 일이 줄어든다는 이유로 선임병의 후임병 구타 같은 부조리들을 묵과했다. 자리를 비켜주는 이유는 이러한 분쟁은 자신의 소관이 아니란 뜻이다. "이 이등병에게서 이런 고충이 들어왔다. 하지만 내 소관이 아니니, 네가 잘 타일러봐라. 추가로 문제 생기면 네 책임이니까, 너에게 책임을 묻겠다." 간부들이 자리를 비켜주는 것은 이렇게 이야기하는 것이다. 나갈 수 없고, 아무것도 바꿀 수 없는 곳에서 자신과 가장 껄끄러운 직장 상사와 아침에 눈을 뜨고, 저녁에 눈을 감을 때까지 함께해야 한다면 결과가 어떻게 될까? 바로 순응과 적응이다. 그 이등병은 시간이 지나서 철저한 군대형 인간이 되어서 전역을 하게 된다.

둘째로 군대 간부의 승급체계의 문제점이다. 군대에서의 승급은 잘한 사람이 올라가는 방식이 아니다. 오점이 없는 사람이 올라간다. 아무리 능력이 뛰어나도, 하나의 오점이 있는 사람은 떨어진다. 군대에서 생활하다 보면 대체 저 사람이 왜 저 위치에 있지? 하는 사람들이 있었을 것이다. 그들은 오점이 없었기 때문에 진급을 한 것이다. 유독 중대장들이 실망하는 이유가 그것이다. 자신의 부대원들에게 어떤 사건이 있으면 평가에 반영되기 때문에 상급 부대에 보고가 되는 해결 방법보다는, 부대

내에서 조용히 지나갈 수 있도록 병사들에게 해결하도록 종용하는 것이다. 이러한 배경 때문에 대부분의 군 간부들이 혁신보단 안정을 추구한다. 괜히 나섰다가 오점이 생기면 진급이 막히기 때문이다.

하지만 이제부턴 자신이 겪은 부당함에 대한 단 한 줄의 편지 하나만 있으면, 그 사람이 잘했건 못했건 징계를 부여할 수 있게 되었다. 계급이 높을수록 더 조심하게 됐고, 병사들 사이의 교류는 점차 줄어들게 되었다. 부당하고, 불편 사항이 있으면 말하면 된다. 그러면 만족스럽진 않더라도 조치를 취하는 게 보였다. 물론 모두가 그런 식으로 바꾸는 것에 동참한 것은 아니었다. 당시에도 많은 사람이 군대식 문화에 동조하고 까라면 까야지의 마음이었다. 그래서 병 계급 내에서도 어떤 벽이 생기기 시작한다. 군대 새내기라고 말할 수 있는 일, 이등병 중에서도 까라면 까야지라는 생각을 갖고 있는 쪽과, 부당한 것에 대해서 말해야 한다는 쪽으로 나뉘게 된다. 당연히 간부들 및 입대일보다 전역일이 가까운 병사들은 까라면 까야지의 마음이었다. 이들은 까라면 까야지의 마인드를 가진 병사들에게 더 많은 관심을 주고, 반대의 경우는 가까이하지 않게 되었다. 그 결과 부당함을 말하지 않고 묵묵히 군대를 위해서 일한 사람에게는 많은 일, 같은 보수, 그리고 더 많은 일이 주어졌다. 반대로 부당한 것은 다 말하는 사람에게는 더 적은 일, 더 편한 환경이 주어졌다. 까라면 까야지의 그룹은 '그래. 그래도 사람들한테 인정도 받고, 좋은 기억으로 남았잖아. 군 생활 잘한 거야' 그 한 줄의 기억을 가지고, 대학교로, 일터로 전역을 하게 된다. 하지만 그 한 줄의 기억 덕분에 하나의 가치관이 희미하게 새겨지게 된다. "말 안 하고 가만히 있으면 호구 된다."

그 이전까지의 군대와 2014년 이후의 사람들이 경험한 군대는 다른 군대다. 부당함을 말하면 결국 내게 다시 피해가 오는, 절대 변하지 않는 굳건한 군대에서, 말하면 조치가 취해지는, 변하는 군대가 되었다는 뜻이다. 실제로 자신이 이야기했든, 안 했든, 말해서 변하는 것을 눈으로 본 세대가 90년대생이다. 여태까지의 한국인들을 지탱해주던 "까라면 까야지."를 배울 수 있던 군대는 이제 "가만히 있으면 나만 호구 된다."를 배우고 나오는 사람들이 더 많아졌다.

어쩔 수 없이 군대 이야기를 하게 되었는데, 우리나라 문화는 군대를 빼놓으면 아무 이야기도 할 수 없다. 전쟁을 거치고, 군대를 버티고 온 전사들이 만든 나라가 우리나라니까. 그동안 쌓아 놓은 모든 문화에 알게 모르게 군대가 스며들어있다. 사회생활을 하면서 '아니 이건 대체 왜 이렇게 하는 거지?'라는 의문이 들면 대부분 군대문화의 한 축일 가능성이 높다.

다른 세대와 90년대생이 가장 다르다고 생각되는 근본적인 원인은 여기서부터 시작해야 한다. 내가 노력해도 바꿀 수 없는 집단, 사회를 경험한 세대와 잘못된 것을 바로잡을 수 있다는 희망을 품게 된 세대. 90년대생의 대표적인 특징은 부당함이 있으면 더 이상 가만히 있지 않으려는 점이다. 그렇다면 단순히 군대가 유해져서 90년대생은 이런 생각을 가지게 된 것일까? 90년대생들 대부분의 기저에 '가만히 있으면 호구 된다'라는 가치관을 확고히 하게 만든 사건이 있다. 바로, 정치다.

20대는 진보 늙으면 보수
근데 너희는 왜 그래?

사실 90년대생이 처음부터 정치에 관심이 많았던 것은 아니었다. 90년 대생들은 '정치는 성향이 다르면 가족끼리도 싸운다'는 교육을 받아와서 오히려 타 세대보다 관심이 없던 편이라고 하는 것이 맞다. 90년대생들의 대표적인 특징이 바로 안정성 추구, 실패에 대한 불안감이기 때문이다. 90년대생들이 10대일 때는 싸움과 분란 등을 피하려는 경향이 강했다. 싸움과 분란은 실패, 불안정, 위태함 등과 함께 묶이는 단어이다. 90년대생들은 학창시절 정치를 술, 담배와 같이 멀리해야 하는 것으로 규정했다.

정치에 대해 무관심이던 90년대생들이 정치에 빠지기 시작한 것은 박근혜 전 대통령 탄핵 사건부터다. 물론 그 당시엔 90년대생뿐만 아니라 모든 세대가 정치에 빠져들었지만, 특히 정치에 문외한이던 90년대생들에게는 문화를 바꾼 사건이라고도 볼 수 있었다. 그 이유는 90년대생들에게 현실의 도피처가 되어주던 온라인 게임이 점차 새롭지 않고, 흥미롭지 않은 것이 되었기 때문이다. 90년대생들에게 2016년 당시의 분위기는 어땠을까? 즐길 거리가 없어서 온라인 게임에만 몰두하던 10대, 20대 초반의 시절이 지나고, 대학과 사회생활, 인스타그램 등의 SNS, 유튜브와 인터넷 방송 등 점차 게임이 아닌 다른 곳으로 주위가 흐트러지고 있던 시기였다. 90년대생들은 왜 게임을 하는가? 그곳에 친구가 있어서 하는 것이다. 한국 사람만큼 공동체를 중시하는 사람이 없다. 모두가 게임을 하는 곳에선, 자신도 게임을 하지 않으면, 인간관계에서 도태되어 버리고 만다. 학교에서 수업받을 때는 '우리'지만, 같은 게임을 하지 않으면 '걔네'가 되어버린다. 그만큼 90년대생들에게 게임은 중요한 의미였다. "너 또 게임하냐?" 이 말을 안 들어본 90년대생은 없을 것이다. 하지만 지금의 90년대생들은 게임에 흥미를 잃어버렸다.

게임 이용자 실태조사 보고서에 따르면, 2016년 10대 게임 이용자 비율이 84.9%에서 2021년에는 93.7%까지 오른다. 반면에 코로나였던 2020년, 2021년을 제외하면, 게임의 전체 이용자 수가 감소하는 중이고, 2016년엔 90.7%에 달하는 30대 게임 이용자 비율이 2021년에는 70.1%까지 떨어진다. 반대로 40대의 게임 이용률은 2016년 50.8% 2021년 80.4%로 치솟는다. 이러한 그래프의 추이는 지금의 90년대생은 80년대생에 비해서 게임을 하지 않는다는 것을 나타낸다. 5년간 90년대생들은 30대가 되어갔고, 80년대생들은 40대가 되어갔기 때문에 게임 이용자 비율이 크게 바뀌게 된다. 윗글에서 90년대생은 분명 피시방 온라인 세대라고 했는데, 이젠 왜 게임을 하지 않을까? 그 이유는 질렸기 때문이다.

잠시 5살 때로 돌아가 보자. 지금이야 뽀로로, 핑크퐁, 유튜브 키즈가 아이들을 한 자리에 있도록 만들어주지만, 이전 세대의 모든 5살은 장난감을 가지고 신나게 놀았다. 별다른 기능도 없이 바퀴만 달린 플라스틱 자동차로 말이다. 우리가 5살 때 그토록 장난감에 열광했던 이유는 무엇일까? 단순히 생각해보면 재밌기 때문이다. 놀거리가 마땅하지 않던 당시엔 작은 장난감 하나로 상상하며 재밌게 놀 수 있었다. 하지만 장난감을 하나만 사진 않았을 것이다. 경찰차가 있다면 그다음엔 소방차와 지프차를 사야만 했다. 플라스틱 자동차 하나로 만족하지 못하고 왜 새로운 장난감을 계속 샀을까? 가지고 놀던 장난감이 질렸기 때문이다. 질리는 것의 이유는 다양하지만 가장 큰 이유는 유치함이다. 대부분의 사람이 성장을 거치며, 기존에 가지고 놀던 것의 단순함과 유치함을 느끼게 된다. 90년대생들의 10대 시절은 한국 온라인 게임의 전성기였다. 당시의 90년대생들에겐 매일 새로운 게임, 즉, 다양한 장난감이 제공됐다. 게다가 같은 게임을 해도 쉽게 질리지 않는다. 소방차 장난감과 다르게 온라인 게임은 매주 패치를 하며, 더 복잡해지고, 실력이 늘어갈수록 더 많은 경험을 체험시켜 주었다. 더 많은 게임이 서로 고객을 유치하기 위해서 더 큰 중독을 느끼도록 변화해갔고, 이를 따라가지 못하는 게임들은 도태되어 낙오되어 갔다. 당시 온라인 게임 시장은 그야말로 아수라장이었다. 결국 게임사들은 게임성이나 재미가 아닌 어떻게든 많이 할 수밖에 없는 요소를 집어넣기 시작했다. 한국인들이 게임을 하는 이유가 각자의 개성, 재미 때문이 아니었기 때문이다.

그래서 한국은 콘솔게임 시장의 무덤이라고 불렸다. 콘솔 게이머보다 압도적인 온라인 게이머의 비율 때문인데, 이는 세계적인 추세로 봤을 때, 이례적인 상황이었다. 게임의 근원지인 외국에서는 게임은 게임기로 하는 것이 당연하다고 생각하기 때문이다. 외국과는 반대로 한국인들은 주변에서 게임기로 게임을 하는 사람들을 정말 '이상한 사람'이라고 생각했다. "혼자 하는 게임이 뭐가 재밌냐?" 집에서 혼자 콘솔게임을 한다고 하면 대부분의 사람이 묻는 말이다. 내가 하는 게임을 같이하면 '우리', 다른 게임을 하면 '걔네'. 게이머들에게 게임은 출신학교, 학원, 직장 같은 소속집단이다. 그래서 이 집단 중 어떤 집단에도 속하지 않고, 혼자 게임을 하는 사람들을 온라인 게이머들은 사회성이 부족한 사람쯤으로 생각했다. 왜냐면 이들은 게임을 하고 싶어서 하는 것이 아니기 때문이다. 함께 놀기 좋아하고, 집단의식이 태생적으로 강한 대한민국인이, 정보와 시간, 공간이 부족한 상황에서 택할 수 있는 것이 온라인게임밖에 없었기 때문에 온라인 게임을 했던 것이다.

하지만 이런 이유가 90년대생이 이제 게임을 하지 않는 이유와는 맞지 않는다. 90년대생들은 늘 더 자극적이며, 더 중독되고, 더 많은 시간을 할애해야 하는 장난감을 왜 벗어난 걸까? 그리고 80년대생 게이머가 훨씬 많다는 것은 90년대생과 80년대생이 어떤 차이가 있기에 이런 결과가 나타난 걸까? 첫 번째 이유는 단체로 할 새로운 게임이 나타나지 않았기 때문이다. 위에서 말했듯이 한국에서 성공할 수 있는 게임은 온라인 게임이다. 그러나 온라인 게임이라서 성공할 수 있는 것은 아니다. 한국에서 성공하는 온라인 게임은 3가지의 필수조건을 가진다. 팀을 갖춰서 다 같이 협동할 수 있어야 할 것, 공평한 조건 속에서 경쟁을 할 수 있어야 할 것, 마지막으로 자신 혼자서 나머지 팀원을 이끌어주거나, 돋보일 수 있는 시스템이 있어야 할 것이다. 경쟁이나 협동이 없는 게임은 다 같이 하는 의미가 없다. 그리고 자신이 돋보이지 않는다면 그건 재미와 동기를 채워주지 못한다. 그래서 수많은 게임이 경쟁, 협동을 내세우면서 온라인 게임 왕좌에 도전장을 내밀었지만, 이 마지막 3번째 조건 때문에 한국에선 대부분 하나의 게임이 왕좌를 내어주지 않고 오랫동안 집권하게 된다.

돋보여야 할 것. 이 마지막 조건이 중요한데, 한 게임을 잘해서 남들보다 돋보일 수 있다는 의미는, 이 게임에 많은 시간을 쏟았다는 뜻이다. 이미 한 게임에 수많은 시간을 투자해서 좋은 실력을 갖추게 된 사람들에게 새로운 게임이란 산 정상에서 보는 다른 산 정상이다. 평지에 있으면 다른 산을 보며 올라가 볼까 생각이 들지만, 정상에 있는 사람이 다른 산 정상을 보며 내려가서 올라가 볼까 하는 마음을 갖는 것은 쉽지 않은 일이다. 그동안 이 게임에 쏟아내었던 함몰 비용과 다시 산 정상에 오르기까지의 여정이 머릿속을 스쳐 가면, '에이 그냥 하던 거나 하자'라는 생각이 들게 된다. 큰마음을 먹고 다른 게임으로 넘어가겠다 하고 마음을 먹었어도, 같이 하는 사람들이 모두 가야 한다. 혼자 하는 게임은 의미가 없다. 모두가 다 같이 해야만 된다. 그래야 내가 잘하는 것이 돋보일 수 있으니까. 즉, 대한민국에서 게임이 대박이 난다는 것은 수많은 이용자 수와 경쟁자 이탈 방지를 제공한다는 뜻이다. 1등 게임의 경쟁자들은 대한민국 온라인게임 순위 1위라는 왕좌를 찬탈하기가 쉽지 않다. 그렇다 보니, 많은 게임업체가 더 이상 도전을 하지 않았다. 자금의 흐름은 시간 절약, 간편성과 운의 요소를 결합한 모바일 게임 시장으로 넘어가고, 온라인게임에는 더 이상 새로운 대체제가 나타나지 않게 되었다. 즉, 더 이상 새로운 장난감이 나타나지 않게 된 것이다.

둘째로 성장 문제다. 사람은 대부분 유년기, 청소년기, 청년기, 중년기, 노년기의 성장단계를 거친다. 보통 청소년기가 되면, 유년기의 놀거리를 사용하지 않는다. 성년기도 마찬가지다. 청소년기에 사용한 놀거리를 사용하지 않는다. 대부분 유치함을 느끼기 때문이다. 추억에 젖어서 다시 가지고 놀아도. 잠시 재밌음을 느끼다가 이내, 내가 지금 뭐 하는 거냐 하는 '현타'가 오고 만다. 그 이유는 사람의 기억이란 것이 당시에 느꼈던 감정과 상황까지 전부 불러오기 때문이다. 게임은 시각적, 청각적, 촉각적인 복합적 기억을 사용한다. 심지어 후각까지 사용한다. 시각적으로는 당연하고, 게임의 사운드, 타자 치는 소리는 청각적 기억을 사용하고, 사용하는 키와 패턴, 타이밍 등은 촉각적 기억을 불러일으킨다. wasd를 누르는 방식만 보더라도, WOW를 했는지, 서든을 했는지가 달라진다. 익숙한 담배 냄새를 맡으면 이내 피시방 냄새라고 생각하고, 자신도 모르게 당시 생각이 떠오른다. 친구들과 매일 게임 이야기를 하고, 웃으며 피시방으로 출근 도장을 찍던 기억 말이다. 이처럼 게임은 생각보다 훨씬 많은 복합적인 감각을 토대로 당시의 추억과 감정을 고스란히 머릿속에 각인시킨다. 90년대생은 대부분 청소년기에 게임을 했다. 그리고 성년기로 성장을 하며 다양한 이유로 같이 게임을 하던 친구들을 잃게 된다. 삶에서 계속 끊이지 않고 게임을 한 사람들을 제외하면, 대부분 대학, 군대, 사회생활, 연인 등 사람을 만나면서 자연스럽게 게임을 하지 않게 된다. 유아 시절에 혼자 갖고 놀던 장난감들이 초등학교에서 친구들을 만나며 자연스럽게 도태되듯이, 90년대생들에게 게임은 어린 시절 향수가 되어 버린 사람들이 많다. 시간이 조금 남아서 다시 게임을 켜도, 예전처럼 재밌지 않다. 게임을 다시 켠 지 20분, 30분이 되어 피곤함을 느끼고 컴퓨터의 전원을 끈다. 그제야 깨닫는다. 나는 게임을 좋아하는 사람이 아니라, 친구를 좋아했던 것이구나. 내가 이곳에서 인정받았기 때문에 계속했던 거구나.

하지만 80년대생들은 다르다. 80년대생들은 대부분 온라인게임을 청년기에 맞이한다. 이들에게 게임이란 20대 때를 상상하게 만드는 향수다. 인생에서 가장 젊고 찬란했던 시기. 그래서 80년대생들에겐 오히려 게임에 대한 거부감이 없다. "시간 날 때 그냥 잠깐 하는 거지 뭐." 어느 정도 자리를 잡고, 애도 있는 80년대생들에게 게임이란 건전하고 간편한 취미생활이다. 새로운 게임을 하는 것에도 거부감이 없다. 이미 산 정상에서 내려와 평지에 있는 사람들이기 때문이다. "오랜만에 저 산이나 오를까? 나는 RPG를 좋아하니까." 이들은 부담 없이 새로운 산을 오르고, 친구들에게 이 게임 같이하자는 메시지를 보낸다. 한국 온라인게임의 전성기를 지낸 시절이 다르다. 이 점이 90년대생과 80년대생의 문화가 달라진 핵심이다.

한국 온라인 게임의 전성기를 10대와 20대 초반과 함께 불태웠던 90년생들은 정치가 어떻고 생각할 시간에 게임 한 판을 더 해야 했다. 이는, 한 건물에 PC방이 2개, 길 건너에 3개 있던 시대였다는 점이 증명한다. 하지만 시간은 흘러 2016년. 90년대생들은 이제 막 청년기에 돌입하고 있었다. 온라인게임의 성장이 정체에 몰렸을 타이밍에 터진 탄핵 사건은 그동안 청년기가 되어, 게임에서 벗어나 다른 곳으로 에너지를 표출하고 싶어 하던 90년대생들의 시점을 바꾸기엔 충분한 사건이었다. "정치인이 뭔데? 같은 사람 아니야? 가만히 있으면 안 돼."라는 생각으로 탄핵에 동조한 90년대생은 19대 대선에서 47.6%라는 압도적인 투표율로 문재인 후보의 당선을 돕는다. 그리고 4년 뒤, 90년대생은 대한민국 20대 역사상 가장 보수화가 된다.

물론 청소년기에 온라인 게임을 하지 않던 소수의 남성들, 여성들은 그럼 무엇이냐고 생각할 수 있다. 100% 모든 90년대생들이 온라인 게임에 질려서 정치에 빠졌다는 이야기가 아니다. 하지만 민주주의 사회에서는 단 10%만 표의 흐름을 바꿔도, 그 물길이 당락을 결정한다. 타세대보다 정치에 관심 없던 과반이상의 남성들이 온라인 게임이라는 현실 도피처에서 현실의 정치까지 관심이 옮겨오게 된 경위와 그들을 시작으로 90년대생 전체에 정치이슈가 확산된 경과를 함께 살펴보자는 이야기이다. 90년대생들의 보수화는 여기서부터 시작해야 한다.

20대부터 40대는 진보, 50대부터 70대는 보수. 우리나라에 거의 정론처럼 내려오던 틀이다. 가진 게 없는 사람들은 개혁을 바라고, 가진 게 많은 사람은 지키길 원한다는 생각에서 기반한 말인데, 오세훈 서울시장은 보수진영임에도 불구하고, 2021년 서울시장 선거에서 20대 남자의 72.5% 득표율을 이뤄냈다. (방송 3사 출구조사 기준) 이는 60세 이상의 득표율과 엇비슷한 득표율을 보인다. 20대 남자들은 갑자기 늙어버린 것일까? 아니면 가진 게 많아진 것일까? 이를 두고 정치계 및 언론들은 여러 가지 추측을 하기 시작했다. 남녀 갈등이 문제다. 유튜브 탓에 세뇌당해서 그렇다. 심지어 교육이 부족해서 그렇다는 정치인도 있었다. 이

90년대생은 왜 이럴까   21

제 막 20대를 시작한 90년대생은 왜 보수진영을 택했을까? 정말 유튜브에 세뇌당하고, 교육이 부족했기 때문일까? 19대 대선 결과를 보자. 당시 20대 득표율은 문재인 후보 47.6%, 홍준표 후보 8.6%. 이 결과만 보더라도, 90년대생은 누가 봐도 확실한 진보 진영이었다. 심지어 당시 20대들 사이에선 보수의 아이콘이었던 홍준표 후보를 찍었다는 이야기만 해도 정신이 이상한 사람으로 낙인찍히는 상황이었다. 거대 양당 체제인 우리나라 특성상 보수가 아닌 20대는 역시 민주당의 효자일 수밖에 없었다. 90년대생도 '20대는 진보'라는 틀을 깨지 못한 평범한 20대에 불과했다. 그렇다면 대체 4년간 무슨 일이 있었길래 90년대생들의 대부분이 보수화가 된 것일까?

사실 이 질문은 질문 자체가 잘못됐다. 왜냐면, 90년대생이 보수화가 된 것이 아니기 때문이다. 지금의 20대는 진보화에서 중도화가 되었다. 여론에 따라 정당을 선택하는 중도 말이다. 이를 이해하려면 90년대생들의 특성을 이해해야 한다. 이들은 먼저 지역감정이 거의 없다. 우리나라는 수도 집중 도시다. 한국 사람 5명중에 1명은 서울에 산다. 경기도까지 합치면 5명중에 2명은 수도권에 산다. 수도권에 사는 사람들은 경상도, 전라도, 충청도, 강원도에 크게 관심이 없다. 지하철은 당연히 타는 것이고, 버스에서 지하철로 환승하고, 차를 놓치면 5분 간격으로 오는 다음 차를 탄다. 하고 싶은 것 대부분이 대중교통을 이용하면 가능하고, 서울을 벗어나는 것을 멀리 여행을 떠난다고 이야기한다. 수도권에서 자란 사람들은 지역감정을 느끼기 쉽지 않다. 하지만 지방에 있는 사람들은? 이들은 인프라의 차이를 겪을 때마다 지역감정이 생긴다. 실제로 전라도와 경상도의 지역 발전도 차이는 눈으로만 보더라도 확연히 차이 난다. 하지만 위에서 이야기했듯, 90년대생은 온라인 세대다. 부산에 있는 사람과 서울에 있는 사람이 같은 게임을 하며 친해진 사이다. 온라인에선 인프라의 차이를 크게 느끼지 못하고, 밖에서 생활하던 이전 세대들에 비해서 큰 반감은 가지지 않게 된다. 게다가 지역감정이란 것이 인종차별급 한심 일이란 것을 '일베'를 겪으며 은연중에 가치관에 새기게 된다.

일베에 대한 자세한 이야기는 후술하겠지만, 간략히 설명하자면 상식에 벗어나는 과격한 행동들로 뉴스 1면에 자주 등장했던 극우 집단이다. 사회적으로 많은 물의를 일으킨 일베를 보며 대부분의 90년대생은 더 진보화되었고, 지역감정을 가지고 있는 것은 일베 같은 사상을 가지는 것으로 생각하게 되었다. 일베의 전성기 시절엔 20대가 보수라고 이야기하는 것은 "너 일베야?"라는 말을 듣게 되는 트리거 역할을 했다. 이에 대한 결과가 홍준표 후보 득표율 8.6%이다. 90년대생이 진보화가 된 것의 가장 큰 이유는 일베가 정상적이지 않은 집단이어서였다. 혐오감이 드는 집단. 그런 사람들이 믿는 정당은 역시 안 좋은 집단이지. 90년대생들은 그런 사람들이 되고 싶지 않아서 진보를 택했다. 이런 결정은 오히려 90년대생이 경상도는 보수, 전라도는 진보라는 고정관념에서 자유로울 수 있었던 발판이 된다. 일베의 메인 키워드는 지역 차별이기 때문이다. 이들의 극단적인 전라도 지역 비하는 차별이 불러오는 온갖 부작용의 온상들을 눈으로 마주하게 해 줬고, 90년대생들에게 지역감정, 차별, 비하에 대한 깊은 반감이라는 가치관을 새기게 된다.

이전 세대까지는 소수를 제외하면 실제로 만나서 이야기를 나누는 게 전부였기 때문에 정치는 지역색을 따라갈 수밖에 없었다. 만나는 사람들이 동네 사람들에 국한되어 있기 때문이다. 친구들이 전부 욕하는 사람을 친구를 버려가면서까지 혼자 믿기엔 너무 어려운 시대였다. 그러다 보니 습득되는 정보는 편협해지고, 생활권 내에서만 활동할 수 있었던 우리나라는 지역 정치에서 벗어나기 힘들었다. 하지만 온라인이라는 문화는 지역에 상관없이 자유로운 사상을 접할 수 있었다. 모든 사람이 실시간으로 갑론을박을 벌이며, 자신의 사상과 사유를 전달했다. 온라인에서는 자신이 누구든지, 어디든 갈 수 있었다. 전라도 사람도 일베를 했고, 경상도 사람도 문슬람이 될 수 있었다. 90년대생은 지역감정이 타 세대에 비해 한없이 약해지고 있었다.

둘째로 정상적이고 싶었다. 90년대생들은 일베에서 비정상을 배웠다. 일베를 통해 지역감정은 비정상인 것임을 배웠고, 가정에서 인간은 평등하다는 것을 배웠다. 그리고 학교에서 권력 남용과 횡령, 비리는 사회를 병들게 한다는 것을 배웠다. 정의롭고 올바른 가치관을 배우고, 에너지가 넘치는 20대는 전 세대를 막론하고 기존의 기성세대의 틀을 깨고 싶어 한다. 그러던 중 위에서 잠시 이야기한 박근혜 전 대통령의 국정농단 사건이 터진다. 모든 사람이 광장에 나와서 촛불을 들었다. 뉴스로 생중계되는 매일매일은 흥분의 연속이었다. 모두가 같은 생각을 했다. "비리를 척결해야 한다." 당장 능력이 없어도 괜찮았다. 몸만 있으면 내 의사를 표현할 수 있었고, 힘이 될 수 있었다. 이렇게 불평등한 대한민국이지만, 이렇게 우리가 손에 손을 잡고 시위한다면 세상이 변할 수 있지 않을까? 90년대생들에겐 세상이 바뀔 수 있다는 기대가 있었다. 나에게 항상 반대만 하던 부모님조차 나와 같은 생각을 하고, 같은 말을 한다. 여기서 동질감을 느끼게 된다. 동질감으로 그렇게 말 안 통하던 가족들까지 하나가 될 수 있음을 느끼게 된다. 유튜브, 인터넷 할 것 없이 내가 있는 모든 곳에서 대통령을 욕한다. 저녁 밥상에 틀어놓은 TV에서 뉴스, 시사가 나오면 방으로 들어가던 나였는데, 내 모든 피드가 국회 의정 실시간으로 도배가 된다. 처음 본 아저씨와 유튜브에서 나오는 대통령 욕을 함께 보며 시시덕거릴 때쯤. 속보가 뜬다. "박근혜 대통령 탄핵" 우리는 기대했고, 사회는 응답했다. "그래. 가만히 있으면 호구 된다니까." 우리는 비로소 세상을 정상적으로 만들고, 흡족해하며 자리를 떴다. 그렇게 90년대생들은 정치가 무엇인지 알게 되었고, 동질감의 힘을 알게 되었다.

마지막으로 정보를 소비하는 세대이다. 90년대생은 시간이 남으면 거의 모든 시간에 정보를 처리하는 데 시간을 쓴다. 유튜브를 보는 것도, 인스타그램을 하는 것도, 게임을 하는 것도 결국 정보처리다. 정보를 받고, 빨리 처리하고 판단하는 게 일상인 세대다. 바로 이 점이 다른 세대와의 가장 큰 차이점인데, 이전 세대처럼 정보를 얻기 위해 시간을 쓰는 세대가 아니란 점이다. 사람이 어떤 정보를 얻으려고 시간을 쓰는 건 굉장히 어렵고 힘을 써서 해야 하는 일이다. 비유하자면 90년대생에게 정보란 과일 공장에서 밀려드는 과일과 같다. 90년대생들은 마치 그곳에 있는 불량품 처리기처럼 자신에게 필요한 과일만을 그 흐름에서 하나씩 건져서 올리는 일만 반복한다. 그렇게 건져 올린 과일을 불량품 박스에 넣을지 다시 그 흐름에 던져 넣을지 빠르게 판단만 하고 넘긴다. 하지만 이제 그런 선별과정도 필요 없게 되었다. 최신형 불량품 선별사인 알고리즘이 알아서 불량품 의심 과일만 따로 선별해 내 눈앞에 갖다 놓는다. 내 눈앞에 과일이 불량품인지 아닌지만 스윽 보고 불량품만 고르면 되는 세상으로 변한 것이다. 그 결과 90년대생은 정보를 찾아보려고 하지 않게 되었고, 더욱더 판단하는 능력만을 기르게 되었다. 90년대생들은 이제 더 이상 정보를 얻는 것이 아닌, 마치 중국의 포청천처럼 옳고 그름을 고르는 마인드로 판단해야 하는 대상으로 본다.

그렇다면 알고리즘은 어떤 것들을 내가 판별하기 좋게 골라서 내 눈앞에 갖다 놨을까? 물론 우리가 그동안 신명 나게 했던 대통령 욕이었다. 탄핵으로 대통령은 바뀌었지만, 대통령 욕은 변하지 않았다. 90년대생들은 동질감으로써 세상을 바꿨다는 사실에 뿌듯함을 느꼈지만, 기대와는 달리 세상은 변하지 않았다. 그때부터 90년대생은 정치에 관심을 가지기 시작했다. 이 사람이 무슨 말을 하는지, 이 사람의 정책이 무엇인지, 이 당이 추구하는 게 무엇인지 심도 있게 들여다보기 시작했다. 90년대생들에게 중요한 것은 '정상적인 것'이었다. 이들이 원하는 것은 상식이 통하는 세상이다. 이제 더 이상 지역감정은 통하지 않았다. 여성을 위한다면서, 성추행, 성폭행을 하는 것이 통하지 않고, 우리를 위한다는 입에 발린 말은 더 이상 통하지 않았다. 90년대생들이 원하는 건 상식적인 행동들이다. 잘못하면 인정을 하고 바로 잡고, 상대방을 깎아내리는 게 아닌 자신의 신념을 이야기하는 정치인이 누군지를 찾게 되었다. 이제 정치인의 아성은 무너졌다. 무슨 일을 벌이든 무조건 감싸주던 팬덤 정치에서 한 발짝 멀어진 것이다. 그동안의 정치인들은 레드팀 블루팀으로 나뉘어서 아는 사람들끼리 게임을 하던 플레이어였다. 정치방송은 고정된 시간에 고정된 위치에서 봐야 하는 TV가 주 매체였기 때문이다. 하지만 이젠 모든 국정을 유튜브에서 실시간으로, 심지어 중요한 부분만 자르고, 언제, 어디서나, 돌려볼 수 있다. 정치인들의 일거수일투족을 모든 사람이 지켜본다. 이런 상황에서 90년대생들은 가장 잘하는 "판단"을 하기 시작했다. 수도 없이 쏟아지는 뉴스들에서 하나씩 불량품을 솎아내기 시작했다. 하루에도 수십 개씩 쏟아지는 뉴스와 정보들을 자신이 맞는다고 생각하는 정의와, 상식을 기준 삼아서 판단하기 시작했다. 그 결과 90년대생들이 판단한 답은 보수진영이었다. 유튜브에 세뇌당해서 그렇다. 허구한 날 가짜 뉴스들이 판을 치는데 당연한 거 아니냐? 이 현상을 두고 기성세대들은 이렇게 이야기했다. 그래서 교육이 부족하다는 이야기까지 나온 것이다. 하지만 90년대생들이 단순히 유튜브의 가짜 뉴스들에 따라서 휘둘려서 보수진영을 선택한 것으로 판단하기엔 20대의 홍준표 돌풍을 설명할 수 없다.

8.6%에서 20대의 대선후보로

"홍준표를 지지한다고?" 19대 대선에서 홍준표를 지지한다는 말은 그야말로 정신 이상한 사람 취급받기 가장 좋은 말이었다. 온갖 막말을 쏟아내고, 기득권 중의 기득권으로 상징되던 자유한국당의 이미지를 가진 홍준표 후보는 돼지 발정제 단 한 단어로 정의할 수 있었다. 비정상을 바로잡고자 나온 대선후보들인데, 홍준표 후보는 상식에 맞지 않았다. 당시 90년대생의 슬로건은 정권교체로 올바른 세상을 만들자는 거였으니 말이다. 하지만 무엇이 4년 만에 홍준표 후보를 20대가 가장 지지하는 후보로 만들었을까? 홍준표 후보가 돌려 말하지 않고 하고 싶은 말 하는 것이 지금 세대와 맞기 때문이다. 말을 재미있게 한다. 그동안의 행보를 몰라서 그렇다 등, 여러 견해도 일리가 있다고 생각한다. 하지만 그런 요소요소들로는 지지한다고 이야기만 해도 정신이상자 취급받던 후보가 4년 만에 대세가 된 것을 설명할 수가 없다. 또한 위의 요소는 더불어민주당의 이재명 후보도 가지고 있는 요소이고, 심지어 홍 후보가 대선후보가 되지 않는다면 이 후보를 뽑겠다는 사람들이 대부분이었기 때문이다. 이는 90년대생들이 당 차원에서 홍준표 후보를 지지한 것도 아니라는 뜻이다. 대체 왜 이재명 후보도 아니고 홍준표 후보일까? 그에 대한 답은 홍 후보가 90년대생에게 결핍되어있는 것을 충족시켜주는 후보였기 때문이다. 목이 마른 사람은 물을 찾게 되고, 배가 고픈 사람은 먹을 것을 찾는다. 사람은 본능적으로 자신이 결핍된 것을 찾게 되어있다. 90년대 생들은 "멘토"가 필요했다. 그리고 홍준표 후보는 90년대생들이 바라는 멘토였다. 이 문장에선 2가지 의문이 들 것이다. 1. 왜 홍준표 후보가 90 년대생들이 원하는 멘토인가? 2. 90년대생들이 왜 멘토를 정치인에게서 찾는가?

먼저 90년대생들이 원하는 멘토가 무엇인지부터 보자. 90년대생은 이 치에 맞지 않는 것은 해결하려고 하는 의지가 강하다. 가만히 있으면 호구 되기 때문에. 그래서 문재인 후보를 대통령으로 밀었고, 민주당을 전폭적 으로 지지했다. 그래서 이치에 맞는 세상이 왔을까? 4년이 지난 후, 갈등 은 최고조로 달하고, 남녀 갈등, 세대 갈등, 빈부격차가 극으로 치닫는 세 상을 경험하게 된다. 이러한 갈등은 원치 않아도 내가 이용하는 모든 매체 에 피드가 뜬다. 온라인 세대란 그런 것이다. 좋든, 싫든 24시간 연결되어 있다. 90년대생은 24시간 연결되어 의견을 나누는 첫 세대이다.

여기서 문제가 생긴다. 정보를 알고 싶지 않아도 알게 된다. 완전무결 할 줄 알았던 정치인들은 자기 잘못을 숨기기 바빴다. 말 한마디라도 해 줬으면 좋겠는 대통령은 아무 말도 하지 못했다. 이치에 맞지 않는 행동 을 했음에도, 말도 안 되는 억지를 부려서 그건 잘못이 아니라고만 한다. 논리적으로 풀어가는 모습을 보고 싶었다. 하지만 말문이 막히면, 상대 방의 흠을 잡고, 감정에 호소하는 모습들이 보였다. 그때 다시 19대 대선 토론을 보게 된다. 홍준표, 안철수 후보가 하는 말들에 아무 말 하지 못하 는 문재인 후보의 모습만 잘려서 피드에 뜨게 된 것이다. 그게 시작이었다. 우리는 왜 진보 진영에 서서 목소리를 내었는가. 내가 이치에 맞는다고 생각하는 세상을 만들기 위해서가 아니었는가? 분명 보수는 돼지 발정제 같은 정신나간 기득권 세력일 텐데, 이 토론에서 하는 말들은 뭐지? 4년이 지난 후 90년대생들이 느끼기엔 안철수 후보와 홍준표 후보가 하는 말들은 모두 현실이 되었다. 마치 미래를 본 듯했다. 무엇을 위해 진보 진영을 찬양했을까? 정치는 잘 모르지만, 나쁜 사람들을 척결하기 위해서였다. 나쁜 사람들이 물러가고 올바른 세상이 와야 했지만, 달라진 건 없었다. 수 없이 흘러 들어온 정보들로 인해 90년대생은 그 어느 때보다 정치를 잘 아는 20대가 되었다. 보고 싶지 않아도, 성능 좋은 감별사가 계속해서 추천해주기 때문이다. 물론 이 말에 대해 민주화 세대는 말도 안 된다고 이야기할 것이다. 20대 때 각종 집회와 정계 활동으로 채운 경험치는 그 어느 세대보다 정치적 관심과 행동력이 있다고 자부할 테니까 말이다.

하지만 이는 오프라인 세대와 온라인 세대의 차이점이다. 오프라인에서 활동하지 않는다 뿐이지, 관심의 크기만 비교하자면, 이제 어느 세대보다 정치적 관심이 높은 세대가 90년대생이다. 이는 역설적으로 19대 대선 당시 민주당의 90년대생에 대한 정치 독려로 이뤄진 결과물이다. 당시 야당이었던 민주당은 박근혜 대통령의 탄핵을 위해 모든 뉴스와 매체를 점령하고, 당 로고를 20대의 관심을 끄는 로고로 디자인하고, 자신의 진영에 젊은 사람들을 유치했다. 이러한 모든 행동이 정치에 관심 없던 모든 90년대생의 피드를 정치로 가득 채워버렸다. 관심을 가지고 싶지 않아도, 90년대생들의 몇 년간 정보의 흐름에 가장 큰 축을 차지하는 것이 정치가 되어버린 것이다. 즉, 이제 90년대생이 할 수 있는 것이라곤 제일 잘하는 것, 포청천이 되어 누가 누가 잘했나 판단하는 것이다. 다시 말하면 20대 남자들의 비이상적인 보수화는 어른들의 교육으로 시작된 가치관이라는 뜻이다.

이제 90년대생들은 과거에 정치인들이 했던 말을 논리적으로 평가하게 되었다. 가장 이치에 맞는 말을 하는 후보가 누구지? 90년대생들의 생각은 안철수 후보와 홍준표 후보였다. 그런데 왜 논란이 많은 홍준표 후보가 90년대생들의 지지를 받게 되었을까? 바로 카리스마였다. 안철수 후보는 책임을 지지 않으려 한다는 이미지가 강했다. 자신이 하는 말이 어떤 결과를 초래할지, 생각이 너무 많아 말을 삼갔다. 한때, 안철수 신드롬이라는 말이 있을 정도로 20대의 지지를 받던 안철수 후보였지만, 현재에서 과거를 되돌아보니 똑똑한 경영인이라고 생각했던 안철수 후보에게서 자신의 모습이 보였다. 무엇이든 똑 부러지게 하는 것이 아닌 어쩔 줄 몰라 하는 자신의 모습이. 옳고 그름만을 따지는 90년대생에게 정치인의 허들은 높다. 정치인은 청렴해야 하고, 똑똑해야 하고, 무엇보다 멋있어야 한다. 90년대생들은 정치인이 세상을 바꿀 수 있는 가장 빠른 사람들이라고 생각한다. 이들은 안철수 후보를 믿을 수 없었다. 90년대생은 우리를, 사회를, 나라를 이끌어줄 사람이 필요했다. 믿고 의지할 수 있는 강한 사람, 말과 행동이 같은 사람. 그 후보가 홍준표 후보였다. 90년대생들이 느끼기엔 홍준표 후보의 말은 진심이 느껴졌다. 말에 논리가 있었고, 사과를 할 줄 알았다. 자신만의 가치관이 있었고, 가치관에 따라 행동하는 사람이었다. 이게 90년대생이 원하는 멘토다. 가치관을 가지고 행동하는 사람. 이 사람이라면 이렇게 행동할 거야 예측이 되는 어른. 그래서 90년대생들은 홍준표 후보를 지지했던 것이다.

물론 나를 포함해 모든 90년대생들이 홍준표를 지지한 것은 아니고, 다른 후보들이 가치관에 따라 행동하지 않는다는 것도 아니다. 또한, 홍 후보가 인터넷에서 했던 말과 후일에 했던 말들이 다르다는 것도 안다. 하지만 내가 말하고 싶은 것은 90년대생들이 지지한다고 하면 정신이상자 취급을 받던 8.6%의 지지율의 후보를 대권주자로 만들기 위해 손수 국민의 힘 당원이 되어서 대선 후보 투표를 하게 된 경위이다. 90년대생은 정보를 따로 찾아보지 않는다. 자신의 피드에 뜨는 모습으로만 판단한다. 돼지 발정제 같은 파격적인 단어와 결합되는 홍후보의 알고리즘은 강력했고, 그의 행보 하나마다 90년대생들의 피드를 꽉 채울 수 있었다. 90년대생들의 피드에 뜨는 홍 후보는 청년들과의 토론을 통해 자신의 가치관이 어떤지, 계속 설파했고, 그에 맞는 행동과 예시를 제시했다. 자신의 가치관에 기준하여 옳은 것은 옳고, 그른 것은 그르다고 이야기할 수 있다는 영상과, 자신이 잘못 생각했던 점에 대해서 청년들에게 사과하는 영상이 강한 사람과 약한 사람 가리지 않고 가치관에 따라서 행동한다는 인식을 심어줬다고 생각한다.

아마 이 점이 진보 진영이나, 보수 진영 강성 지지자들에게 90년대생들이 유튜브로 세뇌당했다고 생각하는 포인트일 것이다. 찾아보지도 않고, 뜨는 정보에 한정해서 생각한다는 점. 하지만 영상은 시간의 연속을 순간으로 기록하는 점이다. 그리고 영상에 익숙한 세대들은 그 점들로 가상의 그래프를 그린다. 인공지능은 조회수와 이용자 클릭 비율을 기준으로 추천해준다. 해당 주제의 긍정 영상이 뜨면, 덩달아 부정 영상도 뜬다. 긍정과 부정의 점들로 그래프를 만들고, 그래프의 굴곡이 가파른 지점이 많을수록 90년대생, 아니 그 이후의 모든 세대에게 좋은 점수를 얻긴 어려울 것이다. 어제 민주당을 지지했지만, 오늘 국민의 힘을 지지할 수 있는 것이 지금의 90년대생들이다. 더 이상 정치인이 실수하지 않고, 나쁜 일을 하지 않았으리라 생각하지 않는다. 판단의 근거는 자신이 그린 그래프다. 좋다고 하는 영상, 나쁘다고 하는 영상들을 보면서 자신의 가치관을 축으로 자신의 호감 좌표에 점을 찍어 판단하는 것이 지금의 90년대생들이 정치인을 판단하는 방식이다. 단순히 좋다고 하는 영상을 많이 봐서 좋은 것이 아니다. 90년대생들은 정보가 아닌 사람을 판단할 때, 좋다고 하는 영상을 보면 의심부터 한다. 그 뒤에, 자신의 가치관으로 판단한 그래프가 어떤 굴곡을 그리고 있는지, 위와 아래의 합이 어떤지를 보고 판단한다. 이를 두고 90년대생들이 세뇌당했다고 판단하기는 적절치 않다고 본다.

그렇다면 이제 본격적으로 90년대생에 대해서 이야기해보자. 위에서 홍 후보가 돌풍을 일으킨 첫 번째 이유가 90년대생들의 멘토가 되기 충분했기 때문이라고 이야기했다. 왜 90년대생은 멘토가 필요한 것일까? 아니 애초에 왜 한 번도 보지 못한 정치인에게서 멘토를 찾는다는 소리인가? 그 이유는 현실 세상에서 멘토를 찾지 못하는 세대이기 때문이다. "멘토가 꼭 필요한가? 멘토 같은 것 없이 홀로 자수성가 한 사람이 얼마나 많은데, 멘토가 왜 꼭 필요하단 거야?"하고 반론할 수 있을 것 같다.

하지만 여기서 말하는 멘토는 조금 다른 의미를 가진다. 이 글에서는 멘토를 자신을 끌어주는 선구자가 아닌 사람이 아닌 개인이 성장을 하기 위해 필요한 공동체에서의 필수 인원에 대한 관점으로 이야기한다. 이런 관점에서 본다면 전 세대를 통틀어 유일하게 멘토가 없는 세대가 바로 90년대생 이후 세대이다. 그 이유는 90년대생이 어렸을 때부터 말을 잘 듣는 세대였기 때문이다.

멘토가 없어진 세대

멘토가 없는 세대. 어떻게 보면 남 탓이나 하는 변명으로 들릴 수 있을 만한 문장이라고 생각한다. 이끌어주는 사람이 없으면 뭐, 아무것도 못한다는 말인가? 포괄적인 의미로 생각한다면 맞다. 그리고 더 포괄적으로 생각한다면, 이 세상에 멘토 없이 홀로 자아실현을 한 사람은 없다. 여기서 말하는 멘토의 개념은 올바른 가치관을 형성시킬 수 있도록 도와준 모든 사람을 일컫기 때문이다.

만약 올바른 가치관이 형성이 되지 않았다면, 아무리 사회적 성공을 이뤘어도, 내적 성장의 관점에서 불완전한 사람으로 보인다. 성공을 위해 주변의 모든 것을 희생해서 회사의 높은 자리까지 올라간 사람 이야기를 수도 없이 들었을 것이다. 많은 사람들이 사회적 위치와 돈 만을 위하는 삶은 바람직하지 않다고 생각한다. 하지만 그러한 기회가 왔을 때, 쉽게 뿌리치는 사람과 여러 가지 이유를 들며 뿌리치지 못하는 사람이 있다. 이 점이 바로 내적 성장을 통한 자아실현을 한 사람과 하지 못한 사람의 차이다. 자아실현을 이룩한 사람은 눈 앞의 이익 때문에, 자신의 가치관을 굽히지 않는다. 그리고 이러한 자아실현은 멘토가 있어야만 가능하다. 그렇다면 딱히 멘토라 할만한 위인이 없었던 이전 세대 사람들은 자아실현을 하지 못했단 말인가? 지금과 마찬가지로 옛날에도 대부분의 사람이 멘토가 없이 살지 않았는가? 아니다. 멘토 없이 살았던 이전 세대들은 주위에 있던 모든 사람들이 멘토였다. 정보가 없었기 때문이다.

삼인행 필유아사, 갑자기 뭔 소린가 하겠지만 '세 사람이 길을 가면, 그중에 반드시 내 스승이 있다' 이 말은 한 번쯤 들어봤을 것이다. 공자의 논어에 나오는 이야기이다. 옛날 말이 늘 그렇듯, 귀에 걸면 귀걸이, 코에 걸면 코걸이다. 여러 가지 해석이 있지만, 어떤 사람의 좋은 점도, 나쁜 점도 모든 것이 배울 점이라고 해석할 수 있겠다. 그렇다. 꼭 훌륭한 사람이 아니더라도, 진짜 못된 사람이라도, 배울 점이 있다는 것이다. 나쁜 일이었든, 좋은 일이었든 사회생활은 자신에게 깨달음을 얻게 해 준다. 90년대생 이전의 사람들은 좋든 싫든, 강제로 자신만의 가치관을 천천히 확립해 나갔다. 나이가 되면 응당 일을 했고, 가정에서, 군대에서, 학교에서, 회사에서 만난 사람들을 보고 가치관을 성장시켜 나갔던 것이다. 그리고, 그 과정에서 만나는 모든 사람이 멘토였다. 완벽하지 않지만, 쉬엄쉬엄하는 법을 알려준 사수와, 인격적으로는 정말 멋지지만 일로 실수하는 대리님, 그리고 저렇게는 살지 말아야지 하는 깨달음을 준 거래처 사장님같이 완벽하지 않고, 나와 함께 성장해나가는 멘토들이 주위에 널리고 널렸다. 이들은 자신과 같은 곳에 있는 사람들을 보며 동질감을 느꼈다. 우리는 누군가가 밉다고 이야기하는 사람이 그 사람을 닮아가는 것을 흔히 볼 수 있다. 그만큼 소속집단에서 퍼지는 동질감이라는 감정은 파워가 강력하다. 동질감을 느끼는 상대에겐 밉다고 무시하는 것이 아니라, 정을 주게 된다. 그래서 어떤 때는 자신이 미워하는 그 모습이 되지 않도록 노력하고, 어떤 때는 닮아가고, 이해도 하게 되면서 청청하던 가치관을 원숙하게 숙성시키는 것이다. 이 모든 영향을 주는 이들이 바로 멘토다. 아니 그러면, 지금은 그런 모든 사람이 없어졌단 뜻일까? 왜 자꾸 90년대생은 멘토가 없다고 하는 것일까?

위에서도 이야기했지만, 말을 잘 들었던 세대였기 때문이다. 90년대생은 학창 시절에 공부만 했다. 아니, 대부분 공부하는 척을 했다. 이들의 일탈은 친구들과 게임을 하는 것뿐이었다. 90년대생 중에서 당구를 칠 줄 아는 사람이 얼마나 될까? 입시경쟁은 해가 갈수록 더욱 치열해졌고, 초등학교부터 중학교, 고등학교까지 쉼 없이 학원에 다닌다. 매일 같이 듣는 말 "대학 가면 놀 수 있다." '그래, 뭐 대학가도 놀진 않겠지만, 지금처럼 하진 않겠지' 모두가 같은 생각을 하면서 공부했다. 아니, 공부를 한다고 티를 내며 딴짓하는 실력을 키웠다. 90년대생 모두가 공부한 것은 아니었다. 그렇다고 다른 일을 한 것은 아니었다. 같은 학교, 같은 학년 350명 모두가 겉으로는 공부하고, 남는 시간에 게임을 하거나 진짜 공부하는 소수만 또, 공부했다. 학원에 가지 않고 다른 일을 하는 건 용납이 안 됐고, 그렇다고 학원에 가지 않더라도 할 수 있는 건 없었다. 친구가 없었기 때문이다. 아침 8시에 등교해서 밤 10시에 하교하는 이들이 할 수 있는 선택지라곤, 집에서 할 수 있는 게임 정도가 전부였다. 90년대생들의 부모들은 학교, 학원, 도서관, 공부방에 가서 공부를 하는지 마는지는 중요하지 않았다. 단지 그 자리에 있어야 했다. 90년대생들은 말을 잘 듣는 세대였고, 당시 정보를 취득할 수 있는 수단이 선생님과 부모님뿐이던 이들은 어른들의 말을 있는 그대로 수용하고 그 자리를 지켰다. 이전 세대들이 그랬던 것처럼. 그렇게 학창 시절 아무런 경험도 없이 학교,

학원, pc방, 독서실에서 딴짓하며 대학에 가거나, 사회에 진출하게 된다.

물론 여기서 이전 세대는 뭐 다르냐고 할 수 있다. 하지만 90년대생들이 대학교를 졸업하고 나서 이전 세대들과 비교를 해보면 많은 차이가 있었다. 먼저 90년생의 부모 세대, 60년대생의 이야기를 들어보면, 정말로 대학교 가서는 놀았던 것으로 느껴진다. 졸업 후 교사를 하는 사람들을 공부 못하는 사람 취급하던 세대였으니깐 말이다. 이들은 졸업만 하면 대기업에서 모셔갔다고 한다. 통기타와 캠퍼스 라이프, 학생 운동으로 대표되던 시대였기 때문에 90년대생들은 지금의 시대와 다르다고 느낀다. 그 뒤에 세대들은 전형적인 오프라인 세대였다. 90년대생들은 학교 사회시간에 폭주족, 오렌지족, 빠순이들의 단어들을 교과서에서 배운다. 지금도 유튜브로 영상자료를 보면, 지금 시대는 아무것도 아닌 진짜 야생의 시대가 나온다. 물론 90년대생들도 양아치나 일진들이 없었던 것은 아니다. 하지만 저런 단어들을 만들어낼 정도로 야생의 문화가 주류는 아니었다. 일진들의 괴롭힘도 집에 가면 잠시 도피할 수 있다. 오프라인에서 온라인으로 시대가 변하고 있었기 때문이다.

인터넷에서 소위 말하는 아싸의 문화를 만들어내기 시작한 것이 90년대생이다. 아마 문자로 알을 써본 90년대생은 알 것이다. '학생이라는 죄로, 학교라는 교도소에서, 교실이라는 감옥에 갇혀' 그야말로 90년대생의 학창 시절을 관통하는 문장이었다. 수많은 학생이 이에 공감하고 핸드폰 배경 화면을 했다. 이게 90년대생들이 만들어낸 문화였다. 온라인 문화의 강점은 지역 사람마다 다른 데덴찌의 구호와는 다르게 모든 사람이 같은 것을 보고 같은 것을 공유할 수 있다는 것이다. 공부는 싫은데 할 일이 없으면 밖에서 노는 것이 당연했던 시대에서 이제 할 일이 없으면 방으로 들어가기만 하면 된다. 좁은 방안, 네모난 화면 안에서는 힘이 약해도 상관없었다. 모든 현실을 잊게 해 줄 다양한 것들이 준비되어 있었다. 그렇게 오프라인 문화의 상징이던 선배, 후배는 없어졌다. 굳이 어려운 사람들을 만날 필요가 없어졌다. 이제 얼굴도, 이름도 모르는 사람들과 소모적인 만남만을 추구해도 되는 세상이 온 것이다. 하지만 이러한 변화는 다른 문제를 가지고 온다. 선후배 문화의 가장 큰 장점은 자신의 생활과 가장 밀접한 멘토를 만날 수 있다는 점이었다. 1년 빠른 업계 선배의 조언은 자신의 방향을 가늠케 할 좋은 멘토였다. 하지만 이런 멘토 시스템이 통째로 날아간 것이다. 이런 90년대생들에게 유일한 멘토였던 부모님은 자기 인생의 깨달음을 자식에게 매일 설교한다. 바로 "하고 싶은 것을 해라. 너는 나처럼은 살지 말아라."이다.

90년대생을 키운 부모님 세대는 회사에서 시키면 "예"에서 "예"로 끝났다. 회사가 있기에 내가 있고, 가정이 있고, 자식이 있는 것이었다. 회사에서 아무리 부당한 대우를 받더라도, "예"였다. 쉬는 날은 없었고, 매일같이 야근에 온갖 인격모독을 당하기 일쑤였다. 그래도 지켜야 할 것이 있으니 회사에 갔다. 회사가 있기에 내가 있다. 이들도 처음부터 어떤 숭고한 사명 때문에 그런 삶을 산 것이 아니다. 시시포스의 돌처럼 힘들게 굴려 올린 돌멩이가 걷잡을 수 없이 굴러간 것뿐이다. 포기하고 싶을 땐 지켜야 할 것들이 너무 많아졌다. 그래서 다시 안간힘으로 돌을 굴려 올라갔던 것이다. 그런 삶을 살았던 부모님은 자신의 인생을 부정했다. 나처럼은 살지 말고 너만은 꼭 하고 싶은 것을 하고 살아라. 너만은 고통 속에서 살아가지 말고, 내 희생을 딛고 행복하게 살아라. 이런 말뜻이 담겨 있었을 것이다. 하지만 인생의 풍파를 겪고 깨달음을 얻은 부모님의 말씀이 어린 자식들에게 전달되기엔 너무 많은 장애물이 있었다.

첫째로 다양한 경험이 없었다는 점이다. 90년대생은 학창 시절에 갇혀 지냈다. 꼭, 지정된 장소에 있어야만 했다. 그곳이 학원이든, 독서실이든 부모님의 예상안에 있어야 했다. 그러다 보니, 친구들과 멀리 어딘가를 간다는 것은 거의 불가능한 일이었다. 대부분 그럴 생각도 하지 못하는 일이 다반사였다. 게다가 이런 공백을 인터넷이 막아주었다. 굳이 어디를 가지 않아도 할 일은 많았다. 생활 반경이 좁아지다 보니, 생각은 더욱 좁아지게 되고, 우물 안 개구리가 되어버렸다. 다양한 요소를 생각하지 못하다 보니, 생각은 거창해지고, 앞만 바라보고 뒤를 생각하지 못한다. 즉, 패기만 있고 능력은 없는 가치관을 가지게 되었다.

둘째로 교육방식의 문제였다. 대학가야 사람 취급받는다. 이 말 한마디로 6년을 가둬 놓은 것이다. 대부분의 부모들이 대학을 안 가면 어떻게 인생이 망하는지 정말 다양한 예시를 들며 조언해준다. 대학에 가야 사람 취급받는다. 수능 실패하면 안 된다. 재수는 안 된다. 이런 생각으로 10년을 넘게 살아온 90년대생들은 하나의 가치관을 자신도 모르게 새기게 된다. "실패하지 말자." 이들은 실패하고 싶지 않아 한다. 집, 학교, 학원, 컴퓨터만 19년을 반복해서 살아온 아이들에게 단 한 번의 시험으로 인생이 결정되는 상황이다. 그 상태에서 교육비에 대한 부모님의 전폭적인 지원이 있었다. 궂은일은 하지 마라. 나처럼은 살지 말아라. 내 자식만큼은 밖에서 일하는 것보단, 앉아서 일하길 원했다. 이렇게 교육하는 부모님들은 세상이 원하는 보편적인 정답을 알려줬을 가능성이 크다. 다시말하면 실패와 오답을 경험시켜주지 않았다. 실패하지 않겠다고 다짐하고 부모님의 지원까지 받은 90년대생은 이제 부모님을 실망시키면 안 된다는 가치관을 세우게 된다. 그렇게 경험은 닫히고, 생각은 편협해진다. 90년대생은 성공이 아닌, 실패하지 않기 위해 계획을 세우고, 밝혀지지 않은 길은 시작점에서 어떻게 서든 확실하게 밝히고 나아가려고 한다. 이것이 바로 90년대생들이 유약하다는 평가를 듣는 이유이다. 이들은 불이 켜져 있지 않으면 움직이지 않는다.

90년대생들의 고등학생 시절을 살펴보자. 이들의 특징이 무엇인가? 패기만 있고, 능력이 없다. 하나의 생각에 빠지면 그것만 파고든다. 넓게 보지 못한다. 만약 패기만 있고 능력은 없고, 실패하지 않고 싶어 하는, 궂은일이라곤 한 번도 해보지 않은 사람이, 풍파를 겪고 시련과 고난을 겪은 부모님에게서 "나처럼은 살지 말아라."라는 말을 들었을 때, 무슨 생각이 들까? "아 공부를 열심히 해서 하고 싶은 일을 하면서 살아야지!"일까? 안타깝지만 대부분이 '아 옛날에 놀기만 하다가 하고 싶지 않은 일을 억지로 하면서 후회하는구나, 나는 저렇게 살지 말아야지'이다 자, 이런 생각을 가지고 아무런 경험도 없이, 네가 가고 싶은 대학을 써보라고 한다. 그제야 깨닫는다. 세상에 직업이 만 가지가 넘게 있는데, 자신은 직업을 10가지도 채 쓰지 못한다는 것을. 그때, 우리의 멘토였던 부모님이 한마디 거든다. 너는 왜 하고 싶은 게 없니? 그러면 일단 높은 대학 아무과

나 가! 과는 중요한 게 아니야. 일단 좋은 대학 가서 생각해!

　이제 그동안 믿어왔던 부모님의 말씀은 신뢰가 깨지기 시작한다. 그렇다. 부모님은 네가 하고 싶은 것을 하라고 했으면서, 나처럼은 살지 말라고 했으면서 자신처럼 사는 방법을 알려줬던 것이었다. 내가 하고 싶은 것? 모르겠는데? 세상에 무슨 일이 있는지도 모르는 내가 하고 싶은 일이 뭔지 어떻게 알지? 나는 그냥 돈이나 많이 벌어서 편하게 살고 싶을 뿐인데? 이 시점이 바로 90년대생이 멘토가 없어지게 되는 순간이다. 90년대생은 이제 더 이상 부모님을 믿지 않는다. 부모님은 가치관과 행동이 다르다. 자신처럼 살지 말라고 하면서 자신처럼 사는 방법을 알려준다. 주식이나 비트코인, BJ, 유튜버 등 부모님이 하면 인생 망한다는 오답은 결국 내가 하고 싶은 것들이었다. 그것들이 바로 돈 많이 벌어서 편하게 사는 방법이었다. 부모님의 말씀을 잘 들은 이들에게 돌아오는 것은 부모님의 한마디다. "요즘 비트코인인가 뭔가 그거 하면 돈 많이 번다는데 너는 뭐 한 거 없니?"

　이제 90년대생은 자신이 하고 싶은 것을 하기 위해 유튜브를 틀고 정보를 찾기 시작했다. 더 이상 부모님을 믿지 않는다. 아니, 더 이상 사람을 믿지 않는다. 선후배 관계가 없어진 90년대생들에게 유일한 멘토가 사라졌기 때문이다. 90년대생들은 오로지 정보를 믿는다. 이들에겐 유튜브에 나온 잘 나가는 사람이 하는 말이 정답이다. 영화 엑시트를 보면, 조정석 배우가 유독가스가 위로 올라오는 중이니까 빨리 옥상으로 올라가자고 소리를 지른다. 하지만 아무도 움직이지 않는다. 재난 문자에서 어서 옥

상으로 올라가라고 하니 그제야 일사불란하게 올라간다. 이 장면이 현재
90년대생을 정의하는 장면이라고 이야기할 수 있다.

취업 준비 3년하고
6개월 만에 퇴사하는 노답세대

아마 현시점에서 세대 갈등이 가장 심한 곳이 직장일 것이다. 현실 속 멘토들을 믿지 않고 정보를 믿으며, 실패하지 않으려는 90년대생을 보는 직장 상사들은 90년대생을 이렇게 평가할 것이다. "똑똑한데, 일머리가 없는 헛똑똑이들. 회사 문화를 이해하려 안 하고, 개인주의가 강한 놈들." 회사 문화는 기본적으로 동질감이 필수적이다. 기존의 한국 회사들은 동질감을 바탕으로 문화를 만들고, 사수라는 멘토 체제를 만들었다. 이 문화는 어디서 왔을까? 위에서 이야기한 군대. 우리나라의 99.9%를 차지하는 중소기업 대부분이 군대 체제를 따른다. 까라면 까. 사수, 부사수. 힘든 여건 속에서 피어오르는 뜨거운 전우애. 괜히 대부분 중소기업에서 군필을 우대하는 것이 아니다. 군필 우대라는 조건은 '우리 회사는 군대문화를 적용하고 있으니, 군대를 갔다 온 사람일수록 적용하기 편합니다'라고 쓰여 있는 것이다. 다행히 남자건, 여자건, 군대에 갔던, 안 갔던, 대학교와 여러 회사에서 군대문화를 가르쳐 주기 때문에, 한국 사회에 살고 있다면, 안 갔다 왔어도 군대 문화를 배우는 데에는 전혀 문제없다. 하지만 그건 80년대생까지의 이야기였다. "참으면 호구 된다." 80년대생에 가까울수록 이 이야기는 기가 찰 것이다. 오히려 나이가 많은 사람은 이해하려고 노력할 것이다. 왜냐면 80년대생들은 부조리를 이제 막 견뎌내고 적응을 했기 때문이다.

이 이야기는 단순히 부당한 행동을 대물림하지 못하는 것에 대한 억울함에 대한 이야기가 아니다. 사람에 대한 이해의 영역이다. 80년대생들이 90년대생들을 보면 나중에 대체 어떡하려고 그러지? 이 회사에서 승진 안 할 건가? 저런 식으로 행동해도 승진이 된다고 생각하나? 회사가 언제까지나 품어줄 수 있다고 생각하는 건가? 이런 온갖 생각들이 들 것이다. 그리고 그런 생각의 결과는 "내가 맞았고, 쟤네는 틀렸어."이다. 이것이 요즘 소위 말하는 젊은 꼰대가 되어가는 과정이다. 그리고 이 이야기가 90년대생은 80년대생과 MZ세대로 묶일 수 없다는 생각의 근간이기도 하다.

위에서 말했듯이, 90년대생들은 부모님 말씀을 아주 잘 듣는 세대라고 했다. 근데 왜 회사 말은 들어 먹지를 않을까? 그건 이미 회사에선 멘토를 찾을 수 없기 때문이다. 중소기업이든, 대기업이든, 대부분 회사는 인력난에 허덕인다. 군대의 사수, 부사수 문화를 채용했으나, 대개 신입의 사수는 얼굴을 볼 수 없을 정도로 바쁜 게 대부분이다. 보통 대리급이 사수를 맡는데, 위에 케어하랴, 아래 케어하랴, 자기 케어하랴 정신없는 실무자가 신입을 A부터 Z까지 처음부터 가르친다는 것은 초인에 가깝다. 보통 그냥 일단 이거 해놓으세요. 하고 넘어가고 나중에 체크하는 방식으로 일을 알려준다. 인력이 부족하기 때문이다. 하지만 90년대생은 실패하는 것을 두려워하는 세대다. 거기에 더해 두 번째 속성은 인정받고 싶어 한다는 점이다. 부모에게서 독립하지 못한 세대. 가정에서 당했던 무시를 회사에서 당당한 성인으로써 인정받고 싶어 한다. 그래서 단 하나도 틀리지 않기 위해서 가장 중요한 핵심을 보지 못한다. "내게 주어진

임무를 완벽하게, 실패하지 않고 수행해서 모두에게 인정받겠어!"

　하지만 신입으로 입사한 90년대생은 잘하고 싶은 마음에도 인정받지 못한다. 사소한 업무도 잘못 처리하게 된다. 똑똑하고, 누구보다 아는 것이 많은 90년대생들은 왜 이럴까? 바로 업무 흐름을 이해 못 했기 때문이다. 이 업무가 어디에 어떻게 쓰이는지, 어떤 식으로 누구에게 전달되는지 전체 업무 중에서 이게 어떤 일이고, 어느 정도 중요한 일인지 모르기 때문에 이런 일이 벌어진다. 의욕은 앞서고, 전체를 보지는 못한다. 회사의 문화도 알지 못한다. 그래서 이런 사달이 벌어진다. "아니, 그런 것부터 알고 일하는 사람이 얼마나 된다고. 그냥 하라는 대로만 하면 되는 건데, 무슨 생각을 그렇게 하나?" 맞는 말이다. 하지만 이들은 사람이 아니라 정보를 믿는다. 회사의 사수들은 선배들의 심기와 상황, 분위기, 문화를 읽고 일을 시키지만, 90년대생들은 이 모든 것들을 배제한 뒤, 정보만을 보고 논리적으로 판단한다. 인정받고 싶어 하는 욕구가 클수록 묻지 않고 자신의 임의대로 행동할 것이고, 실패하기 싫다가 기본적으로 첫 우선이 되는 가치관일수록 정말 사소한 것 하나하나 묻는, 예를 들면 커피를 오른쪽에 놓을까요? 같은 질문을 하는 사람이 나오게 된다. 이들은 자신이 컨트롤할 수 없을 만큼 정보를 받아내고 잊거나, 사소한 것을 지키기 위해 가장 중요한 것을 놓치고 만다.

　의욕이 넘치는 신입사원. 열심히 노력했지만, 사수에게 욕을 먹고 집으로 가는 90년대생은 어떤 행동을 할까? 바로 '모르는 것들에 대해 사수에게 질문을 하는 것'이 아니라 '유튜브를 틀고 오늘 틀린 것에 대해서 찾아보는 것'이다. 그리고 그 영상들의 끝에선 높은 확률로 돈 많은 사람들의 강연을 보게 된다. 도전해라. 월급쟁이로 살지 말아라. 저축하지 말아라. 등의 이야기를 들으며 퇴근하게 된다. 다음날 회사에 간 90년대생은 유튜브에서 본 대로 잘해서 이제 욕을 안 먹게 되었을까? 그럴 수도 있고, 아닐 수도 있다. 신입사원이 된 90년대생은 대한민국의 각박한 중소기업에서 홀로 살아남는 법을 배운다. 이 점은 여태껏 기성세대들과 다른 점이 없다. 차이점은 전적으로 믿는 멘토가 내 눈앞에 있는 정신 없는 사수가 아닌, 고결하고, 무결한 신 같은 존재인, 유튜브로 단 10분 연설을 한, 뭐 하는 사람인진 잘 모르겠고 처음 보지만, 아무튼 돈 많다고 하는 흑인이라는 점이다.

그동안 중소기업의 멘토링 방식은 보통 이런 방식으로 흘러갔다. 어떻게 돌아가는지조차 알 수 없을 만큼 일을 막 주고, 어떻게든 맨파워로 뚫고 나아가서 그것을 해냈을 때 전우애 비슷한 동질감을 느끼게 하고, 그렇게 높은 사람이라고 느껴지던 사람도 너와 같은 고민을 하는 그냥 형, 누나라는 친밀감을 형성하고, 차, 결혼, 육아 등 월급을 받지 않으면 안 되는 이유를 만들어 여유를 없애고, 후일엔 입사 공고의 내용처럼 가족 같은 회사를 만드는 것이었다. 이런 회사에 한 번 걸리게 되면 나갈 수가 없다. 그리고 이 방식은 우리 아버지 때부터 대대손손 내려오는 비급 같은 것이었다. 하지만 90년대생은 이런 동질감을 느낄 수 없었다. 왜냐면 내 멘토는 유튜브 속 흑인이니까. 일반인들은 이 흑인을 절대 이길 수 없다. 그 사람의 가장 멋있는 모습만을 간추려서 보여주는 것이 영상이기 때문이다. 이 영상 속 주인공은 늙지도, 지치지도, 잘못된 행동을 하지도 않는다. 그리고 유튜브에선 수십, 수백, 수천의 사람들이 자신이 얼마나 잘났는지 이야기해주려고 근질근질하고 있다. 90년대생들의 기준에서는 오늘도 부장님한테 대차게 까인 월급쟁이 사수로는 성에 차지 않는다. '그래서 네가 저 사람만큼 성공했어?' 동질감이 없으니 회사를 객관적으로 보게 된다. "참으면 호구 되잖아?" 부당한 것을 참지 않고 말한다. 유튜브를 통해 얻은 정보를 회사에 적용하려고 노력한다. 이전 세대들이 이유는 알 거 없고 까라면 까면서 회사와 함께 나이를 20년 정도는 먹고 나서야 깨닫는 것을 어제 퇴근하면서 본 유튜브에서 나온 50대 부장이 알려준다. 매일 사수가 아닌 유튜브로 업무를 배우며 6개월이 지났을 때, 퇴근길에 문득 생각한다. '야, 이거 이렇게 평생 살면 그냥 부모님 루트야. 당장 탈출해야 해'

물론 이 예시는 비약이 많다. 일을 안 하려고 하는 90년대생들도 많고, 유튜브로 업무를 찾아보지 않는 사람도 많을 것이다. 그래서 저 내용이 대부분의 90년대생을 대표하는 예시라고 하기에는 조금 어렵다. 이 예시는 잘할 것 같아서 뽑아놨더니 6개월 만에 나가는 일머리 없는 90년대생들에 대한 예시다. 또한, 중소기업도 사람 나름이라, 이 일을 왜 이렇게 해야 하는지 너그럽게 차근차근 알려주는 사수도 있을 것이다. 하지만 이 예시를 통해 말하고 싶은 핵심은 기존 세대가 일터에서 멘토를 찾고, 서로를 의지하며 성장해간 반면, 90년대생은 남들이 성장해서 깨달은 것들을 받아들일 준비가 되어있지 않은 상태에서 가치관과 정보만 주입하고, 오프라인에서 멘토를 찾는 것이 아닌 온라인에서 멘토를 찾는다는 점이다. 이는 현실과 이상의 괴리감으로 회사 문화에 적응하지 못할 가능성이 크다. 조금 비약적으로 말하면 현재 90년대생들은 고등학생 정도의 내적 성장을 이룬 사람들이 많다. 이들은 마치 힘에 맞지 않는 무거운 무기를 들고 있는 것 같다. 활용할 수 없는 정보를 가지고 현실의 사람들을 판단하기 때문이다. 시간이 갈수록 이러한 현상은 심각해질 것이다. 나이에 맞지 않는 높은 수준의 정보와 가치관을 가진, 어린 나이의, 그리고 그보다 더 어린 나이의 자아를 가진 사람들이 회사에 입사할 것이다.

그렇다면 90년대생이 어떻게 지금의 회사에 정을 붙이게 할 수 있을까? 의외로 간단하다. 이들이 처음에 실패하지 않도록 길에 불을 켜주는 것이다. 예측이 가능한 말을 하고, 행동이 다르지 않은 사람, 회사가 되면 된다. 9시부터 6시까지 일하기로 했으면, 그렇게 하게 해 주고, 돈 준다고 했으면, 그만한 돈을 주고, 너의 능력이 어느 정도인지 안다고 했으면 그들의 능력에 맞춰서 일을 시키면 된다. 못하는 게 있으면 알려주고, 잘한 건 칭찬하고, 맡겼으면 믿어주고, 엇나가면 바로 잡아줘야 한다. "이 정도까지 떠먹여 줘야 해?"라고 생각하지 말자. 당연한 일이다. 우리나라는 약속과 계약을 융통성이라는 단어로 퉁치려고만 한다. 이건 힘이 있는 사람이, 힘이 없는 사람을 상대로 행하는 폭력이다. 당연히 까라면 까야지가 아니라, 부당한 것에 대해서 이야기하는 것을 묵과하면 앞으로는 새로운 인력을 뽑지 못해 도태되는 회사가 될 것이다.

둘째로 모든 것의 이유를 설명해야 한다. 인간이 만든 사회에서 이유 없는 것이 있을까? 사람이 만든 것은 전부 이유가 있다. 유독 군대에서 "원래 그냥 그렇게 해서 그냥 그렇게 하는 거야."라는 답변이 많다. 병사들의 교육을 전문적인 교육을 받지 않은 병사가 시키기 때문이다. 회사라고 뭐 별반 다르지 않다. 90년대생들에게 그냥은 용납할 수 없는 이유다. 정보를 믿기 때문이다. 이해되지 않는 관습에 대해서 물어보면, 이유를 말해줘야 한다. "뭐가 그렇게 복잡해 그냥 좀 하면 안 돼?" 이런 대답을 하는 사람들은 보통 자신이 그 이유를 모른다. 이들은 자신이 알고 있는 주제면 신이 나서 이야기하는 경우가 많기 때문이다. 90년대생이 이유를 물어보는 이유는 딱 하나다. 비효율적이어서 진짜 하기 싫을 때. 이렇게 하는 게 더 좋은 것 같은데 굳이 이렇게 하는 이유가 있나요? 을 시전하기 전에 먼저 운을 띄우는 것이다.

마지막으로 미래에 대한 청사진을 제시할 수 있어야 한다. 회사는 이런 방향으로 나아갈 것이고, 현재 이런 부분에서 어떤 능력들이 필요한지를 말해줘야 한다. 노동의 가치가 망가졌기 때문이다. 노동의 가치에 대해선 뒤에 이야기하고, 간략하게 말하자면 90년대생들의 불안감과 불안정성에 대한 해결을 해줘야 한다. 90년대생들이 이전 세대에 비해 정신적으로, 사회적으로, 힘든 세대는 맞다. 이를 두고 나약하다고 생각하는 것보단, 사회적인 흐름과 변화에 의해 이런 부분에서 결핍이 생긴 것으로 생각해야 한다. 90년대생들은 사회의 급격한 변화 때문에 세계관이 너무 빨리 커진 세대이다. 이 세 가지를 실천하는 사람이 회사에 있다면, 90년대생은 더 이상 흑인이나, 홍준표를 멘토로 삼지 않을 것이다. 물론 하고 싶은 게 있는 사람을 제외한다면 말이다. 하고 싶은 것을 하는 것은 막을 수 없다. 90년대생은 영화 윈터 솔저의 버키처럼 하고 싶은 일 하기가 가장 최우선 과제로 세뇌되어 있다. 다행히 90년대생의 95%는 하고 싶은 게 뭔지 모른다. 왜냐면 아직 이립 하지 못했기 때문이다.

사람은 예로부터 나이대별로 정해진 순서가 있다. 이뤄야 할 목표인데, 90년대생이라면 아주 질색팔색 하는 유교에 대한 이야기다. 다른 사람들이 논문을 인용하듯, 나도 내 이야기에 힘을 싣기 위해서 잠시 가져온다. 공자는 15세에 지우학 : 배움에 뜻을 둔다. 30세에 이립 : 배움으로 일어선다. 40세에 불혹 : 흔들리지 않는다. 50세에 지천명 : 하늘의 뜻을 안다. 60세에 이순 : 귀가 순해진다. 70세에 종심 : 마음 가는 대로 쫓는다. 고 나이를 정의했다. 몇 가지 첨언을 하자면, 배움으로 일어서는 것은 여태 배운 것으로 세상에 나아가기 위해 두 손 불끈 쥐고 문 앞에선 자신을 로우 앵글로 바라보는 장면을 상상하면 될 것 같다. 하늘의 뜻은 세상에 도움이 되는 일을 한다는 뜻이고, 귀가 순해지는 것은 고집을 버리는 것, 종심은 종심소욕 불유구의 줄임말인데, 내 멋대로 하고 싶은 대로 해도 기준에 어긋남이 없다는 뜻이다. 사실 이게 특별한 것은 아니다. 공자야말로 자기 계발 유튜버의 원형이 아닌가? 2500년 전에 제시된 이 교리는 DNA에 유교의 피가 깊게 겨진 한국인들이 알아서 순서를 지키고 있다. 왜냐면 저 나이 때에 저것들을 이루지 못하면 주위에서 욕을 하기 때문이다. '나잇값' 못한다고. 30살에 취직을 못 하면 나잇값 못한다고 혀를 차지 않는가? 40살에 사기당한 사람 보면 나잇값 못한다고 타박하지 않는가? 15세에 공부 안 하면 어쩌려고 그러냐고 타박하고, 60세에 고집 부리면 어른 취급을 하지 않는다. 50세에 자신만 알면 악으로 규정하고, 70세에 마음대로 사는데 법도를 다 어기면 노망났다고 한다. 한국인만큼 유교 교리를 잘 지키는 사람이 어딨을까? 전 국민이 모두 함께 주위에 있는 사람들을 공자님의 가르침대로 인솔하고 있다. 그럼, 이 이야기에서 90년대생이 가장 빨리 이뤄야 할 것이 무엇인가? 바로 이립이다. 다른 말로, 자아 실현할 목표를 찾는 것. 즉, 하고 싶은 일을 찾는 것이다.

나만 찌질한 인간인가 봐

"하고 싶은 게 뭐야?" 이 말에 적극적으로 달려들 90년대생이 얼마나 있을까. 이들은 부모님처럼 살고 싶지 않았지만 딱히 고를 수 있는 선택지가 없었다. 어디로 가야 할지 볼 수 있는 지도가 없기 때문이다. 애초에 세상에 어떤 일들이 있는지조차 잘 몰랐다. 이들의 세상은 온통 친구로 가득 찼다. 학교, 학원, 독서실 어디에 있든, 친구뿐이다. 더 이상 자신만의 세계를 넓힐 수 없었다. 진지하게 무엇을 할지 고민해봤지만, 친구들과 했던 게임, 노래, 요리 말고는 세상에 어떤 일이 있는지 몰랐다. 막상 이런 쪽으로 일하고 싶다고 이야기하면 하고 싶은 일을 하라던 부모님들은 세상 물정 모른다면서 불같이 화를 냈다. 이들의 세상은 더더욱 좁아졌고 결국 시간에 쫓겨 상품 뽑기 통에서 공을 뽑듯이 잡히는 대로 진로를 선택한다. 인터넷 세대인데 무슨 일이 있는지 몰랐다는 것과, 진로에 대한 정보를 못 얻었다는 것이 이해되지 않고, 심지어 핑계로 들릴 수 있다. 하지만 90년대생들은 첫 진로를 고민하는 학창 시절에 이전 세대와 다름없는 아날로그에 기반한 삶을 살았다. 한국에서 유튜브가 유행하기 시작한 것은 2013년이기 때문이다. 지금이야 검색 한 번에 업계 실태까지 알 수 있을 정도로 유튜브가 커졌지만 90년대생들의 학창 시절, 20대 초반 시절의 유튜브는 BJ들의 클립 저장소 수준밖에 되지 않았다.

이 말에 대한 어른들의 답은 너만 그런 게 아니라 모두가 다 똑같다는 말이다. 맞는 말이다. 하지만 이전 세대들 모두가 그렇게 살았는데 유독 90년대생부터 문제인 이유는 온라인 세대이기 때문이다. 90년대생은 가장 혈기 왕성한 20대 중반에 정보의 공유화 시대를 맞는다. 이전 세대, 이후 세대와의 가장 큰 차이점은 좁았던 세계가 넓어지는 크기가 너무나도 컸다는 점이다. 이전 세대는 좁았던 세계가 사회를 만나서 조금 커진다. 특별한 상황이 있지 않은 이상 자신이 살아온 삶에서 정말 벗어난, 새로운 분야에 대해서 알 기회가 적기 때문이다. 90년대생 이후 세대는 처음부터 세계가 크다. 유튜브가 대성을 하고 난 이후에 청소년기를 맞은 그러니까 98년도 후반생부터의 사람들은 정말 손쉽게 다양한 분야의 정보들을 접하게 된다. 유퀴즈에서 군사 관련 직업자가 나와서 인터뷰를 한 영상을 보고 흥미가 생기면 그 직업에 대해 검색 몇 번으로 어떤 일을 하는지 파악하고 자신의 성향과 비교해볼 수 있다. 책에서 본 우쿨렐레란 단어를 몰라서 검색해보고 흥미가 생기면 네이버로 우쿨렐레를 저녁값 정도로 구매해서 유튜브로 연주법을 보고 연습해볼 수 있다. 그래서 나는 90년대생의 정의를 좁게 본다. 이 책에서는 92년생부터 97년생까지를 90년대생이라고 지칭한다. 98년생부터는 90년대생보단 00년대생에 가깝다.

하지만 90년대생은 학창시절이라는 좁았던 세계에서 사회를 만나 세계가 커지게 될 때, 유튜브라는 엄청난 정보의 세계가 함께 마주하게 된다. 이는 순차적으로, 사람을 만나며 조금씩 커져가던 이전 세대와, 원래부터 세계관이 컸던 00년대생과 가장 큰 차이점을 만들어내게 된다. 너무나도 좁았던 세계가 너무나 큰 세계관으로 정말 짧은 시간에 변해버린 것이다. 이런 상황이 올 때, 사람은 자기자신을 잃어버린다. 무엇을 하고 싶은지 찾기 위해서는 자기자신이 있어야 한다. 하지만 90년대생들은 자기자신을 잃어버렸다. 강에서 타던 배가 바다로 나아가 가까운 섬까지 항해하면서 나아가는 것과, 처음부터 바다에서 항해하던 배가 태평양에서 나아가는 것은 가능하지만 강에서 타던 배를 들어서 태평양 한가운데에 던져두고 가고 싶은 곳으로 가라고 한다면 공황상태에 빠지는 것과 같다. 어디로 가야할지 막막한 상태가 바로 90년대생들이다.

물론 그럼에도 90년대생이 이전 세대에 비해서 하고 싶은 일을 찾는 것에 관해서는 압도적으로 유리한 것은 맞다. 20대라는 가장 에너지 넘치는 나이에 정보의 공유화 시대를 맞았으니까. 하지만 상황이 좋다고 누구나 할 수 있는 것은 아니다. 20대는 부모의 지원에서 벗어나 자립을 준비하는 나이다. 세계관은 넓어졌지만, 취업이라는 한국에서 말하는 사람 구실을 하기 위해 준비하는 나이다. 이것만을 위해서 학창 시절 12년을 준비하고, 대학교 4년, 남자라면 군대 2년을 버려왔다. 간단한 취미를 시작하는 과정만 보더라도 환경은 좋아졌지만 많은 20대의 입장에선 하기 쉽지 않다. 무엇을 좋아하는지 생각해볼 시간이 아니라, 어떻게 사람 구실을 해야 할까에 대한 고민에 가득 차 있는 나이이기 때문이다. 이제 16년 동안의 책임지지 않아도 되는 도피 생활이 끝나는 것을 알고 있다. 마음은 급한데 대학 생활을 하며, 알바를 하며, 인간관계도 관리하면서 취미에 몸까지 만들려고 하는 건 쉽지 않다. 이 중에서 3가지, 넉넉잡아서 2가지만 해도 대단한 사람이다. 환경은 달라졌지만, 사회는 변하지 않았다. 그래서 이전 세대와 마찬가지가 될 수밖에 없다. 빨리 사람 구실을 하기 위해선 시간이 없다고 느끼기 때문이다. 즉, 우리의 사회는 하고 싶은 일을 찾도록 만들어 놓은 사회가 아니다. 개인보단 사회 전체가 잘 살기 위한 견고한 시스템으로 운영되고 있다. 그렇다면 이전 세대와 같은 상황이고, 오히려 좋아졌다고 할 수 있는데, 90년대생은 왜 우울해하고, 왜 이런 사회가 문제라고 이야기하는 것일까? 이들은 약하기 때문일까?

대한민국 전체를 반올림하면 평범한 사람들뿐이다. 우리는 모든 일을 다 할 수는 없다. 하나만 해도 감지덕지다. 문제는 해내는 사람도 있다는 점이다. 이제 모든 사람이 자신만의 계정을 가지고, 자기 PR을 하는 시대가 되었다. 내 인생에서 가장 잘난 순간을, 기록으로 올리고, 그것이 돈이 되는 세상이 왔다. 기록을 남긴다는 것은 연속적인 삶을 순간적인 것으로 바꾼다는 것이다. 언제나 좋은 일만 일어나는 인생이 있을까? 크던, 작던 인생은 굴곡을 그린다. 하지만 순간을 기록한다는 것은 연속적인 일을 자르는 것이기 때문에 지점에 포커싱이 된다. 위에서 이야기한 완벽한 유튜브 멘토들과 같은 이야기이다. 이러한 지점들은 산의 정상을 의미한다. 90년대생은 자신이 지나온 인생의 산에서 다른 사람들의 정상과 비교한다. 하지만 자신의 산에 있는 고갯길을 내려갈 때도 다른 산의 정상과 비교한다는 점이 문제다. 그것도 수시로.

90년대생은 눈을 뜨면 바로 온라인 상태다. SNS를 보다 보면 이 세상 온갖 사람들이 다 성공했는데, 나만 내려가고 있는 기분이 든다. 모두 자기가 하고 싶은 일, 꿈을 찾고 이룬 것 같은데, 나만 손잡이 없는 미끄럼

틀을 내려가고 있는 기분이 든다. 이럴 때 우리는 세상에서 도태된 것 같은 마음, 고립감을 느끼게 된다. 20대 고독사가 늘어만 가는 이유가 그것이다. 우리는 '온라인'의 강점이 거리에 상관없이 사람들을 연결시켜주는 것이라고 오해하고 있다. '온라인'의 강점은 원치 않는 왜곡된 정보의 파도로 사람을 고독하게 만드는 것에 탁월한 수단이라는 점이다. 우리는이 저항할 수 없는 정보의 파도로 내면이 쓸려내려 간다. 자신에 대한 관심은 더더욱 멀어지고, 다른 사람, 세상, 물질적인 것에 더 관심을 가지게 된다. 비교는 행복과 관심의 기준이 자아가 아닌 통제할 수 없는 외부에 있게 만든다. 그래서 온라인에 물들수록, 사람은 고독하고, 외로워진다. 현실에서 도피할 수 있다는 장점의 이면이다. 온라인은 마치 신기루같아서, 눈을 감으면 사라진다. 온라인으로는 외로움을 달랠 수 없다. 사람을 실제로 만난다는 것은 굉장히 큰 의미를 가진다. 자신의 자아를 타인이 비춰주고, 타인의 자아를 자신이 비춰주기 때문이다. 삶, 그리고 세상은 때로는 논리적으로, 글씨로 설명할 수 없는 법이다. 과학이 발전할수록 사람들은 사람의 감정을 무시하는 경향이 커진다. 온라인에서 보이는 시각과 청각에 의존한 정보로는, 오프라인에서의 체온과 숨결, 향기와 맥락을 받아들일 수 없다. 단순히 내 옆에서 숨 쉬고 있다는 것만으로도 온라인은 절대 이길 수 없는 오프라인만의 힘이 있는 것이다. 이에 대해 따로 논문을 인용하지 않아도 우리는 코로나 사태를 겪으며 몸으로겪었다. '코로나 블루'로 명명된 신종 신드롬이 전 세계적으로 유행한 것이 이를 뒷받침하는 증거이다. 줌(ZOOM)으로 만나는 화상통화로는 외로움이라는 부족함을 채울 수 없었다. 호스트가 회의 나가기 버튼을 눌렀을 때, 자신의 모니터에 뜨는 '호스트가 회의를 종료했습니다'라는 한

마디의 체크박스가 공허함을 몰고 왔다.

이제 왜 이전 세대는 우울감을 덜 느꼈을지에 대해 이야기할 수 있다. 오프라인에서 사람과 사람이 주는 온기는 사람을 현실에 붙어있을 수 있게 만들어줬다. 눈을 감으면 없어지는 신기루에 마음을 쏟는 게 아니다. 오프라인 세대가 마음을 쏟는 것은 현실이다. 내 눈앞, 만질 수 있고, 느낄 수 있고, 맡을 수 있는 현실이 중요하다. 하루에 받아들이는 정보가 90년대생 세대가 온라인이 70%, 현실이 30%라면, 이전 세대는 온라인이 30%, 현실이 70%이다. 심지어 현실이 100%인 세대도 있다. 이것이 의미하는 것은 오프라인 세대들은 온라인에서 잘 나가는 사람의 정보를 봐봤자, 40년 동안 봐온 친구와의 당구 한 번에 현실로 돌아오는 세대라는 것이다. 하지만 90년대생들은 반대다. 오프라인에서의 한 번의 만남이 현실로 돌아오게 해주지 않는다. 잠시 현실을 마주하고, 이내 다시 인터넷에서 헤엄치게 된다. 마치 담배를 점점 더 많이 피우게 되는 흡연자처럼 정보는 90년생들을 알게 모르게 중독시켰다.

자립을 준비하며 이제 사회로 눈을 돌린 20대는 끊임없이 남들과 자신을 비교한다. 내가 잘하고 있는지에 대한 정확한 지표가 없기 때문이다. 이전 세대는 주변 친구들만큼만 하면 됐다. 90년대생은 남들이 찍어 놓은 정상만을 보며 자신을 비교한다. 학창 시절에 친구들과 게임을 하며 좁은 세계에 있을 때는 문제가 되지 않았는데 어느 순간 이들의 세계가 우주처럼 팽창하며 자신이 한없이 작은 존재임을 알게 되었다. 이 점이 이전 세대와 이후 세대와는 다른 과도기 세대의 단점이다. 평범한 속도로 세계관이 커져서 내면의 성장과 함께했다면 좀 더 단단하고, 성숙하고, 건강할 수 있었지만, 90년대생들은 그렇지 않다. 신기루에 보이는 정상들을 보며 포기하고 낙담한다. 그 결과가 남이 한 결과물에 대해 깎아내리는 시선이다. 90년대생들은 남의 노력을 쉽게 생각한다. 자신이 하지 않아서 그렇지 하기만 하면 금방 한다는 생각을 가진다. 이들이 오만해진 것이 아니라 자신의 자아를 지키기 위한 최소한의 방어기제를 사용하는 것이다. 이들은 청소년기에서 청년기로 넘어가는 시점에 시대의 변화를 직격으로 맞았기 때문에 다른 세대보다 부작용을 크게 겪은 세대다. 그 부작용의 명칭은 마음의 병이다. 90년대생의 대부분은 병들어 있다.

이제 본격적으로 90년대생은 하고 싶은 일을 찾기 어렵다는 주장에 대해서 자세히 이야기해볼까 한다. 대 유튜브 시대가 열리며 우리는 전문가의 실전 강의를 손가락질 15번 만에 볼 수 있는 시대에 살고 있다. 정말 수많은 전문가가 자신의 방법을 올리고 있고, 자신들만의 이야기하고 있다. 그 어느 세대보다 다양한 간접경험을 할 수 있는 세상이 왔다. 패러글라이딩을 예로 들어보자. 애초에 패러글라이딩이 있는지조차 모르는 게 당연한 세대가 60년대, 70년대이다. 외국 문화에 대한 정보를 접하기 쉽지 않은 세대들을 거쳐서 80년대로 넘어와도 배우기는 쉽지 않다. 이들이 패러글라이딩을 배우려면 카페들을 돌아다니면서 어려운 가입조건을 뛰어넘고, 정모를 가고, 불친절한 이야기를 거치고, 몇 번의 실패도 거친 뒤 방법을 알아야만 했다. 그 외에 기술적 조언을 받으려면 번역이 되어 있는 책을 파는 책방을 수소문해서 직접 가서 사 와야 하고, 심지어 번역이 안 되어있으면 직접 번역까지 해야 했다. 하지만 2023년엔 패러글라이딩 강의라는 2단어를 검색하는 것만으로도, 일인칭 시점에서 실제로 타는 것 같은 경험까지 할 수 있다. 이해가 안 되는 부분을 멈췄다가 다시 돌려보는 것은 덤이다. 이렇게 다양한 경험을 할 수 있는 세대가 왜 하고 싶은 일을 모르겠다는 것일까? 그 이유는 건강하지 못한 가치관에서 해답을 찾을 수 있다.

홍수가 났는데,
좋은 소화기를 배치하는 너에게

가치관? 하고 싶은 일과 가치관이 무슨 상관이 있는지에 대해서 의문을 가지는 사람이 많을 것 같다. 하지만 공감을 하는 사람도 있을 것이다. 가치관은 불확실한 인생을 지탱해주는 잣대다. 공자는 가치관이 확립되는 시점을 40세로 봤다. 불혹의 나이가 그것이다. 세상에 흔들리지 않는 것. 세상을 겪고, 실패도 맛보며 자신만의 잣대를 단단하게 만드는 것이, 40세까지 이뤄야 할 목표인 것이다. 그래서 40살이 넘도록 주변의 말 한마디에 이리 흔들렸다, 저리 흔들렸다 하는 사람들의 등짝을 때려가며 나잇값 좀 하라고 타박을 한다. 사람은 살아가면서 셀 수 없이 많은 선택을 한다. 가치관이 확립되지 않은 사람들은 선택을 감정에 따라서 한다. 그리고 후회를 한다. 이런 후회가 쌓여 가치관은 형성된다. 즉, 가치관은 감정에 논리와 경험을 결합해 올바른 자신을 만들어갈 수 있도록 도와주는 내비게이션이다. 범죄를 저지르지 않는다는 가치관을 가지고 있으면, 선택지에서 범죄행위가 사라진다. 스트레스를 받을 때, 조용히 새소리를 듣는 가치관을 가지고 있으면 주말에 시끄러운 클럽 대신에 산에 가게 된다. 가치관은 수많은 선택지 중에서 자신에게 맞는, 자신이 원하는 모습으로 나아갈 수 있도록 선택을 도와준다. 그래서 자신이 원하는 건강한 가치관을 가지고 있는 사람은 자신이 하고 싶은 일, 좋아하는 일을 하는 것에 거리낌이 없다.

하지만 다 같은 20대를 지내는데, 90년대생만 유독 가치관이 건강하지 못하다는 이유가 무엇일까? 2023년 유튜브 알고리즘을 타고, 옛날 예능들이 짧은 클립으로 자주 올라온다. 그중 대부분의 영상에 달리는 댓글은 '요즘 세상에선 방영되지 못할 프로그램…'이다. 이전 세대보다 도덕적 허들이 높아졌다는 방증이다. 온라인상에서 네가 맞는지, 내가 맞는지 싸우기 쉬워진 것도 이유가 될 수 있지만, 전 세계적으로 휩쓴 PC 열풍도 한몫을 차지한다. PC 주의의 뜻을 간략하게 설명하자면, 영어로는 political correctness, 한국말로는 정치적 올바름이라고 해설할 수 있다. 인종, 민족, 종교, 성차별등 모든 종류의 편견이나, 조롱을 금하고, 어떤 집단에 속해 있는 사람들을 그 집단의 특징으로 분류하지 말고, 평등하게 대하자는 운동이다. 대표적인 예로, 흑인 분장을 하고, 개그 프로그램에서 미개인인 척 연기하지 말자는 것이다. 도덕과 눈치가 무너진 곳에서 이런 운동이 시작되었을 때, 정면에서 반대할 수 있는 사람이 있을까? PC 주의는 온갖 혐오와 조롱으로 가득하던 인터넷 세상에서 마치 물에 잉크를 떨어트리듯 퍼져나갔다.

하지만 그 결과는 모두 알다시피 좋지 않았다. 그리고 모든 것들에 대한 절대적 평등이라는 새로운 개념의 태풍이 휩쓴 잔해는 고스란히 가치관이 확립되지 않은 90년대생들이 직격탄을 맞았다. PC 주의는 무엇이 문제인가? 맥락을 보지 않는다는 것이다. 이젠 드라마에서도 절대적 악역이라는 것은 피하는 주의다. 단순히 그냥 나쁘게 태어났기 때문에 '악'이라는 스토리는 구시대 유물로 궤짝에 봉인되었다. 이제는 이 악역이 왜 그럴 수밖에 없었는지에 대한 개연성을 검증받아야만 좋은 스토리가 된다. 맥락의 중요성에 대해서 관심을 두게 된 것이다. 하지만 PC 주의는 '절대적'이라는 허상에 휩쓸려 맥락을 보지 못한다. 이들은 사회적 약자에 대한 이해가 아닌, 강자에 대한 원초적 분노를 제재로써 해결하려고 한다. PC 주의를 억압하는 모든 것을 절대 악으로 규정하는 것이다.

현대사회는 어떤 사회인가? 궤짝에 담겨있던 각종 권선징악 스토리들의 악역들조차 재평가 받는 세상이다. 놀부를 아무리 나쁘게만 써놨어도, 놀부의 시점에서 보면 그럴 수도 있겠다고 생각이 든다. 현대의 재판은 원님 혼자서 이야기를 듣고 판결을 내리지 않는다. 변호사와 검사, 판사가 맥락을 살피며 정확한 죄의 무게를 찾으려고 노력한다. 하지만 절대적인 것은 이러한 맥락을 볼 수 없다. 모든 상황에서 예외 없이 적용되어야만 한다. 동서고금을 막론하고 모든 철학자들이 절대적 진리를 찾으려 평생을 노력했다. PC주의자들은 그런 노력 없이 절대적인 것을 논하려고 한다. 맥락 없이 모든 상황에 끼워 맞추려고 하다 보니 오류가 생긴다. 그들이 주장하는 논리는 완벽하지 않기 때문이다. 결국 PC주의는 사이비 종교가 되었다. 이치와 진리가 아닌, 허술한 논리에 기반한 궤변으로 믿음을 강요하기 때문이다.

그렇다면 90년대생은 대부분이 PC 주의를 믿는다는 뜻일까? 다른 세대에 비해 비율이 높지만, 그렇지 않다. 오히려 혐오하는 90년대생이 더 많을 것이다. 하지만 사이비가 늘 그렇듯 논리적으로 반박하기 어려운 도덕적, 감정적 관념에 의한 기조 하나쯤은 있기 마련이다. 사람을 차별하지 말자, 약자를 괴롭히지 말자, 동물을 학대하지 말자. 그 어느 누가 이런 말에 반박할 수 있단 말인가? 그렇다. 채식주의자를, 페미니스트를 싫어할 수 있어도, 동물 학대와 여성 차별에 찬성하는 사람은 없다는 뜻이다. 하지만 이런 사상과 기조가 온라인에서 급류를 만들어냈다. 무엇이 맞는지, 어떤 것이 차별인지 아무도 정해줄 수 없다. 자신만의 가치관으로 그 빠르게 흐르는 급류를 이겨내야만 한다. 하지만 이제 막 20대가 된 어린 청년들이 그 급류를 이겨낼 수 있었을까? 결국 자신에게 덮쳐오는 급류에 자신의 내면이 깎여나가게 된 것이다. 청년들은 이제 답이 없는 문제를 가지고 갑론을박 싸우기 시작했다. 어디까지가 동물 학대인지, 어디까지가 채식주의인지, 어디까지가 평등인지에 대해서 토론을 했다. 그야말로 21세기판 아고라였다. 인터넷에선 모두가 철학자가 되고, 자신만의 입장을 정한 후에 상대편과 피 튀기게 싸웠다. 찬성과 반대로 나뉘어 싸운 게 아니다. 모두가 자신이 정답이라며 상대방을 설득하려고 했다. 그렇게 온라인의 도덕적 허들은 말도 안 되게 높아져 버렸다. 그 결과 성소수자, 여성, 채식, 장애인이라는 단어는 주의 깊게 봐야 하는 단어가 되어버렸다. 실수하진 않았나? 하며 다시 한번 살펴보게 되었다는 뜻이다.

여기서 그런 의문이 든다. "아니 일단 가치관에 대해서 살펴보자면, 그럼 90년대생들은 이전보다 더 수준 높은 가치관을 가지게 된 것이 아닌가? 자신의 행동에 문제 될 것이 있는지, 따로 차별한 것이 아닌지 한 번 더 생각해보는, 어떻게 보면 더 성숙하고 수준 높은 가치관을 가지게 된 것 아닌가? 왜 건강하지 못한 가치관이란 거지?" 이에 대한 답은 아직 이런 가치관을 들고 있기에 너무 무겁다는 말로 답변할 수 있다. 이전 세대의 가치관 확립 과정을 살펴보자. 오프라인 시대에서, 더 세세한 설정으로 우리가 80년대 회사에 다닌다고 가정해보자. 27살, 이제 막 입사한 신입사원이 고깃집에서 동물이 얼마나 학대받는지 설토를 한다면 사람들이 어떤 반응일까? 아마 그날 이후로 미친놈 소리를 들을 것이다. 몇 번 더 동물 학대에 대한 이야기를 할 수 있겠지만, 자신과 뜻을 같이하는 동지를 만나지 못한다면, 이내 목소리를 내지 못할 것이다. 그래서 동질감이 중요하다. 사람은 동질감으로 자신이 틀리지 않았다는 힘을 얻는다.

주장하는 사람이 나 혼자라면 아무리 대쪽 같은 사람이라도 '내가 틀린 것은 아닐까?' 하고 흔들리기 마련이다. 동물 학대에 반대하여 채식을 하는 가치관을 갖고 있어도, 오프라인 시대에선 세세하게 꽃을 피울 수는 없었다는 뜻이다. 어떤 것은 학대고, 어떤 것은 허용해야 되는지에 대해서 아무리 혼자 생각해봤자, 상사의 헛소리하지 말라는 쪼인트 한 번에 현실로 돌아온다. 27살의 신입사원은 50세가 될 때까지 한 회사에서 가치관을 성장하게 된다. 회사 내에서, 회사 사람들의 가치관에 대해서 이야기를 듣고, 회사에 대한 결정을 내리면서 가치관을 키워나간다. 한 번은 영업부장님과 영업하는 마인드에 대한 가치관, 한 번은 제조 팀장님과의 제조업에 대한 철학, 한 번은 사장님과의 경영 정신에 대해서 듣고 자신의 상황에 맞게 가치관을 확립해 나간다. 다른 업계라고 해 봤자, 친구들 이야기고, 친구들과의 이야기는 대개 '어딜 가나 똑같구나'라는 엔딩을 맞이하게 된다. 이러한 성장 방식이 90년대생들과 어떤 차이가 있을까? 바로 '경험'에 의한 가치관 확립이라는 점이다.

90년대생들은 정말 비약적인 가치관을 가지고 있다. 동물 학대하지 말라. 사람을 차별하지 말아야 한다. 이렇게 부연 설명 없이 한 줄로 되어 있는 가치관은 부처님이 말해야 하는 가치관이다. 우리 같은 범인들이 함부로 말해선 안 되는 것들이다. 이런 가치관들은 깨달음을 얻은 사람들이 수없이 많은 경험과 수없이 많은 사유와 상상할 수 없는 고통을 통해서 말할 수 있는 진리의 영역이다. 왜 진리만을 탐구한 사람이 이런 결론을 내렸을지에 대해서 곱씹고 생각해볼 주제이지, 이제 막 사회생활을 시작한 청년이 자신의 행동의 잣대가 되는 가치관으로 선택하면 안 된다는 말이다. 이러한 가치관을 가지게 된 것은 위에서 이야기한 댓글 토론 때문에 그렇다. 오로지 논리로만 생각한 가치관. 온라인 세대들은 오프라인 세대의 강점인 '경험'을 무시하는 경향이 있다. 이전 세대들은 반복된 경험을 바탕으로 가슴에 가치관을 새겼다. 정보를 얻기 쉽지 않았기 때문에, 경험과 선배들이 절대적인 정보가 된다. 자연스럽게 선배들을 멘토 삼아서 경험하고, 반복하고, 실패하며, 부딪쳐서 성장한다. 내가 성장하면서, 경험하면서 깨달은 가치관을 잣대로 한 치 앞이 보이지 않는 세상을 헤쳐 나간다. 그제야 비로소 자아의식과 함께 건강한 가치관을 가지게 되는 것이다.

90년대생들은 어떤가? 경험 없이, 실패 없이, 가치관만 주입한다. 방구석에 누워서 클릭 몇 번이면 현대 정주영 회장의 성공 신화를 들을 수 있다. 방금 전에 우리나라 5대 기업 창립자의 가치관을 들었는데, 중소기업 본부장님의 훈계와 가치관을 들어 봤자 들어오겠는가? 인생 그렇게 살면 안 된다고 코웃음이나 칠 것이다. 꿈과 이상과 상상은 큰데, 실행할 수 있는 능력은 없다. 하지만 가장 빠르고 효율적인 방법을 안다. 공무원? 그 냥 하루에 16시간씩 공부하면 그냥 합격하는 거 아니야? 수능까지 300일 남았으니까 하루에 10시간씩 잡고, 하루에 한 챕터씩만 마무리하면 돼. 기능사 시험 3주 정도면 기출문제 하루에 3회분씩 풀면 되겠네. 바디프로필까지 100일 남았으니까 아침에 유산소 1시간 뛰고, 근력운동 2시간씩 하면서 고구마랑 닭가슴살만 먹으면 체지방 5% 쉽겠네. 남들 다 하는데 내가 못 하겠어? 자, 방법도 알고, 계획도 다 짰다. 하기만 하면 된다. 할까? 시도하지 않는 사람들이 대부분이고, 시도하는 사람조차 계획을 실행할 수 있는 사람은 천명에 한 명이다. 물론 이런 계획들은 업계 관계자가 보면 정신 나간 계획이라는 생각이 들 것이다. 하루는 어찌한다고 하더라도 매일 할 수 없다. 어제까지 한 글자도 보지 않은 사람이 하루에 한 권씩 책을 읽을 수 없다. 너무 큰 근육통이 생기면, 운동을 하지 못한다. 공부도, 일도, 심지어 감정도 사람이 겪는 모든 일은 점진적 과부하를 통해 성장한다. 사람은 오늘은 운동 16시간 넣고, 내일도 운동 16시간 넣으면 근육이 1kg이 딱 나오는 기계가 아니다. 오늘 10분을 하고, 내일 15분을 하며 늘려나가야 하는 것이 사람이다.

그럼, 대체 이런 말도 안 되는 계획들은 어디서 나온 것일까? 바로 유튜브, 인스타그램, 뉴스, 광고 등에 나오는 비포 애프터, 동기부여, 성공 후기 등의 반복 학습에서 나온 것이다. 유튜브 이용자 수가 한 달 기준으로 20억 명이 넘는다. 그중에서 성공한 극소수의 사람들의 성공 신화가 매일 같이 반복해서 흘러나온다. 보기 싫건 좋건 상관없다. 내가 수능을 보기로 마음먹은 순간부터, 매일매일 100일 만에 3등급을 올린 사람이 뜨고, 바디 프로필을 찍기로 마음먹은 순간부터 100일 만에 체지방률 15%를 감량한 사람이 쉴 새 없이 피드를 장악한다. 이걸 보면 무슨 생각이 들까? "아~ 쉽네!" 유튜브에서 다 알려줬는데, 못하는 놈들은 사람이 아닌 것이다. 나는 이제 마음의 준비가 되었다. 남이 이뤄낸 것? 내가 그냥 마음만 먹으면 바로 하는 것들이 되는 것이다. 유튜브에서 흘러나오는 아름답고 감동 어린 성공 신화는 사실, 하룻강아지 양성소이다. 여기서 세대 갈등이 일어난다. 이제 90년대생들은 부모님이 이룬 모든 것들을 부정하기 시작했다. 그런 부조리들을 겪고 살아남은 게 대단하긴 한데, 나는 그렇게 안 살 거야. 왜? 뭐, 부모님이 자기 인생을 후회하니까. 그리고 그때는 사람들이 뭘 몰라서 그렇게 바보같이 일만 한 거지, 나는 방법을 다 알잖아. 그렇게 90년대생들은 정보의 늪에 빠져서 논리로만 세상을 바라보게 되었다.

완벽한 가치관을 가지기 너무 좋은 세상이다. 자신과 뜻이 맞는 수많은 사람들과 함께 논리를 키워나갈 수도 있고, 자신과 정반대되는 사람들과 의견을 나눠볼 수도 있다. 셀 수 없이 많은 사람과 그것도 실시간으로. 하지만 온라인에는 경험이 결여되어 있다. 현장에서 경험하는 분위기와 감정이 결여되어 있다. 감정 없이 논리로만 결정되는 행동들이 얼마나 비극적인 결과를 초래하는지 알 것이다. 세상엔 논리와 이성만으로 설명할 수 없는 것들이 너무나도 많다. 그 중 대표적인 것이 사랑이다. 온갖 종류의 사랑들은 이성과 논리로 설명할 수 없다. 90년대생들은 주위에 있는 사람들을 믿지 않고 정보만을 믿고, 논리에 의해서만 가치관을 형성시키게 된다. 자신은 하지도 못할 일들을 폄훼하고 경험을 무시하고, 정보를 믿는다. 무거워서 들지도 못하면서 이게 맞고, 이게 정답이라고 이야기한다. 90년대생들은 아무리 정답을 이야기해도 윗사람들은 들어주지 않는다고만 생각한다. 자신의 말에 무게가 없다는 것은 깨닫지 못한 채로 말이다.

그러면 가치관은 경험으로만 성장시켜야 할까? 그렇지 않다. 내가 말하고 싶은 것은 가치관을 쉽게 휘두를 수 있는 능력이다. 경험과 정보의 밸런스. 논리적으로 완성한 무거운 잣대를 쉽게 들 수 있을 만큼 경험을 통해 성장하자는 말이다. 불혹의 나이가 넘어서, 대략 50세가 되어서야 얻을 수 있는 수준 높은 가치관을 만들었다면, 그것을 휘두르며 나아갈 수 있도록 충분한 경험을 쌓자는 뜻이다. 그런 점에서 오히려 90년대생들이 다른 세대들보다 훨씬 더 빨리 정신적으로 성숙한 세대가 될 수 있다. 90년대생은 다른 세대들이 생각지 못한 논리와 정보로 키운 멋있는 가치관을 가지고 있으니까 말이다.

자 이제, 다시 처음으로 돌아가 보자. 나는 하고 싶은 일을 찾지 못한 것이 건강하지 못한 가치관을 가졌기 때문이라고 이야기했다. 가치관이란 것은 핸드폰 게임에 있는 튜토리얼 가이드라고 생각하면 될 것 같다. 핸드폰 게임은 처음 시작하면 눌러야 하는 버튼만 스팟라이트를 비춘다. 다른 버튼이 아닌 이것이 정답이라고 알려준다. 가치관은 스팟라이트다. 내가 어떤 것을 좋아하는지, 어떤 것을 규칙이라고 정하고 있는지를 기반으로 선택지를 알려주기 때문이다. 이전 세대가 정보가 없어서, 정말 어떤 것을 골라야 하는지 몰라서 선택을 내리지 못했다면, 요즘 세대는 정보가 너무 많아서, 자신을 위한 올바른 선택을 내리지 못하는 경우가 많다. 너무 많은 정보로 인해서 가치관이 제 역할을 하지 못하기 때문이다. 선택에 가치관을 기준으로 한 판단이 들어가지 않고 오로지 정보를 기준으로 실패하지 않으려고 노력한다. 길거리에 수많은 음식점이 있지만, 리뷰가 없으면 들어가 보지 않는다. 김밥천국에서는 메뉴를 못 시킨다. 떡만둣국을 먹고 싶었지만 이 집의 떡만둣국이 어떻게 나오는지 리뷰를 보지 못해서 시키길 망설인다. 너무나 많은 선택지에서 정보를 기준으로 실패하지 않으려고 필사의 노력을 한다. 앞으로 먹을 만 번의 끼니 중 단 한 끼조차 실패하고 싶지 않기 때문이다. 이러한 선택을 반복하는 사람들은 자신이 무엇을 좋아하고, 무엇을 하고 싶은지 알지 못한다.

물론 90년대생들 중에도 오랜 사유를 통한 좋은 가치관을 가지고 있고, 실제로 행동을 통해 성공을 이뤄낸 사람들이 있을 것이다. 그렇다면, 드디어 하고 싶은 일을 찾아냈을까? 다음 이야기는 하고 싶은 게 무엇인지 찾고 싶어서 여러 도전을 했고, 또 이뤄냈지만, 아직도 무엇을 하고 싶은지 찾지 못한 사람들에 대한 이야기다. 이 사람들은 올바른 가치관, 경험을 이뤄냈는데도 왜 아직도 방황을 하고 있을까? 그 이유는 그럼에도 불구하고 건강한 가치관이 아니기 때문이다. 다음은 가치관과 경험을 연결 짓는 힘. 자아실현에 대한 이야기이다.

쓸데 없는 것

건강하지 못한 가치관은 자신의 경험이 없는 상태에서 만들어진 가치관이고, 건강한 가치관은 경험과 가치관이 밸런스를 이루고 있는 상태라고 간략하게 이야기했다. 건강한 가치관으로 나누는 가장 큰 기준은 자신의 자아의 관여 여부이다. 가치관은 기본적으로 자아를 통해 성장한다. 논리로 성장하거나 주입할 수 있는 어떤 지식같은 것이 아니다. 그래서 사람마다 가치관이 다르고, 절대적인 가치관은 없는 것이다. 자아의 성장도가 다르기 때문이다. 그래서 자아실현이 중요하다. 자아실현이야말로 자아 성장의 꽃이자, 삶의 어떠한 기점이라고 할 수 있기 때문이다.

자아실현은 사실 건강한 가치관을 가지려면 필수적으로 선행되어야 하는 힘이다. 자아실현보다 가치관에 대해서 먼저 이야기한 것은 가치관의 필요성을 설파하기 위함도 있지만, 주인공은 마지막에 등장하는 법이다. 경험과 가치관이라는 두 기둥 바닥에 자아실현이 받치고 있는 모습을 상상하면 될 것 같다. 본격적으로 자아실현을 이야기하기 전에 90년대생들의 방황에 대해서 살펴봐야 한다. 요즘 세상은 상상할 수 없을 정도로 많은 사람이 방황에 빠져 있다. 어떤 일을 해도 정을 붙이기가 쉽지 않은 세상이다. 사람들이 왜 이렇게 방황을 하는 걸까?

그동안의 사람들은 보이지 않는 꿈을 상상하고 하늘을 봤다. 지금보다 더 나은 이상을 꿈꾸지만, 고개를 내리고 이내 현실로 돌아온다. 이들은 현실에서 이상을 본다. 현실엔 내 소중한 가족도 있고, 친구도 있다. 모든 것들이 자신을 지탱해주기에 이상에서 빠져나와 현실에서 살게 된다. 하지만 90년대생들은 고개를 내려 손안에 들어오는 네모를 통해 이상을 꾼다. 하늘에 보이지 않게 숨어 있던 이상이 아니라, 내 손안에 당장 들어올 것 같은 신기루가 매일, 매 순간 찾아온다. '이건 현실이 아니야'라고 혼자 단언하지만, 누구나 이룰 수 있다는 성공들이, 작은 성공들이 모여 성공했다는 성공담이, 수 없는 실패를 딛고 인생을 바꾼 사람의 강연들이 마치 개미귀신처럼 현실에서 신기루로 빨아들인다. 90년대생들은 방황하고 있다. 20대 때는 다 그런 거야. 하고 치부하기엔 20대의 실업률이 역대 최고조를 달하고 있다. 청년 고독사, 코인 열풍, 어린이들의 장래 희망 1위 유튜버, 실업급여 같은 뉴스 키워드들이 현재 청년들이 방황하고 있다는 것을 증명한다.

방황하는 사람들은 말한다. 무엇을 좋아하는지 모르겠지만 어떻게든 좋아하는 일을 찾겠다. 애초에 좋아하는 일이 무엇인가? 태어났을 때, 선천적으로 정해져 있는 내 숙명. 정말 그렇게 생각하는가? 사람들은 흔히 평생 좋아하는 일을 찾는 것 자체가 축복이고, 행운이라는 말들을 한다. 세상에 태어난 순간 어떤 좋아하는 일이 있고, 인생은 그것을 찾아가는 여정쯤으로 생각한다. 우연치 않게 좋아하는 일을 찾더라도, 좋아해서 시작했는데 일로 하니 싫어졌다고 말한다. "아, 내가 태어났을 때 이걸 할 운명인 줄 알았는데, 내가 착각했구나. 그런 일은 다른 일이었나 보네."하고 생각한다. 사람들은 좋아하는 일을 찾는다는 것을 내게 주어진 운명을 찾기 위해 계속해서 주사위를 굴리는 것쯤으로 생각한다. "아! 이건 내가 좋아하는 일이 아니었네, 다른 일을 해보자." 결국 이런 태도는 좋은 가치관과 다양한 경험을 가지고 있더라도 방황하고 있을 가능성이 크다. 물론 불건강한 가치관과 좁은 경험을 가진 사람도 마찬가지다. 우리는 '좋아하는 일'에 대해서 접근 방식을 달리해야 한다. 좋아하는 일을 찾는 것은 내 인생에서 꼭 찾고 싶은 보물찾기가 아니라 내가 무엇을 좋아하는지를 알아가는 과정이다.

잠시 학창 시절을 생각해보자. 교과 수업 외에 특별 수업을 받은 적이 있을 것이다. 여기서 말하는 특별수업이란 나 자신 찾기 같은 제목을 칠판에 써 놓고, 오그라드는 질문들을 하고, 글을 쓰고, 돌아가면서 읽는 수업을 이야기한다. 보통 그런 수업의 선생님들은 목소리도 작은 젊은 여자 선생님이 오는 경우가 많아서, 수업은 굉장히 자유로운 분위기를 풍긴다. 학생들은 이런 수업에서 딴짓하거나 최대한 자신은 이런 것에 참여 안 한다는 뉘앙스를 풍겨야만 했다. 90년대생의 대부분은 '나', '자아' 같이 마음에 관련된 수업이나 단어가 나오면 대부분 거부반응부터 보였다. 나는 그런 현상을 놀림이나 따돌림을 당하지 않기 위해서라고 생각한다. 어린 시절엔 대부분 자신이 다른 사람과 다르다는 것은 말도 안 된다고 생각한다. 그래서 남과 다르다는 것은 따돌림의 대상이 된다. 학교에서 수업받는 것의 대부분은 남들과 같아지는, 평범해지는 훈련이기 때문이다. 가정교육도 마찬가지다. 남들과 같은 행동을 하도록 그렇게 가르쳤는데, 다른 행동을 한다면, 따돌림의 대상이 된다. 물론 학교폭력이나, 담배와 같은 행위는 남과 같은 행동은 아니다. 하지만 학창 시절에선 어떤 구속력 없이 작용하는 룰 위반 행위는 다른 것이 아니라, 우월한 것으로 치부되기 때문에, 따돌림의 대상이 되지 않는다. 그런 관점에서 정신병이나, 마음의 상처 같은 것은 있어선 안 되는, 남들과 다른 어떤 장애와 같은 것이다. 행동이 다르지 않아서 따돌림을 당하지 않았는데, 알고 보니 생각이 이상한 사람이라고 판단되면 따돌림의 대상이 되기 쉬웠다.

둘째로 돈이나 성적 등 물질적인 것에 도움이 되지 않는 것은 '쓸데없는 것'에 들어간다는 교육이다. "어머니. 저도 우울증인가 봐요." "쓸데없는 소리 말고 공부나 해라." 지금 00년대생들의 어린 시절과는 달리 90년대생들은 윗세대들의 어린 시절과 같이 마음, 자아, 우울증 같은 단어들이 쓸데없는 것에 속했다. '쓸데없는 것'인 특별수업에 적극적으로 참여한다는 것은 남들과 다르다는 것을 의미했고, 이는 따돌림으로 이어지기 쉬웠다. 결국 아이들은 수업에 열심히 참여한다는 등의 상황을 피하게 된 것이다.

그렇게 90년대생들은 윗세대들과 마찬가지로 자아, 자신, 마음을 무의식적으로 피해야 하는 단어로 분류하게 됐다. 이 말에 공감을 못 한다고 해도. "쓸데없는 소리 말고 공부나해."라는 말은 모두가 공감할 것이다. 우리는 자아와 마음을 배척해서 감정을 죽이고, 논리적 사고만을 추구하는 사회적인 문화를 만들어 냈다. 그만큼 자본주의와 경제라는 단어가 주는 무게감이 컸다. 논리적인 사고만으로 자신이 좋아하는 일을 찾을 수 있을까? 자신의 감정을 모르는 사람이 어떻게 자신이 무엇을 좋아하는지 알 수 있을까? 좋아하는 일을 찾겠다고 방황하는 이들은 출구 없는 미로를 나가려고 하는 것과 같다. 같은 자리에서 빙글빙글 도는 것이다. 이런 미로에 출구를 만들어줄 수 있는 것이 바로 예술과 철학이다.

모든 철학과 예술은 자아에 대한 고뇌와 탐구로부터 시작된다. 사람이 태어나면 세상 모든 것에 호기심을 가지게 된다. 물질에 대해서 관심을 가지면 과학, 나에 대해서 관심을 가지면 예술, 사람에 대해서 관심을 가지면 철학이 된다. 하지만 과학은 정말 눈부신 발전을 하고, 지금도 감히 상상할 수 없을 만큼의 속도로 발전 중이다. 언제 사냥당할지 몰라 전전긍긍하던 인간이, 지구상에서 가장 강한 생물이 되었으니 말이다. 과학은 눈에 보이는 결과를 가지고 왔고, 예술과 철학은 과학의 결과물을 따라가지 못했다. 과학에 비하면 아무것도 보여주지 못한 철학, 예술은 결국 사회에서 배척되었다.

평범한 사람들의 문학, 철학, 예술에 대한 인식은 어떨까? 직업으로써 돈이 안 되고, 빽이 있어야만 하는 그들만의 리그로 생각한다. 사람들은 작품 하나당 돈의 가치가 얼마일지를 중점적으로 판단한다. 이게 5억이야? 이게 100억이야? 예술품과 실력, 명성의 가치는 돈으로만 책정되었고, 사람들이 평생 벌어 보기도 힘든 가격들의 예술품들은 언제나 자극적으로 다가온다. 사람들은 자본주의 사회에서 살고 있기 때문에 돈의 가치는 절대적이고, 객관적 가치 판단의 지표라 생각한다. 그래서 사람들은 예술품의 가격에 끌릴 수밖에 없고, 그것을 아는 사람들은 가격만을 내세우며 예술의 가치를 돈으로 무너뜨렸다. 예술이 그들만의 리그라고 생각하게 된 사람들은 더더욱 입문이나 시작하기를 꺼렸고, 그 결과, 누군가 돈도, 빽도 없이 예술을 하겠다고 하면 진심 어린 걱정, 그리고 정신 못 차린다는 힐난을 받게 된 것이다. 뉴비가 없는 문화는 고여서 썩기 마련이다. 우리나라의 예술 문화는 그렇게 경제와 자본이라는 단어에 묻히고 말았다.

　우리가 살고 있는 사회는 시인이 되고 싶었던 어부와, 철학과를 나온 떡볶이집 사장의 시대다. 모두의 마음속에 있던 예술과 철학은 가슴이 아닌 내장에 묻고 사는 시대가 되어 버렸다. 대부분의 사람들이 예술, 철학을 팔찌쯤으로 생각하는 것 같다. 누군가 팔찌를 차고 있는 걸 보면 팔찌네, 하는 정도로 바라보고, 없다고 해서 있어야 한다고 생각하지 않는다. 하지만 만약 누군가 팔찌를 꼭 껴야 한다고 열변을 토한다면 '그거해서 뭐 해?'라는 생각이 들고, 이내 무시한다. 사람들이 예술을 돈으로 가치를 매기기 시작하면서 아름다운 사치품으로만 생각하기 시작했다. 예술의 본질은 감정의 표출이다. 그리고 모든 사람은 자신의 감정을 표출하기를 원한다. 동조와 공감이 사람을 이어주는 가장 큰 매개체이기 때문이다. 그 증거가 인스타그램의 성공이다. 인스타그램은 단순히 사진 공유 프로그램이다. 내가 찍은 사진을 다른 사람에게 공유하는 게 끝이다. 그럼, 사진을 왜 찍을까? 지금, 이 순간에 대한 감정을 기억하고 싶기 때문이다. 자신에게 의미가 있고, 좋았던 감정을 찍은 그 사진을 공유하고, 다른 사람들의 반응을 보며 감정을 교류한다. 이 단순한 메커니즘 하나만으로 인스타그램은 전 세계적으로 성공을 이끌어냈다. 그리고 여기서 사진을 예술로 바꾸면, 그대로 예술가의 메커니즘이 된다. 즉, 인스타그램을 하는 사람들은 모두 예술을 하는 사람이 된다. 자신이 겪은 감정에 대해 외부로 표출하고, 동조와 공감을 얻음으로써, 새로운 문화를 창조한다. 맛있는 음식을 예쁘게 찍고, 나도 가고 싶다, 우리도 가자는 댓글을 받는다. 정말 맛있으니 한번 찾아가 보라는 흔하디흔한 게시물은 사진을 보며 감정과 경험을 공유하고, 그 사진에 대해 이야기를 나누는 문화를 만든 하나의 예술이 된다. 사람은 자신에게 결핍된 것을 찾는다. 인스타그램이 성공을 이룰 수 있었던 이유는 모든 사람이 예술에 대한 결핍을 느끼고 있었고, 그것을 충족시켜줬기 때문이다.

그렇지만 우리나라 사람들은 특히 예술은커녕 감정 표현조차 힘들어한다. 위에서 이야기했듯, 자신보다 집단이 중요한 군대문화와, '자아'라는 단어의 껄끄러움, 감정보다 이성의 가치가 높은 시대이기 때문이다. 전사의 나라에서 예술은 배척받기 마련이다. 우리의 어른들은 강인함 하나만으로 우리나라를 만들고, 우리가 밟고 있는 이 땅은 수없이 많은 피와 땀으로 단단하게 세워 올려졌다. 하지만 단단하기만 하면 작은 균열 하나에도 금이 가고, 금이 간 것은 작은 충격에도 완전히 부서진다. 지금 인터넷을 켜고 뉴스를 켜보자. 영상 하나, 뉴스 하나, 작은 글 한 줄에도 치고받고 극단적으로 싸우고 있다. 단단함의 부작용이 이제야 나타나기 시작했다. 이미 균열은 생겨났고, 사람들의 마음엔 앙금이 커지고 있다. 어른은 이해하는 법을 모르고, 아이는 받아들이는 법을 모른다. 부자와 거지는 돈으로 벽을 쌓고, 남자와 여자는 스스로 검사와 변호사가 되었다. 유튜브 영상이라는, 인터넷 뉴스라는, 정치인의 트윗이라는 매체로 우리는 서로에게 척을 지고, 깨지고 있다. 전쟁은 예술이 될 수 없다. 감정을 표출하고 교류한다고 해서 모든 것이 문화가 되는 것은 아니다. 각자의 가치관을 아우를 수 있어야 문화가 된다. 나와 다른 생각을 하고 있다고 배척하고 척을 지는 것은 전쟁이거나 사이비이거나 사기꾼이다. 우리는 지금 모두가 전쟁 중이다. 우리를 묶던 한국인이라는 단단한 바위는 이제 깨져가고 있다. 우리 모두에게 조금만 푸딩 같은 면모가 있었더라면 이렇게 극단적으로 깨지진 않았을 것이다.

사람들의 감정은 배출할 곳이 없어 쌓이기만 하는데, 그나마 마음대로 배출할 수 있는 인터넷으로는 배척과 화, 평가에 모든 감정을 쏟아내고 있다. 우리나라는 지금 폭우에 막힌 배수로와 같은 상태다. 배출구는 부족한데, 그나마 몇 곳 있는 배출구로는 쓰레기로 막혀 역류한다. 우리는 이제 전쟁이 아닌 예술을 해야 한다. 다른 사람들의 가치관을 이해하고 포용하며, 감정을 표현해야 한다. 그럼 뭐 그림을 그려야 한다는 소린가? 하고 들을 수 있겠다. 한국말은 마지막 말만 들으면 된다. 감정을 표현해야 한다. 감정을 표현하려면 먼저 내 감정에 대해서 알아야 한다. 여기서 얇은 규정이 아닌 이해를 말한다. '이런 감정은 분노다'가 아닌, '나는 이런 상황에서 분노를 느끼는구나'를 말한다. 이것이 내가 무엇을 좋아하는지 알아가는, 어떤 일을 하고 살아야 하는지 정할 수 있는, 미로에서 탈출구를 만들어내는 자아실현의 첫 번째 단계다.

다행히 우리는 혼자가 아니다. 자신의 감정을 알려주고 이해하게 해줄 사람이 있다. 바로 자아이다. 모든 사람들이 자신의 마음속에 '내면의 나'를 가지고 있다. 내면의 나, 자아를 만나야 한다. 드디어 사이비 같은 소리를 하는구나 생각할 것 같다. 하지만 자아에 대해서 알아가는 과정이 바로 '자아실현'의 시작이다. 왜냐면 자아실현의 가장 첫 전제가 바로 자기 자신을 사랑하는 것이기 때문이다. 사람들은 어떻게 사랑을 시작할까? 사랑은 관심에서 시작된다. 이젠 나 자신을 관심 가져줄 때가 되었다. 내가 무엇을 하고 싶은지에 대한 여정은 여기서부터 시작이다.

'나'는 누구니?

 '나 자신을 사랑해라' 바로 거부감이 든다면 여권을 확인하자. 당신은 대한민국 국민이다. 이제 솔직해지자. 우리는 스스로를 싫어한다. 그렇지 않고선, 물질적인 것에 대해 집착할 이유가 없다. 할 수 없는 일을 동경하지도 않을 것이다. 일이 많아 죽고 싶다고 헛웃음 치며 한탄하지도 않을 것이고, 이게 뭐 하는 짓인지 현타도 오지 않을 것이다. 한국인이라면 누구나 이런 마음을 가지고 살아가고, 일을 하고, 술을 마시고, 핸드폰을 본다. 스스로를 사랑한다면 나만 취미 없이 남들만큼 못 사는 것 같아 답답하고, 무엇이 잘못됐는지 머리에 안개가 끼지도 않을 것이다.

 정말 스스로를 사랑하면 모든 것이 해결될까? 살아가면서 느끼는 부정적 감정에 대한 대부분은 해결될 것이다. 왜냐면 위에 쓰여 있는 모든 예시의 원인은 가치판단의 기준이 내가 어떻게 할 수 없는, 외부의 요인에 의해서 결정된 감정들이기 때문이다. 우리의 모습을 멀리서 보자. 앞으로 목을 빼 들고, 어떻게 해서든 내 마음을 채우기 위해 손에 잡히는 것들을 등 뒤로 던지는 모습이 보인다. 내가 원하는 것은 그냥 행복한 기분 하나뿐인데, 어떤 게 행복한 것인지 몰라 닥치는 대로 물건을 사고, 자격증을 따고, 미친 듯이 일을 하고, 핸드폰과 침대에서 벗어나지 못하고, 술과 담배를 병에 걸릴 때까지 하고 있다. 하지만 행복은 단순히 커피 한 잔을 마시고, 부모님에게 자랑스럽다는 말 한마디를 듣는 것에 그칠 수 있는 것이다. 행복은 사람마다, 상황마다, 시간마다, 장소마다, 가치관마다 시시각각으로 변한다. 어떤 책을 보더라도, 어떤 영상을 보더라도 정답을 알 수 없는 게 행복이란 감정이다.

하지만 정답은 분명히 있다. 그리고 그걸 알려줄 유일한 선생님이자, 친구이자, 동반자는 바로 '나' 자신이다. '나 자신에 대한 사랑'의 결과물이 바로 자아실현이기 때문이다. 자아실현이 된 사람과 그렇지 않은 사람의 가장 큰 차이는 가치판단의 기준이 자기 자신이란 것이다. 자아실현이 된 사람은 자신이 어쩔 수 없는 외부의 요인 때문에 흔들리지 않는다. 이들은 자신만의 기준으로 자신이 해야 할 일을 한다. 또한, 남의 이야기에 혹하지 않는다. 그리고 행복을 향해 가는 길을 돌아가지 않는다. 한마디로 내 마음에 네비게이션이 생기는 것이다. 자아실현을 한 사람은 자신이 원하는 방향으로 가기 위해 에둘러 가지 않고, 더 이상 상처 입으면서 걸어가지 않는다. 결국 정신적으로 평온한 상태를 이루게 된다. 이 상태가 되었을 때, 비로소 지금 이 순간 행복해지는 정답을 알게 되는 것이다.

그렇다면 자기 자신을 어떻게 사랑하는 걸까? 그냥 그동안 했던 특별수업 시간 때처럼 손으로 비둘기 모양을 만들고 양어깨를 두드리며 '나는 특별해'하고 반복하면 될까?

사랑에 빠지게 되었던 순간을 생각해보자. 겪어보지 않은 사람도 읽으면서 상상해보자…. 여기서는 천천히 사랑에 빠지게 되는 상황을 이야기한다. 만약 자신이 금사빠라면, "꼭" 자기 자신 좀 사랑해주자. 금사빠들은 자기 자신에게 쏟아야 할 사랑을 다른 사람들에게 쏟으며 마음을 채우려는 사람들이다. 아무도 가짜 기름으로 자신의 차를 주유하려고 하지 않는다. 진짜 기름으로 주유해야 속이 망가지지 않는다. 다른 사람에게 주거나 받는 사랑으로는 자신의 마음을 채울 수 없다. 가짜 기름으로 만땅 넣어봤자, 언제 멈출지 몰라 두려워하는 게 인간이다.

우리는 살아가면서 집단에 소속되게 된다. 일을 위해서든, 취미를 위해서든, 공부를 위해서든 혼자서는 살 수 없다. 어떤 집단에 소속되어 생활하다 보면 다른 사람들의 여러 가지 모습을 보게 된다. 여기서 특별히 같이 많은 시간을 보내는 사람이 생길 것이다. 햄버거 가게에서 같은 조리 파트 이거나, 토익스터디에서 같은 조가 되었거나, 사전답사에서 같은 조로 걸렸다든지 하는 상황들이 있을 것이다. 일상생활에서 조금 더 오랜 시간을 보내게 되면, 이야기를 나눠볼 기회가 많아진다. 항상 까불어대기만 해서 시끄러운 애 정도로 생각하던 사람과 단둘이 이야기해보니 생각보다 진지하고 어른스러운 생각을 가지고 있었다. 의외의 모습을 보고 '내가 보는 것만 다가 아닐 수도 있겠다' 하고 한 번씩 더 눈길이 가게 된다. 그러던 와중, 지하철 계단에서 할머니의 짐을 들어드리는 모습을 보고 조금 더 관심이 가기 시작한다. 관심이 가면 그 사람이 궁금해진다. 늦은 시간, 일이 끝나고 집에 가는데, 그날따라 같은 길로 가게 된다. 말 없는 분위기가 어색해서 한 마디 물어본다. "어떤 가수 좋아해?" 나만 알고 있던 그 가수의 이름을 듣는 순간 어색한 분위기는 흥분과 두근거림으로 바뀐다. 좋아하는 가수에 대해 열띤 이야기를 하던 중, 갈림길이 나온다. 힐끗 시계를 보곤, 그날은 집을 조금 돌아가게 되었다.

사랑은 관심에서 시작된다. 관심의 표출은 질문으로 연계된다. 질문으로 상대방을 알아가며 사랑은 시작된다. 사랑의 종착지는 상대방에 대해 모든 것을 아는 것이다. 말하지 않아도 아는 초코파이의 경지를 말한다. 그렇다면 이제 나를 사랑하는 법에 대해 이야기할 수 있다. 바로 나에 대해 관심을 가지는 것이다.

내가 나에 대해 관심이 없다고? 부모님께서 그동안 가장 강조한 것들에 대해서 생각해보자. 부모님들이 삶에서 가장 중요하게 생각했던 것은 바로 경제적인 능력이다. 태어나면서부터 부모님에게 받는 교육들은 우리가 한 사람으로서 독립할 수 있도록 도움을 주는 것들이다. 교육기관들도 마찬가지다. 교육은 결국 정신적, 신체적, 경제적 독립을 위해 시행되는 것들이다. 우리나라는 이 중에서 부분에 대해서 신경을 쓰지 않는다. 전사들에게 우울증이니 마음이 힘드니 이런 소리가 통하겠는가? 당장 내일 죽을지 말지 모르는 상황인데 나약한 소리하지 말란 대답만 돌아올 것이다. 이들은 정신병이란 것 자체를 인정하지 않는다. "그냥 하는 거지 뭘 그거 가지고 그래? 남들도 다 똑같아." 정신병은 나약한 생각에서 비롯되고 생각을 고쳐먹으면 다 해결된다고 생각한다. 신체적 독립은 따로 병이 있지 않은 이상 대부분의 사람이 자연스럽게 독립하게 된다. 그럼, 이제 남은 것은 경제적 독립뿐이다. 그렇다. 우리는 교육의 100%를 경제적 독립만을 위해서 받아왔다.

선진국과 우리나라의 차이는 경제력이 아니다. 정보화 혁명은 풍족한 물질 생산량과 절대적 노동량의 감소로 인한 여유 시간으로 '자아' 그 자체에 대한 고찰을 시작하게 만든 혁명이다. 모두가 한마음 한뜻으로 같은 일을 해야 했던 사회에서 각자의 분야에서 전문성과 독창성을 가지게 만들었으니 말이다. 산업혁명 때부터 서서히 성장해온 서양의 개인주의 사상은 개인의 전문성과 독창성이라는 강점으로 한 사람, 한 사람의 힘을 강하게 키울 수 있게 되었다. 그 결과 서양 사회는 개인의 생각을 존중해줘야 하는 과정을 겪었다.

우리나라의 경우는 어떤가? 그동안 우리나라 사람들이 맹목적으로 쫓던 목적은 경제적 성장이었다. 사람들의 머릿속과 사회 풍조는 경제적 성장 말고는 다른 목적이 없었다. 우리나라는 살아남아야 했고, 그 목표는 늘 그렇듯 탁월하게 이뤘다. 한강의 기적이라 불리는 경제 기적은 모든 사람이 경제적 성장에 한마음으로 한뜻으로 몰빵했기 때문에 일어날 수 있었다. 동조와 공조는 사람이 많을수록 파급력이 강력해진다. 동질감이 형성되기 때문이다. 대한민국은 건국 이래로 한마음 한뜻으로 뭉치지 않았던 적이 없었다. 그 과정에서 모난 돌은 정을 맞았다. 실제로 그당시는 자아라든지, 우울증이라든지 이런 정신적인 문제가 중요한 시대가 아니었다. 우리나라는 경제성장이라는 목표를 향해 일직선으로 곧게 뻗어나갔다. 우리나라를 하나로 묶어주던 한민족이라는 단어는 바위처럼 단단하고 견고했다. 개인의 독창성과 능력을 인정하지 않았고, 그 모든 공을 우리가 모두 함께였기에 이룬 것이라고 믿게 되었다.

결국 우리 사회는 정보화시대를 지나가고 있지만 아직 자아의 성장이 이뤄지지 않은 사회에 살게 되었다. 우리 사회는 가득 찬 수레를 끌고 비포장도로로 달렸다. 경제적 성장이라는 목표로. 비탈길에서 덜컹거리던 가득 찬 수레는 이것저것 많이 흘리게 된다. 그리고 이제 그 수레는 요란한 소리를 내며 부서지기 시작했다. 이제 한 사람, 한 사람의 자아에 힘이 깃들어야 하는 시대가 왔다. 요란한 수레를 다시 채워야만 한다. 빈 수레를 누를 수 있는 힘은 개인의 '자아'에 있다. 경제적 성장이 아닌 정말 나 '자신'에게 관심을 가져야 하는 이유다. 90년대생의 방황은 '나처럼 살지 말고, 너는 하고 싶은 일을 해라'라는 부모님의 가르침에서 비롯됐다. 이런 가르침은 어린 10대, 20대의 눈으론 이해할 수 없었다. 이 세상 만물이 돈 하나로만 돌아가는데, 내가 하고 싶은 일이 무엇인지, 내가 자유롭게 산다는 게, 돈 걱정 없이 사는 거랑 뭐가 다른 건지 알 수가 없었다. 대한민국 전 국민이 돈을 목표로 살아왔고, 돈은 눈으로 보여줬다. 잘 살면 어떻고, 못 살면 어떤지를. 수많은 나라들이 있지만, 우리나라처럼 짧은 시간 동안 극적인 성장을 겪은 나라는 없었다. 이런 나라에서 돈에 대한 관점이 자유롭기는 어렵다. 하지만 이제 우리는 성공을 이뤘던 신화에서 잠시 벗어나서, '쓸데없는 행동'을 해야만 하는 시기이다. '나'란 존재는 과연 어떤 존재인가?

하고 싶은 일을 찾는 법

　돈 생각 하지마세요. 이 한 마디는 아마 어른들이 "그럼 잉여인간이라도 되라는 소리냐?" 하고 역정을 낼 것이 분명하다. 먹고 살기 점점 더 어려워지는 세상에서 돈이 아닌, '자아'를 찾으란 소리를 한다면, 필시 이이야기를 할 것이다. 가장 큰 문제는 미래 세상에 대한 불확실성이다. 지금 세상은 너무나, 정말 너무나 걷잡을 수 없을 만큼 빠르게 변하고 있다. 과학은 이제 주체할 수 없는, 정말 풀악셀을 밟고 있는 상황이다. 점점 더발전 속도는 빨라지고 있다. 어디까지 발전할지 아무도 예상할 수 없다. 이런 상황에서는 당연히 더 자신을 채찍질을 하고 미래를 도모해도 모자를 판에, '자아'라니 아무리 생각해도 쓸데없는 소리인 것 같다. 하지만 내가 하고 싶은 이야기는 돈 벌 생각하지 말고, 자아에 관심을 가지라는 뜻이 아니다. 돈을 벌고 싶다면, 내가 왜 돈을 벌고 싶은지에 대해서 생각해보자는 것이다.

　다시 90년대생에 대해서 이야기해보자. 90년대생이 이전 세대와 '자아'의 관점에서 다른 점은 무엇일까? 바로 자신들도 모르게, 은연중에 자아실현에 대해 생각한다는 점이다. 목마른 사람은 자신도 모르게 물을 찾기 마련이다. 90년대생은 경제에 대한 목표가 약해지고 있는 세대다. 행복을 찾고, 하고 싶은 일을 찾고 싶어 한다. 이들은 매일 12시간씩 일하고 1,000만원의 월급을 받는 직장과 월 250만원 백수의 선택지에서 고민하는 세대다. 경제적인 욕심이 없어서 그럴까? 아니다. 경제적인 목표는 어느 세대보다 높다. 경제적 부가 주는 혜택에 대한 신기루를 어느 세대보다 많이 접하고, 하루아침에 성공할 수 있는 변동성을 가진 시대를 살고 있기 때문이다. 하지만 그럴수록 이들의 더더욱 자아에 대한 갈망은 커져만 갔다. 경제적 목표에 대한 강제성이 사라졌기 때문이다. 그만큼 우리나라는 정말 잘 사는 나라가 되었다. 이젠 세계 어느 나라를 가도 우리나라가 못 사는 나라에 속하진 않게 되었다. 그렇게 잘 사는 나라에서 20대를 맞이한 90년대생들이 원하는 목표는 '하고 싶은 일을 하고 싶다'이다. 경제 성장이라는 맹목적이고, 집단적 결속이 약해지는 지금이 바로 자아가 가장 꿈틀대는 시기이다. 이 일은 내가 행복하지 않아. 그래, 다른 길을 찾아보자. 3년을 준비한 회사를 6개월 만에 때려치운다. 어제까지 디자이너였던 그는 이제 프로그래머가 되었다. 하다가 막히는 게 있으면 구글링으로 해결한다. 하지만 프로그래머도 하고 싶은 일이 아니었다. 창업을 해야겠다. 조용한 카페에서 손님을 맞고 싶어, 아니, 내 생각으로 세상을 바꾸고 싶어. 그걸 위해서 열심히 살 거야. 그리고 이런 저런 일을 겪고 나서 번아웃 테스트를 해본다. 인터넷에 떠도는 모든 이야기가 내 이야기 같다. 결국 아직도 하고 싶은 일을 찾진 못하고 머리엔 안개가 낀 것 같다. 나는 대체 뭘 하고 싶을까?

이전 세대는 고민이 많은 90년대생들을 두고 뭐가 그렇게 생각이 많냐고 한다. 나약해서 그런 거라고, 고생을 안 해봐서 그렇다고 한다. 상당 부분 맞는 이야기이다. 하지만 그건 실질적으로 자아실현의 의지 때문에 그렇다. 20대를 넘어가는 동안 성장하지 못한 내면의 '자아'가 자신의 '마음'이라는 좁은 집에서 삐져나오고 있는 것이다. 이제 자아실현의 의지를 더 이상 막을 수 없을 것이다. 너무나 많은 사람들이 정신적 고통을 이야기하고 있고, 자기 고통의 원인을 모르는 사람들이 결국 사주와 타로, 무당을 찾아가기 시작했기 때문이다. 이러한 과학적 검증이 되지 않은 종교적 신앙에 귀를 기울인다는 것은, 사회구조적인 문제가 발생하기 시작했다는 뜻이다. 사회적 구조가 탄탄하다면, 사회적 구조를 믿는다. 자신의 인생을 계획하고, 삶에 문제가 생기면 사회적 제도와 자신을 믿고 행동한다. 하지만 사회적 구조에서 나아가야 할 목표를 보지 못한다면, 사람들은 자신이 위안 삼을 수 있는 비논리적이고, 영적인 구조에 의지하게 되고, 결국 세상을, 인생을 777을 맞춰야 하는 슬롯머신쯤으로 여기게 된다.

적금 이자율이 높던 시절에는 적금만으로도 꾸준히 돈을 모아서 집을 살 수 있었다. 어느 회사를 가도 거기서 거기였다. 다른 회사들이 어떤지 알 필요가 없었다. 계약보단 관계의 입김이 더 강했던 사회에서는 이직을 하기 쉽지 않았다. 결국 회사를, 국가를 믿고 움직이기 바빴다. 물론 당시에는 제도적으로 노동자를 보호해주진 않았다. 7일 중에서 7일을 일해도 아무 말 하지 못했던 때이다. 그러나 위에서도 이야기했지만, 이런 모든 불합리성을 이겨낼 수 있었던 것은 회사 내에 구축돼 있던 멘토 시스템과 리스크가 적은 고이자율의 저축에 의한 비교적 확실히 계산 가능한 미래 덕분에 가능했던 이야기다. 동조와 공조를 통한 동질감, 제한된 정보와 확실한 미래 예측이 만들어낸 이런 사회구조는 불공평했지만, 구조적으로 탄탄했다. 물론 이러한 확실한 미래 예측은 이후에 IMF로 사회 구조가 한번 무너지면서 불확실해졌지만, 한국인들은 집단을 위해, 금모으기 운동 등의 일반인들의 희생으로 다시 한번 구조를 탄탄히 세워놓았다.

하지만 지금의 사회적 구조를 보자. 오늘날 사회는 변동성의 세계다. 과학은 앞으로 어디로 갈지 가늠도 되지 않게, 풀악셀을 밟고 있고, 재테크를 하지 않는 것은 집을 사지 않겠다는 이야기라고 한다. 하이리스크 하이리턴인 주식과 코인에 어느때보다 관심이 높아졌고, 단순히 월급만 모아서는 집 한 채 사기 어려워진 시대가 되었다. 온갖 정보가 판을 치고, 어떤 것이 답인지 정부와 회사에선 답을 내지 못한다. 사회는 더 이상 나를 지켜주지 못한다. 나를 지켜야 하는 수단을 스스로 고군분투하면서 찾는다. 이제 더 이상 사회구조를 믿지 못하는 시대가 되어버렸다. 제도와 인권, 복지는 올라갔지만, 확실한 미래를 보장해주지 않는다. 불확실한 미래를 보고 현재에 조금 보정을 받는 것과, 확실한 미래를 보고 아무것도 생각하지 않고 앞으로만 달려가는 사람과는 마음에서 확연한 차이가 난다. 사이비는 사람이 가장 약한 부분에서부터 창궐한다.

우리는 정신적인 성장을 외면한 결과에 대해 아직도 생각하지 않는다. 자살률 1위라고, 헬조선이라고 뉴스에서 그렇게 이야기했지만, 그 원인에 대해서는 생각하지 않는다. 아직도 사회적인 평가 가치의 모든 기준이 돈이다. 돈을 벌지 못하면, 집을 사지 못하면, 돈이 없으면 우리는 낙오자라고 생각한다. 노숙자를 한심하게 생각할 뿐, 그들이 그렇게 된 이유에 대해서는 생각하지 않는다. 노숙자면 가족도 없이, 빚더미에, 변변 찮은 일자리도 구할 수 없는 사람들이라고 생각한다. 하지만 노숙자는 어떤 일에 대해서도 할 수 있는 의지가 생기지 않아서 그냥 그렇게 살게 된 사람들이다. 왜 의지가 없는가? 자신을 사랑하지 않기 때문이다. 사랑 은 사람을 움직이는 연료다. 자신을 사랑하지 않은 사람은, 움직이고 싶 어 하지 않는다. 더 조금 움직이려고, 귀찮다는 말을 달고 살며 자신을 파 괴하는 행위를 계속한다. 자신의 행동이 스스로를 파괴하는지 인지도 못 하면서 말이다.

그렇다. 결국 90년대생만이 자기애가 필요한 세대는 아니다. 우리나라 국민이라면 모두가 자기애가 필요하다. 아니, 사람이라면 누구나 자기애 가 필요하다. 우리는 '가난 구제'라는 구호 아래에서 기적을 이뤄냈다. 이 는 모두의 염원을 모아서 쏘아져 나간 화살이다. 화살은 과녁 정중앙에 박혔고, 가난은 구제되었다. 행복한 사회를 만들기 위한 첫 번째 조건이 완성되었다. 이제 두 번째 화살을 과녁에 맞혀야만 한다. '개인의 의식성 장을 통한 자의식의 실현' 즉, 자아실현이다.

자아실현은 어렵게 시작하는 것이 아니다. 내가 어떤 것을 좋아하고, 어떤 것이 필요한지, 나는 어떤 사람인지에 대한 고찰부터 시작되는 것 이다. 그러한 나에 대한 관심이 사랑으로 변해, 비로소 나에 대해 모든 것 을 알고 자신의 삶에서 이뤄야 할 목표와 목적을 이루는 것이 자아실현 이다. 그런 상태에 오르면, 그 어느 사람보다 행복하고, 열정적이고, 배타 적인 사람이 될 수 있다. 자아실현을 한 상태에서는 삶에 대한 대부분의 고민이 해결된다. 행복이 오롯이 내 감정, 내 결정, 내 자아에 의해 결정되기 때문이다. 가질 수 없는 것에 대해 고통이 사라진다. 할 수 없는 일에 대해 허탈함이 없어진다. 관계에 상처받지 않게 된다. 나눠주는 것에 행복을 느낀다. 자신을 통제하는 모든 것들이 손바닥 안으로 들어오기 때문이다. 지금 가질 수 없는 포르쉐로 행복을 느낀다고 생각한다면, 가질 때까지 고통과 갈망을 느낄 것이다. 내 마음대로 되지 않는 사람 때문에 불행을 느낀다면, 그 사람이 같이 있는 것만으로도 심박수가 올라가고, 기분은 최악을 달릴 것이다. 내 감정과 행동과 상황이 내가 어떻게 할 수 없는 외부요인에 의해서만 결정이 된다면 일상생활의 디폴트 값이 불행이 되는 것이다.

하지만 자아실현을 행하는 사람은 관점이 다르다. 내가 왜 이런 기분을 느끼는지 확실히 안다. 이들은 자신이 왜 포르쉐를 가지면 기분이 좋아질지 알고 있다. 그래서 포르쉐를 갖기 위한 모든 행동에 행복을 느낀다. 그것을 위한 과정을 즐길 수 있다는 뜻이다. 자신이 선택한 일이고, 왜 이 행동을 해야 하는지 알고 있기 때문에 더욱 열정적으로 몰입할 수 있다. 자아실현을 행하고 있는 사람은 불행, 불평등의 부정적 감정을 상대방, 사회 등의 외부요인으로 돌리지 않는다. 지금 어떤 점이 불편한지, 나는 지금 왜 이런 마음을 가지게 되었는지 안다. 원인을 알고 있으니 해결하기 쉽다. 그리고, 진심으로 상대방에 대해서 이해하려고 노력한다. 이 모든 상황이 어쩔 수 없는 상황이라고 인식하지 않는다. 피해야 할지, 정면 돌파해야 할지, 너그럽게 받아들여야 할지 이해하고 행동한다. 이러한 자신의 모든 선택과 행동들을 책임지려고 한다. 모든 감정이 자신의 선택과 행동에 의해서 결정되기 때문에 부정적인 감정은 빠르게 지나간다.

　나는 꼭 모든 사람들에게 물어보고 싶다. '나'는 누구인지. 지금, 이 글을 읽고 있는 '나'는 누구인지. 질문이 어렵다면, 한 단계 낮춰서 하고 싶은 일은 찾았는지, 왜 그 일을 하고 싶은지, 그렇다면 지금 하는 일은 왜 하고 싶은 일이 아닌지 말이다. 세상엔 '그냥'이란 이유는 없다. 이유를 모른다는 것은 나에 대해서 모른다는 것이다. 나는 이런 상황에서 어떤 선택을 내릴 수 있는 사람인가? 나는 어떤 감정을 느끼는가? 이렇게 자신에 대해서 알아가다 보면, 인생의 방향이 잡힌다. 그리하여 비로소 내게 끝없이 밀려오는 세상에 휩쓸려 넘어지지 않고, 우뚝 설 힘. 이립(而立)의 경지에 오르게 된다.

　이제 하고 싶은 일을 찾는 것은 간단하다. 나는 어떤 사람인지를 먼저 아는 것이다. 내가 누군지 모르면서 하고 싶은 일이 무엇인지 찾기만 하는 것은 인터넷 없이 맛집을 찾아가는 것과 같다. 무작정 찾은 일이 내가 하고 싶은 일이 될 수도 있다. 하지만 대부분 이런 운만으로 찾기가 쉽지 않다. 수많은 선택지 중에서 필터로 거르고 거른 것이, 내가 하고 싶은 일이다. 질문을 바꿔보자. 나는 무엇을 좋아하는 사람인가?

사랑을 시작할 때

90년대생들에게 무엇을 좋아하냐고 물었을 때, 신나서 이야기하는 사람은 적다. 사실 한국 사람이 가장 어려워하는 질문이 무엇을 좋아하냐는 질문이다. 많은 사람들이 딱히 없다고 대답하지만, 대답하는 사람들도 게임, 술 마시기, 영화 보기, 운동 등 여가 시간에 취미로 하는 것들을 이야기하는 사람들이 많을 것이다. 좋아한다는 사람도 왜 좋아하는지 이유에 대해선 표현을 잘하지 못한다. "그냥… 뭐, 재밌더라고 나는…."

우리는 대부분 누군가가 뭘 싫어하는지에 대해서 생각한다. 집단주의와 개인주의의 가장 큰 차이점은 초점이 어디에 있는지에 기인한다. 개인주의적 사회에서는 나 자신에 초점이 맞춰져 있다. 그래서 기호, 취향의 가치가 높고, 집단주의적 사회에선 집단에 초점이 맞춰져 있다. 그래서 평화, 함께 등의 가치가 높다. 우리는 왜 눈치를 보는가? 자신이 속해 있는 집단이 별문제 없이 무난히 흘러갔으면 하는 생각 때문이다. 학창 시절 누군가 한 학생을 울렸고, 울던 학생이 선생님을 찾으러 갔을 때, 그 잠시의 적막감을 느껴본 적 있는 사람이 많을 것이다. 왜 적막이 흘렀을까? 조금 뒤에 선생님이 온 후, 평화로운 8반이라는 집단의 정체성이 깨지기 때문이다. 모난 돌이 정을 맞는다는 속담이 있다. 우리는 집단에서 돌발행동을 하는 사람을 보면 힐난의 눈길을 준다. 생각해보자, 우리는 "그럴 수 있지." 하고 넘어간 경우가 많았을까? 아니면 "쟤는 왜 저러냐?"라고 생각하는 경우가 많았을까? 대부분의 사람들이 후자이다. 우리는 다름을 인정하지 않는다. 그래서 따돌림은 다름에서 시작된다. 내 집단에 낄 수 없는 다른 사람. 나와는 다른 부류. 외국인들이 한국에서 쉽게 융화될 수 없는 이유도 이 때문이다. 흔히들 이 사람이 어떤 사람인지에 대해선 직업과 친구들을 보면 된다고 한다. 학연, 지연, 혈연 등 한국인들의 관점은 대상이 속해 있는 집단에 초점이 맞추어지어 있다.

다시 8반으로 돌아가자. 한차례 폭풍이 지나가고 8반이 다시 평화로운 상태를 유지하게 되었다고 생각해보자. 이 평화를 지키기 위해 아이들은 어떤 판단을 내릴까? 아마 선생님이 '싫어하는' 애들을 울리는 행동을 하지 않기 위해 다 같이 노력할 것이다. '선생님은 친구가 우는 것을 싫어해. 평화를 유지하려면 애들이 울지 않도록 해야 해' 한국 사람들은 자신이 속한 집단의 평화를 지키기 위해 개인의 행동을 제한하는 방법을 사용한다. '모두가 조금씩 조심하면 돼' 누군가가 싫어하는 행동을 반복하면, 분란이 일어난다. 이를 아는 사람들은 일상생활에서도 눈치 문화를 만들어냈다. 하지만 평화라는 것은, 분란이 일어나지 않는 상태다. 분란만 일어나지 않는다면 더 큰 노력이 필요하지 않은, 즉, 목표를 이룬 상태라는 뜻이다. 결국 한국인은 집단의 평화를 위해 개인의 행복을 가볍게 보는 사회 문화를 만들게 되었다. 상대방이 싫어하는 행동만을 피하고, 무엇을 좋아하는지는 뒷전이 되도록 만들었다. 나는 이런 문화가 결국 개인의 행복을 등한시하고, 행복을 향한 방향성을 잃어버리게 만든 원흉이라고 생각한다. 우리는 대상이 무엇을 좋아하는지 파악하는 레벨이 낮다.

"가수 누구 좋아하세요?" 질문은 상대방이 어떤 사람인지 알아가는 과정이다. 묻지 않고서 상대방에 대해 알아차리기는 굉장히 많은 시간이 필요하다. 대상에 관심이 없으면 더 이상 질문을 하지 않을 것이고, 관심이 가면 더 많이 알기 위해 질문을 할 것이다. 어떤 사랑이든지 자신만의 비밀 노트에 상대방이 좋아한다는 음식, 가수 한 명, 색깔 하나씩 노트를 채워가면서 시작된다. 사랑은 상대방에 대한 관심에서부터 시작된다. 모태 솔로들의 가장 큰 문제는 상대방에 대한 관심이 아니라, 자기 자신에 대한 어필을 중요하게 생각한다는 점이다. 모든 게 다 괜찮은 사람이 연애를 못 한다면, 이 사람은 자신의 장점을 물건 팔듯이 어필하고 있을 가능성이 높다. 그리고 그 장점들은 대부분 상대방이 관심 없는 것들일 것이다.

그러면 질문을 바꿔보자. 우리는 스스로를 사랑하고 있을까? 내가 무엇을 좋아하는지 적는 비밀 노트에 적혀있는 글자가 빼곡한지, 한산한지 생각해보자. 만약 한산하다면, 모태 솔로처럼 나 자신이 아닌 사회에 초점이 맞춰져 있던 것이다. 정말 '내'가 좋아하는 것인가? 사회에서 좋은 것들이라 내가 좋아 보였던 것이 아닐까? 진정한 사랑은 상대방의 입장을 이해하는 것이다. 그래서 90년대생들 대부분은 스스로를 진정으로 사랑하지 않는다. 이들은 자신이 좋아하는 일을 찾겠다고 노력하면서, 유튜브로 정보를 찾는다. 온전히 자신에게 집중하지 않는다. 이는 비단 90년대생들의 문제에 그치지 않는다. 사실 대한민국 사람들 모두가 자신을 사랑하지 않는다. 이는 대한민국이 사회적, 정치적 성장을 겪고 있는 지금의 시대에선 크나큰 문제이다. 이제 내 '자아'에 관심을 가져보자. 나는 어떤 음식을 좋아할까?, 나는 어떤 행동을 좋아할까?, 내가 원하는 건 뭐지? 처음엔 다소 유치할 수 있는 질문부터 시작하게 될 것이다. 아직 우리의 자아가 어리기 때문이다. 자아는 사랑으로 성장한다. 자아가 먹는 가장 큰 영양소는 자기 자신에 대한 사랑이다.

세상엔 정말 많은 사랑이 있다. 부모님과의 사랑, 연인과의 사랑, 친구에 대한 사랑, 일에 대한 사랑, 행동에 대한 사랑, 자기 자신에 대한 사랑. 형식과 표출되는 방식, 명칭, 크기 모두 다르지만 모두 같은 사랑의 한 종류다. 사랑은 인간이 겪을 수 있는 가장 큰 동기부여이다. 편도 2시간이 걸리는 여자친구를 데려다준 기억이 있다면 우리는 그것을 사랑이라고 한다. 12시간을 쉬지 않고 웃으며 일하는 사람에게 비결을 물어보면 사랑이라고 한다. 뼈 마디마디가 시큰해질 때까지 일을 하고, 나를 위해 퇴근길에 사 온 치킨 한 마리를 우리는 사랑이라고 한다. 사랑은 사람을 움직이게 만든다. 그래서 Move와 Love는 한 곳 차이인가보다. 사랑이 없으면 어떻게 될까? 사랑하지 않으면, 어떠한 행동도 하지 않는다. 사랑하지 않은 사람을 위해서 어떤 행동을 하는 것은 정말, 정말, 정말 고통스럽다. 자동차 연료를 거의 없이 운행하는 것은 자동차 안의 배관과 부속품들을 부식시킨다. 사랑 없이 행동하는 것은 사람을 갉아먹는다. 하지만 사랑이 충만한 상태라면 어떤 행동을 해도 힘들지 않다. 우리의 부모님들이, 사귄 지 얼마 안 된 남자들이 사랑을 위해서 했던 말도 안 되는 행동들을 보면 이해가 갈 것이다.

사람은 모든 것들을 사랑의 대상으로 삼을 수 있다. 행동, 물질, 관계, 개념. 사랑을 할 수 없는 것은 없다. 하지만 시간과 능력의 한계가 있기 때문에 우리의 자아는 가치관이라는 잣대로 가려가며 사랑을 한다. 우리가 첫인상만 보고도 본능적으로 피하는 사람이 있는 것이 바로 가치관의 가장 중요한 기능이다. 그렇다면 이런 사랑을 자신에게 쏟으면 어떻게 될까? 활력이 넘치게 된다. 행동하는 것에 거리낌이 없어지게 된다. 지금 일을 하는 것도, 운동을 하는 것도, 아침에 일어나서 세수하는 것도, 심지어 잠을 자는 것도 나 자신을 사랑하기 때문에 하는 행동이라는 의식이 심어진다. 자신이 사랑하는 연인에게 했던 말도 안 되는 행동들을 자신에게 하는 것이다. 게다가 행동하면 사용되는 의지력의 총량이 늘어나게 된다.

이를 자세히 설명하자면 사람은 어떤 목표를 이루기 위해 행동할 때 의지력을 사용하게 되는데, 이는 쉽게 늘어나지 않는다. 누구는 악착같이 2시간씩 잠을 쪼개자면서 일을 5개를 할 수 있지만 누구는 하루 8시간 근무도 힘들 수 있는 것이다. 게다가 자신이 사랑하지 않은 대상을 위해서 행동을 하게 되면 이 의지력이 빠른 속도로 줄어들게 되는데, 시간이 지나면 운동 능력이 향상되듯이 의지력의 총량이 늘어날까 하지만, 대상을 사랑하지 않는다면 오히려 다이어트 때 근육량이 줄어들듯이 줄어들게 된다. 의지력은 동기로 회복되는데, 사랑이 가장 큰 동기를 유발하기 때문이다. 성공에 대한 악착같은 동기부여로 이 의지력을 강제로 늘리는 사람도 있지만 이들은 기본적으로 의지력의 총량이 이미 큰 사람들이라고 생각해야 한다.

그런데 자신을 사랑하는 사람들은 행동하면서 동시에 의지력이 채워진다. 행동과 동시에 회복이 되는 것이다. 우리가 사랑하는 사람을 위해 했던 모든 행동이 힘들지 않았던 것을 생각해보면 된다. 그렇다면 왜 다른 사람들을 사랑하는 것은 의지력의 총량이 늘어나지 않을까? 왜 우리는 사귄 지 6개월 정도만 되도 집에 바래다주는 것이 힘들어질까? 그것은 바로 의지력은 자아에 영향을 받기 때문이다. 자아가 성숙해지면, 의지력이 늘어난다. 자신의 삶의 의미와 행동의 상관관계를 이해하며, 경험과 감정에 대한 이해가 성숙해질수록 행동에 필요한 의지력 소모를 간소화할 수 있다. 초보자는 부산스럽고, 에너지를 많이 사용하지만, 고수는 간결하며 필요한 행동만을 하는 것이다. 위에서 이야기했듯이 자아의 성장에 관여하는 가장 큰 영양소는 바로 자기 자신에 대한 사랑이다. 즉, 자기 자신에 대한 사랑이 충만한 사람들은 자신의 모든 행동에 감사하며, 행복을 느끼고, 더 많은 행동을 할 수 있는 것이다. 그런 식으로 자아를 계속 성장해 나가면, 의지력이 남는다. 그 남는 의지력으로 주위에 있는 사람들을 위해 사랑을 실천한다. 그럼 내가 다른 사람에게 주었던 사랑이 다시 내게 사랑이 돌아오고 자아는 더 큰 성장을 이루게 된다. 이것이 내가 제시하는 현대판 수신제가 치국평천하이다. 우리는 스스로를 사랑함으로써 자신이 살고 있는 세계를 변화시킬 수 있다.

지금의 90년대생들은 자기 자신을 사랑하지 않다 못해 혐오하고 있다. 열심히 살겠다고 마음먹고, 새벽 4시까지 핸드폰을 보다 이제 자야지 하면서 내려놓고선, 5분 뒤에 이렇게 잠 안 오는데 오늘은 그냥 밤새야겠다면서 다시 핸드폰을 한다. 밤에 잠을 자지 않는 것은 그날 하루가 슬펐다는 뜻이다. 아무것도 한 것이 없어서 슬플 수도 있고, 정신 없이 일만 하고 나서 나를 위한 행동이 아무것도 없어서 슬플 수도 있다. 90년대생들은 뜬 눈으로 깨고 싶지 않은 밤을 보낸다. 온 세상이 밝아지면 어두운 것들은 숨고 싶기 마련이다. 영원한 밤이 지나고 새로운 아침이 세상을 밝히면 나이는 많아졌지만, 정서적 독립을 아직 겪지 못한 이들은 비참해지고, 사회의 바닥에서 움직이는 이들은 높은 곳에서 자신의 모습을 바라보는 이상(理想)의 눈초리에 공허함을 느낀다. 이제 정말 마지막 기회다. '나'는 뭘 좋아하지?

자아 키우기.io

이제 조금씩 자기 자신에 대해 관심을 가지는 사람들이 생겨나고 있다. 정신적 고통에 시달리던 사람들이 정신과에 가보기도 하고, 그동안 힘들다고 어디에 하소연 한 번 못 했던 사람들이 삶의 의미를 찾기 위해 노력하고 있다. 정신과는 정신병원에 입원하는 사람들이 가는 구치소라고 생각하던 어른들도 감기에 걸리면 가듯이 가는 곳이라고 서서히 인식이 변하고 있다. 이것이 정보화 시대의 큰 강점이다. 정보가 퍼지는 속도가 그어떤 시대보다 빨라서 사물, 장소 등에 대한 사회적 약속이 하루아침에 변하기도 한다. 그리고 자신이 좋아하는 취미를 찾기 위해서 원데이 클래스도 더 활발히 늘어나고 있다. 이러한 경향은 예술 분야뿐만 아니라 IT, 목공, 케이크 등 자신이 관심 있었던 다양한 분야를 배우며 즐겁게 사는 사람들이 늘어나고 있다.

그렇다면 자신이 좋아하는 것을 찾고, 자신의 마음을 돌보는 것만으로도 자아 성장이 되고, 자아실현이 될까? 자신의 마음을 돌보고, 자신을 사랑해 나가는 것은 근육을 키우는 것과 같다. 근육이 성장하면 다른 운동에서도 도움이 되긴 하지만, 절대적 근육량으로 스포츠의 승패가 결정되는 것은 아니다. 우리는 자아를 성장시켜서 종국엔 어떤 모습이 되고 싶은지 목표를 잡아야 한다. 그렇지 않으면 미래에 대한 불안감으로 자아실현은 커녕 공허함을 느끼고 방황하게 될 가능성이 크다.

목표 정하기에서 가장 먼저 전제돼야 하는 것은 건강한 편견 가지기이다. 여기서 말하는 건강한 편견이란, 포괄적인 의미에서 자신이 가지고 싶은 올바른 가치관이라고 생각하면 된다. 우리가 익히 알고 쓰는 편견이란 단어는 보통 사회적인 인식에 의해서 생기는 경우가 많다. 덩치가 크고 문신을 한 사람을 보면 본능적으로 피하는 경우나, 어떤 사회적인 문제를 지속적으로 일으키는 집단과 마주칠 경우에 편견이 작용한다. 우리 사회에서는 특히 눈치 보는 문화, 집단을 위해 평화를 중시하는 문화가 강하기 때문에, 편견은 대개 피해야 하는 대상을 색출하는 용도로 사용된다.

하지만 여기서 이야기하는 건강한 편견은 오롯이 자신의 관점에서 결정된 편견들을 이야기한다. 건강한 편견이 꼭 숭고한 편견일 필요는 없다. 위에서 이야기한 '덩치가 크고 문신을 한 사람을 피해야 한다'도 괜찮다. 자신이 어떤 편견과 가치관을 가지고 살아가든, 그 모든 것들이 모여 자신이 되는 것이다. 중요한 것은 자신의 의지이다. 건강하지 못한, 우리가 흔히 알고 있는 진짜 '편견'의 문제는 근거가 없다는 것이다. 내가 왜 이런 사람들을 기피하게 되었는지에 대한 정확한 근거가 없기 때문에 문제다. 근거 없이, 이유 없이 어떤 사람을 미워하는 사람을 성숙한 사람이라고 하지 않는다. 어른과 아이의 차이점은 책임감이다. 정확한 근거 없이 생긴 사회적인 편견은 남이 정해준 가치관들이다. 가치관을 내가 아닌 다른 사람들이 정해준다는 것은 부모님이 어린아이들의 메뉴를 대신 골라주는 것과 같다. 이는 자신의 삶을 책임지는 태도가 아니다.

우리의 자아는 성장한 만큼의 잣대를 가지고 있다. 유아적 수준의 자아는 유아적 수준의 잣대를 가지고 성인 수준의 자아는 성인 수준의 잣대를 가지고 사람들을 판단한다. 다시 말하면 자신이 가진 편견이라는 잣대는 자신이 선택한 가치관과 여태껏 쌓아온 경험에 의해서 변한다. 편견은 따로 생각하지 않아도 가치관에 따라 자동으로 선택해주고 감정으로 알려주는 자동화 필터라고 생각하면 될 것 같다. 그래서 편견을 갖지 말라는 것은 사람에게 어려운 일이다. 편견이야말로 그 사람이 살아온 가치관의 집대성이자, 대상을 바라볼 때 의식보다 먼저 일차적으로 작용하는 본능이기 때문이다. 그 대상에 대해 고심하고, 관심을 기울이고, 이야기를 듣고, 자신과의 대화를 반복적이고, 꾸준히 해야만 바꿀 수 있는 게 편견이다. 편견을 없애려면 대상을 사랑해야 한다.

성숙하지 못한 가치관은 얼마나 더 성인군자에 가까운지, 진리에 얼마나 다가갔는지가 아니다. 세상에 정답은 없기 때문이다. 자신이 어떤 인생을 살아가기로, 어떤 시선으로 세상을 바라볼지 스스로 선택하고 스스로가 책임을 지는 것이 건강한 가치관과 편견이 되는 것이다. '나는 업무를 시작하기 전에 커피 내음을 맡는 것을 좋아해' 같은 사소한 가치관이라도 좋다. 먼저 자신이 평상시에 어떤 편견을 가졌는지 확인해야 한다. 의식하지 않았다면, 자신도 알게 모르게 사회와 문화에 의해 생긴 편견들이 많을 것이다. 특히 대한민국은 집단주의 사상이 짙다. 건강한 편견과 건강하지 못한 편견은 크게 보면 사회적, 문화적 분위기에 의한 선택인지, 오롯이 자신의 선택으로 만들어진 편견인지로 나뉜다. 지금 갖고 있는 편견과 가치관들이 자신을 어떤 모습으로 만들고, 어떤 행동을 하고, 어떤 삶을 살게 만드는지 깊이 생각하고, 결정해야 한다. 모든 책임은 스스로 지는 것이기 때문이다.

그렇다면 자신이 갖고 있는 편견이 건강한 편견인지 아닌지에 기준은 어떻게 정할까? 처음은 어떤 상황에서 자신의 감정에 대해 의문을 가지는 것부터 시작할 수 있다. '내가 왜 이 상황에서 이런 감정이 들었지?' 객관적인 상황에 대한 묘사와 현재의 감정에 대해서 먼저 확인하고, 사회적인 선입견인지 자신의 판단에 기반한 선입견인지 확인한다. 그리고 그 원인에 대해 내가 어떤 방향으로 대처하는 것이 옳았을지에 대해서 고민한다. 자신을 객관적으로 바라보되, 감정에 솔직해지는 것. 이것이 건강한 편견과 올바른 가치관을 가질 수 있는 기초적인 방법이다.

위의 방식을 반복하면서 자신이 무의식중에 갖고 있던 편견들에 대해 알아낸 후에 할 일은 자신의 가치관을 성장시키는 것이다. 성장의 기본은 피드백이다. 가치관에 대해 피드백하려면 내가 어떤 가치관을 가지고 대상을 바라보는지 먼저 알아야 한다. 그리고 내가 생각하는 이상적인 가치관에 대해서 다시 정립한다. 다음으로 이상적인 가치관과 내가 갖고 있던 싶은 가치관과의 차이를 확인하고, 어떤 차이가 있는지 구체적으로 비교한다. 이상적 가치관을 가졌을 때, 예상되는 감정과 행동들이 지금의 감정과 행동과 어떤 차이가 있는지에 대해서 말이다. 그리고 그런 건강한 가치관을 가졌을 때 자기 모습을 상상한다. 이런 과정을 계속 반복하면 가치관은 성장하고, 자신이 선택한 건강한 편견이 만들어진다. 그제야 비로소 어른의 잣대가 된다. 자신의 모든 선택을 자신이 책임을 지는 것이기 때문이다. 자신의 이상과 현실의 부족함을 마음으로 느끼는 것. 이 마음이 가치관 성장의 핵심 동력이다. 하지만 자신이 가지고 싶은 가치관과 편견을 정했고, 매번 성장을 위해 피드백을 하고, 감정에 솔직해지더라도, 지금 당장 그런 인생을 살 수는 없다. 누구도 오늘부터 운동해야지 마음먹고 벤치프레스를 200kg으로 시작하진 않는다. 우리는 우리의 자아를 너무 과대평가한다. 가치관을 정립한 것에 지금의 자신을 억지로 끼워 맞추지 말자. 이상적인 것을 다른 말로 표현한다면 영원히 가질 수 없는 것이다. 사람은 별로인 상태에서 시작한다는 것을 항상 인지해야 한다. 대신 이 생각을 가지고 있다면 오늘은, 그리고 매일 더 나은 사람이 되는 것이다.

목적지를 정했으면 이제 일자로 나아가면 된다. 이번엔 가치관을 성장시키는 방법, 자아의 성장 방법에 대해서 이야기해볼까 한다. 의지력과 마찬가지로 가치관도 자아의 영향을 받기 때문이다. 어른이 될수록 우유부단한 사람들이 적어진다. 선택을 못 해서 우물쭈물하는 어른들을 보면 무슨 생각이 드는가? 미덥지 않다고 생각할 것이다. 자아가 성장하면 자신의 기호, 생각들을 우물쭈물하지 않고, 확실하게 말할 수 있다. 다시 말하면 자아가 들고 있는 잣대, 가치관이 확고해지는 것이다. 의지력은 자아가 사용하는 근육, 가치관은 자아가 들고 있는 잣대라고 생각하면 될 것 같다.

이전화에선 자기 자신을 사랑함으로써 자아가 성장한다고 했는데, 이는 90년대생들을 타겟으로 이야기했기 때문이고, 엄밀히 말하면 자아를 성장시키는 방법은 적절한 사랑 주입하기이다. 식물을 생각해보자. 우리의 자아는 지금 새싹일 수도, 꽃일 수도 있다. 심지어 아직 씨앗 상태일 수도 있다. 식물이 다음 단계로 넘어가려면 그 상태에 맞는 적절한 온도, 습도, 물, 햇볕 등 다양한 조건들을 맞춰줘야 한다. 이는 자아도 마찬가지다. 자아가 어느 단계에서 성장하지 못하는 이유는 성장단계마다 필요한 사랑을 주입하지 못했기 때문이다. 어린 시절엔 당연히 부모님과 가족의 사랑을 받아야 한다. 청소년기 땐, 친구들과 세상에 대한 사랑을, 청년기 땐 연인과의 사랑을, 성년기 땐 일과 자식들의 사랑을, 노년기 땐 다시 가족의 사랑을 받아야 한다. 이 중 하나가 틀어지면, 자아는 성장하지 못하고 자신이 필요했던 사랑을 대체하기 위해 끝없이 노력하게 된다. 하지만 이는 목이 마른 사람에게 바닷물을 주는 것이다. 시기에 따른 사랑에 대한 결핍의 결과는 연인에게 집착한다든지, 광적으로 먹는 것에 집착한다든지, 다양한 방향으로 표출된다.

단계마다 특징적인 결핍의 문제가 있지만 이 중 가장 큰 문제는 어린 시절에 받는 부모님으로부터의 사랑이다. 다른 시기에 겪는 애정 결핍들은 시기가 늦어도 채워줄 수 있는 것들이기 때문이다. 하지만 어린 시절에 결핍된 부모님의 사랑을 청소년기에 채워줄 수 없다. 청소년기에 유아기에 받아야 했던 부모님의 사랑을 주입하면 자아는 엇나가게 된다. 시기마다 사랑이 다른 것은, 신체적, 사회적 변화에 따른 목표가 이미 정해져 있기 때문이다. 인간은 사회적 분위기와 기대를 무시할 수 없다. 사회가 없다면, 인간도 없다. 신체적, 사회적 변화는 자아가 성장할 때까지 기다려주지 않는다. 청소년기부턴 가정에서 나와 사회에서 생활하기 때문에 어린 시절에 사랑을 받지 못했다면, 그것으로 끝이다. 다음으로 넘어가야 하는 것이다. 그래서 어린 시절에 사랑을 받지 못해 청소년기부터 애정 결핍을 표출하는 사람은 마음을 치유하기가 가장 어렵다. 무조건적인 사랑을 경험하지 못해, 자아가 논리적으로만 판단하며 과부하에 걸리고, 자기 자신으로 향해야 하는 사랑을 남에게 주면서 기적같이 사랑을 받게 되길 원하게 되기 때문이다. 이들은 사랑을 하는 법도, 받는 법도 모른다. 이들이 애정결핍 상태에서 벗어나기 위해선 자아가 성장해야만 하는데, 이들의 자아는 대부분 씨앗 상태라고 볼 수 있다. 그렇지만 인지하고 있다면 변할 수 있다. 만약 자신이 여기에 해당한다면 자기 자신을 비하하는 것을 그만두고 이제 자아의 싹을 틔워보자.

어린 시절 받는 부모님으로부터의 무조건적인 사랑이 왜 중요할까? 우리는 태어나서 신체적, 경제적으로 부모님으로부터 보호받으며 성장한다. 독립을 목표로. 이와 마찬가지로 자아도 부모님으로부터 보호받아야 한다. 사랑으로. 태어나서부터 10대까지 우리 자아가 가장 크게 성장할 수 있는 사랑은 부모님으로부터 받는 무조건적인 사랑이다. 이제 막 태어난 자아는 이유 없는 것을 이해할 수 없다. 인간 사회에서 약속된 대부분의 것들은 논리적 구조를 거치기 때문이다. 이름을 지을 수 있는 것들에 논리가 없는 것은 없다. 이름은 논리적, 사회적 약속을 통해 지어진다. 이러한 논리적 자아가 처음으로 이해하기 어려운 것이 바로 부모님들의 무조건적인 사랑이다. 내심 고민하던 자아는 '낳아줬으니까'라는 꺼림칙한 이유를 들고, 일단 성장부터 하기로 한다. 그러한 성장이 지속되면 자아는 청소년기에 돌입하며, 무조건적인 사랑을 받고 반발심이 생긴다. 이제 어른이 되었는데, 이런 무조건적인 사랑을 받을 순 없다고 생각한다. 내가 해주면 해줬지. 부모님으로부터 자아적 독립을 시작하게 된 순간이다. 이때 자아의 첫 번째 필수 영양소인 부모님으로부터의 사랑이 끝나고 두 번째 필수 영양소인 자신에 대한 사랑으로 바뀌게 된다.

왜 처음부터 자신에 대한 사랑이 가장 중요한 사랑인 게 아닐까? 사람이 홀로 서려면, 사회적인 규칙, 관계, 흐름을 배워야 한다. 그 뒤에 사회적으로 일을 할 수 있는 능력이 충분히 될 때까지 부모님의 양분을 받아서 성장하고, 준비한다. 10대, 20대까지의 시선으로는 논리적이고 약속 투성이인 지구라는 세계는 이성적 가치만 중요한 듯이 보인다. 자아가 이러한 인간사회의 논리적 체계를 배우고 있을 때, 가장 비논리적인 행태를 겪는다. 바로 부모님들의 비이성적인 사랑이다. 여기서 자아는 성장에 필수적인, 그것도 살면서 겪어본 것 중에서 가장 큰 '저항'이 걸린다. 처음엔 '나를 이 세상에 태어나게 했으니까 당연한 거지'라고 생각하던 자아도 시간이 지날수록 계속 혼자 생각이 맴돈다. '가족이 뭔데?' 이러한 질문으로부터 자아는 빠르게 성장한다. 부모님의 가치관과 인생, 삶에 대해 궁금해하고, 이야기를 듣고 나서 자아는 가족에 대한 사랑을 생각하게 된다. 그리고 성장한다. 부모님과의 사랑이 자아 성장에서 가장 중요한 이유가 이 때문이다. 비논리적인, 이성이 이해하기 힘든, 기적 같은 사랑을 통한 자아의 저항과 성장. 그래서 부모님의 사랑이야말로 우리가 자아적 독립할 때까지 꼭 필요한 사랑이다.

그렇다면 부모님에 대한 사랑을 받지 못한 사람들은 영원히 자아 성장의 기회가 없을까? 모유가 아닌 분유로 성장했다고 해서 어른이 되었을 때 차이를 알 수는 없는 법이다. 어렵긴 하지만, 부모님의 무조건적인 사랑을 아는 법은 역으로 부모님에게 무조건적인 사랑을 해보거나, 자신이 자식을 낳는 등, 스스로 무조건적인 사랑을 경험해봐야 한다. 대상은 누가되었든 상관없다. 하지만 전제조건은 이미 자기 자신에 대한 사랑이 충만한 상태에서 행해져야 한다. 자아적 독립에 필요한 다른 모든 것들을 채우고, 마지막 해결하지 못한 하나의 조각을 찾는 것이기 때문이다. 결국 이들에게도 마찬가지로 분유의 역할을 하는 것은 자신에 대한 사랑이다. 조금 늦을 수 있지만, 그리고 조금 더 많이, 더 오래 걸릴 수도 있지만 모두가 나아가야 할 목표는 같다. 그리고 부모님에 대한 사랑이 부족한 사람이야말로 자기 자신에 대한 사랑이 가장 필요한 사람이다. 사람은 논리적일수록 차가워지기 때문이다.

부모님에게 받는 사랑에서 독립하고, 자기 자신에 대한 사랑이 주입되기 시작하면 자아는 이제 끝을 모르고 성장한다. 이 세상 모든 것에 '자아의 관점'으로 관심을 기울여보자. 내가 어떤 사람인지에 대해서 끝없이 관심을 갖고 사랑을 시작한다면, 세상 모든 일에 저항이 걸린다. 자아는 이러한 저항을 통해 자기 자신에 대해 끝없이 탐구하고, 건강한 가치관을 정립하고, 세상이 돌아가는 이치에 자신을 대입하고, 내가 무엇을 좋아하는지, 내가 이 행동을 왜 싫어하는지, 내가 이 일을 왜 좋아하는지 막힘없이 이야기할 수 있게 된다. 하고 싶은 일을 찾는 것은 하늘이 정해준, 태어났을 때 사주팔자가 정해준 일을 연금복권 긁듯이 찾아가는 것이 아니라, 내가 어떤 사람인지 아는 사람이 스스로 일을 찾아가는 것이다. 그제야 비로소 자신이 세상에 어떤 일로써 인생의 의미를 남길지 알고, 이를 행하여 '자아실현'을 하게 된다. 이것이 우리가 바라봐야 할 자아 성장의 중요한 지점이다.

이 모든 과정이 자기 자신에 대한 사랑, 그러니까 관심으로부터 시작된다. 자기 자신을 사랑하지 않은 사람도 자아는 조금씩 성장한다. 위에서 이야기한 시기별로 중요한 사랑들은 한국 사회 특유의 오지랖인 나잇값으로 강제 주입되고 있기 때문이다. 하지만 자기 자신에 대한 사랑을 충족시킨 후, 나이에 맞는 사랑을 추가로 주입하면 다른 사람과는 비교도 안 되는 속도로 성장할 수 있다. 사랑은 가장 큰 동기부여라고 했다. 사랑의 결과는 행동이다. 자기 자신을 사랑하는 사람은 더 많은 행동을 할 수 있는 의지력과, 더 많은 저항을 겪어도 될 가치관들을 가지고 있다. 자신을 사랑하는 사람들은 자기 자신만의 관점으로 세상이 자신에게 주는 시련들을 극복한다.

인격, 내면, 자아는 태어나자마자 완성된 상태로 태어나는 것이 아니다. 자신에 대한 끝없는 탐구 끝에 이뤄가는 결실이다. 사람들은 자아는 이미 태어났을 때부터 완성되어 있고, 배워가면서 되찾아 오는 것쯤으로 생각한다. 하지만 신체적 성장과 지식적 성장만큼 자아 역시 성장을 이뤄야 하는 중요한 요소이다. 태어나면 자아도 Lv·1이다. LV·Max에 잠금 상태가 되어 있는 게 아니다. 대부분의 사람이 이런 정신적인 것들에 대한 성장의 개념을 인정하지 않는다. 대표적인 예가 연인과의 사랑이다.

사람들은 연애를 잘한다고 하지, 사랑을 잘한다고 하지 않는다. 사랑은 이미 완성되어 있다고 생각한다. 마치 태양처럼. 성장하지 않고, 그냥 그 자리에 있는 것으로 생각한다. 왜 사랑은 성장을 하지 않는다고 생각할까? 그때 헤어진 것은 연애가 미숙해서가 아니라, 연인으로서의 사랑이 성숙하지 못해서 헤어진 것이다. 아마추어와 프로의 차이는 자신의 역량을 아는 것이다. 미숙한 사랑은 자신이 얼마나 행동할 수 있을지 모르고 모든 의지력을 태워버린 것이고, 성숙한 사랑은 자신이 얼마나 연료를 가졌는지 알기 때문에, 자신이 할 수 있는 행동들을 담담히 하는 것이다. 미숙한 사랑은 완급조절과 배려가 없고, 성숙한 사랑은 자신의 상황에 따라 행동을 결정하며, 상대방에 대한 사려가 깊다. 사랑과 연애는 동의어가 아닐까? 생각할 수 있지만, 연애는 사랑을 통한 행동의 결과물이고, 사랑은 상대방에 대한 지식을 바탕으로 행동할 수 있는 의지의 크기이다. 행동만을 교정하면 연애를 잘하는 것이고, 상대방과 자신의 감정과 행동, 태도와 관계와 시간을 생각하게 된다면 사랑을 잘하는 것이다. 즉, 사랑, 자아 같은 내면적 능력은 근육이 자라는 것처럼, 공부를 하는 것처럼 새로운 경험과 고찰, 저항을 통해 성장하는 능력이다.

그렇다면 역설적으로 생각해보자. 사랑의 결과가 행동이라면, 반대로 행동하면 자연스럽게 사랑이 피어오르지 않을까? 그래서 자기 자신을 사랑하지 않은, 아무것도 하기 싫은 상태의 우울증 환자에게 가장 좋은 치료 방법은 달리기다. 자신이 지금 무기력증이 심하다면, 일단 달리기를 시작해야 한다. 그것이 자아 성장의 첫걸음이 될 수 있다. 움직인 지 오래된 트랙터에 시동을 걸자는 뜻이다. 힘들게 계속 뛰다 보면, 숨이 턱 끝까지 차올라 심장소리 때문에 이 세상 소리가 들리지 않게 될 때가 올 것이다. 그때, 내 마음속에 갇혀 있던 자아가 슬며시 말을 걸 것이다. '힘들지? 그만해도 괜찮지 않겠어?' 잘 나가다가 갑자기 자기 계발 유튜버처럼 달리기 하라는 말이 언짢게 들릴 수 있는데, 달리기가 아니어도 괜찮다. 자신이 지금 무기력하거나 우울하다면 일단 움직이고, 활동을 하면서 자아 성장을 도모해야만 한다. 자아 성장은 지금 90년대생들이 겪고 있는 무기력증과, 우울증을 해결해줄 수 있는 파격적인 수단이다. 오늘 퇴근길에, 아니면 잠시 핸드폰을 거실에 두고 공원 벤치에 앉아서 곰곰이 생각해보자 '나는 행동에 사랑과 감정이 있었을까?' 내가 이 일을 죽도록, 진짜 죽도록 하기 싫은 이유가 뭘지 생각해보자. 나는 지금 '나'를 사랑하고 있을까?

막상 이런 질문을 갑자기 던진다고 해도 신묘한 대답보다는 멍한 상태로 허공을 바라볼 가능성이 높다. 그만큼 우리는 자신의 감정이 표출되지 못하도록 억제되어 있다. 감정에 치우치지 말라. 귀가 따갑도록 들은 이야기이다. 논리적인 세계에서 잘사는 사람들은 논리적인 선택을 한 사람들이었다. 지금껏 우리 사회는 감정을 죽이고, 자아를 죽이는 것에 혈안이 되어 있었다. 그런데 나는 이 글에서 자신의 감정에 귀를 기울여야 한다고 역설하고 있다. 감정은 정말 쓸데없는 것일까? 감정은 '비' 논리적이다. 하지만 이 세계를 자세히 들여다보면 비논리적인 것으로 틈이 메꿔져 있다. 비논리적 세계를 경험해보지 못한 사람은 결정에 사람의 감정이 포함되지 못한다. 이는 큰 단점이다. 지금 세상은 논리의 시대가 아니기 때문이다. 이제 세상은 감정의 시대가 되었다.

감정의 시대

사람들은 감정을 버리고 이성적인 판단을 해야만 성공할 수 있다고 생각한다. 실제로 그랬다. 당장 먹고살 것도 없는데, 감정이 어떻고, 자아가 어떻고 하는 이야기들은 쓸데없는 이야기였다. 지구 역사에서 사람이 출현한 뒤, 모든 사람에겐 간절한 염원들이 있었다. 굶지 않는 것, 더 편하게 사는 것, 이런 염원들은 과학으로 세상의 이치를 밝혀내면서 이뤄졌다. 과학의 발전은 세상을 논리의 세상으로 바꿔버렸다. 논리적인 사고에 의한 결정들은 인간을 살아있는 것 중에 가장 강한 집단으로 만들어줬다. 인간으로서 살아가기 위한 필수적인 시스템이 완성되고, 그 사회의 일원으로 모두가 일을 하며 시스템을 유지, 발전시켰다. 그 결과 사람은 논리와 약속으로 만들어진 땅 위에 살게 되었다. 감정을 죽이고 이성적인 판단을 해라. 이 한 줄의 슬로건은 논리와 약속의 세계에서 탁월한 생존 전략이었다. 사람은 더 편하게, 더 잘살기 위해서 과학을 발전시켰고, 종교와 철학, 자아를 퇴보시켰다.

감정을 죽인 사람들은 화살처럼 앞으로 튀어 나갔다. 설정된 목표까지 잠시도 쉬지 않고 쏘아져 나갔다. 불과 몇천 년 만에 사람은 살아 움직이는 것들의 신이 되었다. 세계관은 점점 더 넓어져 지구가 아닌 우주로 뻗어 나갔고, 동식물들의 유전적 정보를 자유롭게 편집하며, 눈에 보이지 않는 미시세계까지 영향력을 펼쳐 나가고 있다. AI의 개발은 이런 인간의 발전 속도를 다른 차원으로 끌어올렸고, 인간은 점점 신의 권능에 대해 '논리'로 다가가고 있다. 인간은 목표를 향해 나아가면서 겪는 모든 감정들을 펼쳐냈다. 배 안에 들어오는 물을 퍼내듯이 말이다.

우리나라, 아니, 전 세계는 지금 과도기에 와 있다. 과학은 말도 안 되는 것들을 가능하게 만들어줬다. 지레짐작하고 있던 사실들을 분명히 해주었고, 전혀 잘못 알고 있었던 일들이 무더기로 적발되었다. 과학은 단순히 기술 발전이라고 생각하기 어려운 마법의 시대를 열고 있다. 상상했던 모든 것들이 이뤄지고 있지만 이런 상상을 해보지 못했던 사람들은 도태라는 직격탄을 맞기 시작했다. 세대 차이는 단순히 나이가 아니라, 이제 새로운 과학기술을 어디까지 활용할 수 있는지로 나뉘고 있다. 곧 마법사와 인간의 갈등이 시작될 것이다. 이제 사람들은 지금껏 생각해보지 못했던 세상에 대한 윤리를 고심하기 시작했다. 신의 능력을 갖게 된 인간이, 감정을 버리고 앞으로 나아가기만 했던 인간이, 자신이 가지고 있는 힘에 대해 미래의 불확실성을 느끼고, 불안감이란 감정이 올라오기 시작했기 때문이다. 그래서 과학을 견제할 유일한 수단인 철학이 다시 일어나야만 한다. 철학은 과학에 브레이크를 걸기 위해 존재하는 것이 아니다. 인간이 인간답게, 인간성을 유지할 수 있도록 도와주는 장치이다. 닥쳐올 미래의 불확실성을 '자아'라는 단단하고 밝은 작대기로 이겨내고, 올바른 길로 갈 수 있게 만들어 주기 때문이다. 지금의 과도기가 끝난 이후의 세상은 마법과 철학의 시대. 즉, 과학과 윤리 대립의 시대가 올 것이다.

일단 먼저 당장의 과도기의 세상을 보자. 이미 세상은 마법의 시대의 초입에 들어와 있다. 대한민국은 코딩을 의무교육에 포함했다. 어른들은 코딩이 무엇인지, 프로그래밍이 무엇인지 모르는 사람이 대부분인데, 2017년에는 중학생부터, 2019년에는 초등학교 고학년부터 코딩교육이 의무화되었다. 코딩은 이미 2000년대 후반 출생인 사람들에게는 기본 지식의 한편에 자리 잡은 학문이 되었다. 불과 20년 전에만 해도 기계를 어떻게 믿냐는 사람들이 대부분이었다. "기계가 하는 건데 실수할 수도 있죠 뭐." 그로부터 10년 뒤엔 "사람이 실수할 수도 있죠. 뭐. 기계도 아니고."라는 말로 변했다. 사람들의 인식은 불과 10년 만에 '기계는 실수하지 않는다' 로 바뀌었다. 그렇다면 지금은 어떤가? 인터넷을 하면 항상 나오는 단어가 있다. 업무 자동화. 웹서핑하면 너무, 너무, 너무 많이 나와서 보기 싫은 키워드이다. 하지만 다시 생각해보면, 요즘 직장인들의 핵심 키워드가 '자동화'라는 뜻이다. 자동화의 본질은 알고리즘이다. 현시점 논리적 사고 체계의 끝판왕. 알고리즘을 통해 사람들은 업무 플로우에 대해서 생각하고, 비효율적인 반복 작업을 스스로 바꾸고 있다. 사람들은 '기계는 실수하지 않는다'는 생각에서 나아가 이제 기계와 동기화를 진행 중이다. 왜냐면 이러한 알고리즘 방식의 현시점 최종 진화형이 AI이기 때문이다.

'에이 그래도 인공지능이라고 해 봤자 컴퓨터지'라는 생각은 이세돌과 알파고의 바둑 대결로 완전히 인식이 바뀌게 된다. 그로부터 수년간 AI를 통해 뭐든지 가능하다는 것을 깨달은 인간은 궁극적으로 논리적인 기계가 되었다. 그만큼 AI의 개발은 '인간'이라는 정의를 완전히 바꿔놨다.

인간이 물리적으로 불가능 하다고 생각하는 모든 것들을 가능하게 만들어주는 것이 AI였고, 인간이 아무리 노력해도 따라갈 수 없는 게 AI였다. AI는 마법의 시대의 문을 열었다. 이러한 AI 혁명을 상징하는 것이 '업무자동화'이다. 알고리즘적 해결방식을 평범한 사람들까지 관심을 두기 시작한다는 것이야말로 지금이 마법 시대의 과도기라는 뜻이다. 조금 지난 후의 미래에는 이런 사고방식을 사용하지 않는 것이, 시대에 뒤떨어진 사람이 될 것이다. 그리고 그 시대는 아마 마법 같은 시대가 될 것이다. 우리는 아직 큰 체감을 못 하고 있지만, AI는 이미 문은 열었고, 세찬 바람이 쉴 없이 들어오고 있다.

그렇다면 위에서 말한 마법의 시대에, 대척점에 있는 철학은 어떻게 될까? 이 질문의 답이 바로 위에서 말한 감정의 시대다. 아직 세상은 윤리적인 문제가 심각하게 대두될 만큼 발전하지 못했다. 그렇기에 철학은 빛을 내지 못하고 있다. 대신 철학으로 넘어가기 전 단계인 감정이 힘을 발휘하고 있다. 그동안의 사람들은 감정을 억눌러왔다. 하지만 모든 사람이 감정을 죽이고 살지는 않았다. 예술은 어느 시대에서든 죽지 않고 항상 살길을 찾아간다. 우리는 같은 값이면 다홍치마라는 속담을 안다. 가격이 같다면 AI는 데이터 분석을 통해 선호도가 더 높았던 제품을 고를 것이지만, 사람은 그냥 마음에 드는 것을 고른다. 그게 예쁘다고 느낀 감정이었든, 실용적이라고 느낀 감정이었든 인간의 가장 큰 선택 요소는 '감정'이다. 감정이야말로 인간이 인간으로서 남아 있을 수 있는, 인간다운 행동을 할 수 있는, 기계와의 가장 큰 차이점이다. 논리적으로 성공한 일부 사람들을 제외하곤 대부분 사람이 이렇게 감정에 의한 선택을 한다. 마트에서 할인하는 품목을 3시간씩 기다리면서 사는 것은 논리적으로 잘못된 선택이다. 버스 환승이 가능한데 굳이 걸어가는 것도 논리적으로는 틀린 선택이 될 수 있다. 애인을 데려다줘서 막차가 끊겨 걸어가는 것도 논리적으로 틀린 선택이고, 비싼 돈 들여서 맛없는 배달 음식을 시켜 먹는 것 또한 논리적으로 틀린 선택이다. 사람들은 AI는 이해할 수 없는 선택을 종종 하곤 한다. 선택의 결정권에 있어서 이성적 판단보다 앞서는 것이 감정이기 때문이다. 물론 감정에 휘둘리면서 감정에 의한 선택만을 한 사람들은 도태된다. 논리적인 세계에서 당연한 결과다. 또한 이러한 사람들은 인간보단 동물에 가깝다. 인간은 AI와 동물 그 중간에서 파라미터를 맞춰야 한다.

 하지만 대부분 사람이 선택을 내릴 때, 감정이 먼저 즉각적으로 반응한다는 것은 지금 시대에선 엄청난 결과를 낳게 되었다. 바로 90년대생들의 정보 소비 패턴 때문이다. 위에서 이야기했듯, 90년대생은 너무 많은 정보로 인해서 빠르게 자신에게 필요한 정보만을 가려서 취득하는 능력을 길렀다. 제품 구매를 예시로 들어보자, 기존의 80년대생들은 많은 정보를 비교하고 더 나은 제품을 찾기 위해 끝없이 비교하고, 최종적으로 결정한다. 이러한 일련의 과정들을 노력으로 원하는 제품을 받고 좋은 결과물을 얻어낸 행위로 인식하기 때문에 과정 자체에서 즐거움을 느낀다. 그러나 90년대생들은 어느 정도 찾아보다가 결국 유튜버의 리뷰 한 번 보고 구매까지 이어지는 과정이 대부분이다. 오랜 시간 동안 정보를 비교하며 구매한 제품이 몇 번의 실패했기 때문이다. 90년대생들은 과정보단 결과에 초점을 맞춘다. 실패하기 싫어하는 가치관은 실패를 통해 물건 리뷰 비교 실력 향상이 아닌, '거 봐라! 시간 낭비 하고 실패하고 너한테 남은 게 뭐니?'이라는 깨달음을 준다. 그래서 구매에 대한 정보를 유튜브의 실사용 리뷰들 몇 개 중에서, 장점과 단점, 그마저도 단점 쪽에 먼저 재생 바를 움직인 후, 5초씩 넘기며, 자막을 보고 판단해서 구매한다. 성질이 급한 것으로 생각할 수 있지만, 쓰레기 버리는 날의 종량제 봉투라고 생각하면 편하다. 더 이상 안 들어가는데 꾸역꾸역 어떻게든 욱여넣으려고 하는 것이 바로 90년대생들의 뇌 속에서 이뤄지는 정보처리 상태이다. 꽉차서 더 이상 들어가지 않는 상태에서 정보의 홍수 속에서 살아남기 위해 최대한 적은 정보로 효율적인 선택을 하는 것에 특화된 것이다.

90년대생들의 대부분이 성인 ADHD가 된 이유는 영상 전쟁 때문에 그렇다. 유튜브가 처음 유행했을 때는 10분 남짓한 영상이 너무 짧아서 아무도 보지 않을 것이라고 했다. 그때의 TV 프로그램은 70분이 러닝타임 이었다. 틱톡이 1분대의 영상으로 세계를 휩쓸 때, 1분짜리가 어떻게 영상이냐고 그랬다. 잠깐 유행하고 만다고 했다. 이제 모든 것은 3초 안에 결정된다고 한다. 하지만 3초도 느리다. 유튜브로 시작된 영상 전쟁은 짧은 영상들이 승리해버리고 말았다. 지금 90년생, 00년생들의 영상 플랫폼들을 이용하는 모습을 보면 마치 침팬지 실험 영상이 떠오른다. 이제 시청 여부는 화면에 뜨는 순간 결정된다. 첫 화면이 뜨자마자 내가 보고 싶을지 안 보고 싶을지를 판단하고 다음 안건으로 넘어간다. 10분 남짓한 영상은 5초씩 넘기면서 보고, 뉴스는 제목 다음에 댓글을 읽는다. 1분짜리 영상들은 빨리 넘기기가 안돼서 소리만 껐다 켰다 하다가 그냥 다음 영상으로 넘어간다. 이런 정보처리행위 자체에 중독된 90년생, 00년생들에게 선택의 기준은 이성적인 것이 강할까? 아니면 감정적인 것이 강할까? 당연히 감정이다. 본능적인 판단은 이성적인 생각보다 감정이 먼저 작용한다. 90년대생들은 이성적 생각을 하기 전에 판단해야 하는 행위를 반복함으로써 감정에 의한 결정을 강화하였다. 다시 말하면 본능에 의한 선택을 계속 반복한 사람들은 이제 감정이 선택의 주체가 되었다.

90년생들이 워라밸을 그렇게 이야기하는 것도 여기서 비롯된다. 타 세대보다 감정에 영향을 많이 받는 것이다. 체계적인 미래를 생각하지 못하고, 일어나지 않은 일들을 무시하고, 충동적인 과소비 습관들이 모두 이런 감정이 선택의 주체가 되었기 때문에 일어나는 일이다. 물론 90년대생, 00년대생들이 모두 감정이 앞서는 사람이란 것도 아니고, 다른 세대는 그렇지 않다는 것이 아니다. 심지어 80년대생부터 시작하여, 점점 더 사람들이 감정에 휩싸이기 시작했다. 단순히 세상의 흐름을 직격으로 체감하고 있는, 그러니까 과도기에서 문을 열었을 때, 문 가장 앞에 있던 두 세대가 지금 더 빨리 변한 것이다. 지금 우리나라는 감정의 시대에 살고 있다. 어느 때보다 더 정치에 목소리가 커지고, 정치인들은 여론의 눈치를 보고 있다. 누군가 잘못된 행동을 하면 청와대에 신문고를 올린다. 무개념 행동을 한 사람에게 다 같이 찾아가서 통쾌한 복수극을 하고, 불우한 아이들에게 무료로 음식을 제공하는 식당에 찾아가서 매상을 올려준다. 이런 경향을 아는 눈치 빠른 사람들은 일찌감치 가짜뉴스와 국뽕 유튜브를 통해 많은 팬과 돈을 거머쥐게 되었다.

그렇다. 감정의 시대란, 진짜와 가짜가 더 이상 중요하지 않은 시대이다. 사람들을 거머쥘 수 있는 것은 진실인지, 거짓인지가 아닌, 얼마나 더 크게 감정의 폭을 요동칠 수 있는지이다. 너무나 슬픈 이야기를 보면 사람들의 관심이 올라간다. 모든 사람이 슬퍼했는지는 중요하지 않다. 어쨌든 관심이 올라간다. 그리고 그 슬픈 이야기의 피해자가 알고 보니 가해자고, 전과자였다는 소식이 들려온다. 이때 가장 폭발적으로 관심이 올라간다. 정확한 사실관계가 확인되지 않았으니 지켜보자는 입장과 이런 상황에서 그런 말을 하는 너가 사람이냐는 입장이 대립하여 싸우고, 그중에 광고하는 사람과 정치 이야기를 하는 사람, 피해자 사칭범들이 어우러져 북새통을 이루게 된다. 그렇게 싸우길 며칠 뒤, 슬픈 이야기의 피해자는 자살하게 된다. 그리고 시장통을 이뤘던 그 영상은 삭제가 된다. 이런 사건에서 사람들은 진실이 정말 중요했을까? 여기서 사람들의 관심이 올라간 것은 자극적인 소재, 그러니까 평온하던 내 감정을 조금 더 크게 움직이게 만든 기사였기 때문이다. 수치로 예를 들자면, 방금 본영상은 재미 3, 이번엔 슬픔 2, 이번엔 분노 5 이런 식으로 시시각각 변하는 것이다. 평범한 기분이 0이라고 했을 때, 이 감정의 변화 수치가 크면 클수록 사람들의 관심이 높아진다. 이것이 감정의 시대의 핵심이다. 논리가 잣대였을 때는 팩트가 가장 중요했다. 그래서 신문 기사와 뉴스는 공신력이 있었다. 사람들은 뉴스에 나오기에 진실이라고 믿었고, 그 기사를 기준으로 생각했다. 하지만 지금은 다르다. 진실인지 거짓인지는 중요하지 않다. 지금 '내 감정'을 얼마나 크게 움직였는지가 중요하다. 담담하게 쓰여 있는 진실은 주목받지 못한다. 진실을 파훼하는 온갖 가짜뉴스들은 순식간에 조회수가 올라간다. 조회수는 힘이자, 돈이었고,

높은 조회수와 낮은 조회수의 차이점을 눈치챈 사람들은 진실이든 가짜든 자신이 하고 싶은 말들을 더더욱 치장하기 시작했다. 그리고 고심하기 시작했다. 어떻게 하면 사람들의 감정을 더 크게 움직일지.

TV 뉴스와 신문에서는 각각 어떤 기사가 더 많은 관심을 받는지 정확히 알지 못했다. 보도된 이후 사람들의 입방아를 보고 어느 정도 이해하는 수준이었다. 하지만 인터넷 뉴스가 전성기를 맞게 된 이후, 이런 후크 포인트에 대한 데이터가 수집되기 시작했다. 기자들은 어떤 뉴스가 더 많은 트래픽을, 더 많은 조회수를 내는지에 대해 연구하기 시작했다. 답은 제목이었다. 온갖 미사여구로 치장한 제목들은 조회수로 자신이 얼마나 잘 뽑혔는지 뽐내기 시작했다. 그렇게 기자들은 '기레기'로 불리게 되었다. 유튜브 시대가 된 지금은 후크 포인트가 제목과 썸네일이 되었다. 영상 하나하나마다 조회수가 찍혀서 성적표처럼 나오고, 돈으로 돌아오는 이런 시스템은 기자가 아닌 일반인들에게도 후크 포인트에 대한 피드백을 매번 실시간으로 주었다. 유튜브는 단순히 기자에게만 적용되던 감정의 시대의 문을 활짝 열어젖혔다. 일반인에게. 누구나 할 수 있는 프리 플랫폼을 전 국민이 사용한다는 것은, 가장 빨리 세상을 변화시킬 방법이다. 쉽고, 누구나 사용할 수 있는, 돈이 들지 않는, 아니, 오히려 생각하지도 못한 부를 가져다주는 편리한 과학 기술. 이보다 더 세계를 빨리 바꿀 방법이 있을까? 그렇게 우리는 감정의 시대를 맞았다.

BJ에게 지갑을 여는 이유

다시 현시대의 주역인 90년대생을 보자. 이젠 90년대생이 소비의 주체가 되었고, 트렌드의 중심이 되었다. 이제 막 사회로 진출하고, 어느 정도 자리를 잡아가는 90년대생들은 누가 봐도 대한민국의 가장 중심 세력이다. 그렇다면 90년대생들은 어떤 부분에서 돈을 쓰고, 만족감을 느낄지 알게 된다면, 그에 맞춰서 트렌드를 따라갈 수 있지 않을까?

위에서 말했다시피, 90년대생들이 살고 있는 시대는 감정의 시대다. 감정의 시대에서는 감정의 폭을 크게 흔드는 것이 중요하다. 그 감정이 어떤 감정인지는 크게 중요하지 않다. 사람마다 생각이 다르다는 점이 여기서 작용한다. 정보의 공유가 실시간으로 이뤄지는 세상에선 너무나 많은 가치관이 충돌한다. 모두가 자신이 가지고 있는 생각과 신념을 설파한다. 잘못된 의견에 수많은 사람이 공감하는 것을 목격하면, 댓글 다는 것을 참을 수 없다. 모두 다 자신이 틀리지 않았다는 것을 인정받고 싶어 한다. 개인의 눈으로 봤을 때는 비정상이 넘치는 시대다. 자신이 살고 있는 세계관이 정답이기 때문이다. 감정이 판단의 주체가 된 이후부터 사람들은 맥락과 이해가 아닌, 시점(時点)과 판단을 통해 세상을 바라보기 때문이다.

감정의 시대에 가장 많은 영향을 받은 90년대생들의 감정을 이용하기 위해선, 멘토와 제공의 관점에서 바라봐야 한다. 90년대생들이 멘토가 필요하다는 이야기는 위에서 한 번 했다. 여기에서 멘토는 우리가 흔히 쓰는 좁은 의미로 봐야 한다. 자신이 존경하는 사람, 자신이 되고 싶은 사람쯤으로 정의할 수 있다. 90년대생들은 유튜브라는 신기루 속에서 자신의 꿈을 이룬 사람들을 보며 대리만족감을 느낀다. 이러한 팬심은 일반적인 연예인을 좋아하는 감정과는 다르다. 인터넷 방송을 보며 생긴 팬심은, 자신과 다른 방향으로 성장해간 자신의 또 다른 자아의 성장 모습이자, 지인의 성공쯤으로 생각한다. 이제 현실에 부딪치는 나이인 20대, 30대를 지나고 있는 90년대생들은 자신이 학창 시절 때부터 봤던 BJ, 유튜버들의 성공을 진심으로 공감하고, 동조하고, 이해하고, 좋아한다. 별 것 아니었던 사람이 이젠 연예인들과 방송하는 시대가 되었다. 그 모든 과정을 봤던 90년대생들은 '자신도 할 수 있었을까?' 하는 마음과 자신과 함께 성장해나간 사람이라는, 쉽게 말해 멘토와 동기의 마음을 같이 지니게 된다. 이를 인터넷 용어로 말하자면 내적 친밀감을 느낀다고 할 수 있다. 나와는 전혀 관련 없는 사람이지만, 마음속에서 동질감을 느끼는 것이다. 연예인들은 한 번 구설에 오르면 다시 복구하기가 쉽지 않아서 완벽한 모습을 했어야만 했다. 하지만 BJ들은 맘에 안 들면 시원하게 욕 한번 해주고, 실수도 하고, 힘든 점도 이야기하는 모습들을 보여준다. 실시간으로 시간에 구애 없이, 내가 일어나 있을 때 같이 일어나서 이야기하는 '내 친구'가 되었다. 성공하기 위해서 보는 잘 모르는 완벽한 사람들과는 조금 다른 멘토이다. 이런 멘토이자, 내가 되고 싶었던 모습이자, 내 동기였던 BJ, 유튜버들을 위해서 90년대생들은 돈을 쓴다. 연예인들을 통한 광고로 '넛지' 효과를 보던 사업체들도 이제 이를 알고 유튜버들에게 광고를 진행한다.

하지만 연예인들과는 달리 구설에 오르더라도 지지해주는 팬층이 있다는 점은 부작용도 상당했다. 바로 논란이 많은 인플루언서, 유튜버들이다. 대부분 사람이 한 번쯤 봤을 만한 뉴스 제목이다. "도 넘은 인터넷 방송 선정성, 자극성 심각." 어른들이 문제야 문제라고 늘 이야기하는 제목이다. 단순히 말로만 문제가 아니라, 실제로도 문제를 일으켰다. 사회적으로 문제를 일으킨 많은 사건에 대해 사람들은 원인을 생각하기보단, 단순히 조회수, 돈 때문에 저렇게 미친 짓을 한 것이라고 치부하고 말았다. 그 결과 안 그래도 안 좋게 보던 신생 직업의 이미지는 더 떨어지게 되었다. 일반인의 시선에서 이들의 행위들은 마치 마약중독자의 난동이나 마찬가지였다. 하지만 일반 직장인들은 평생 가질 수도 없는 돈을 벌며, 엄청난 인지도를 쌓은 인터넷 방송인들은 사람들의 비난뿐만 아니라, 마음속의 부러움을 함께 사게 되었다.

한 연세대생이 인플루언서들을 예시로 들며, 세상이 변했기 때문에 노력과 공부에 대한 보상을 받을 수 없는 사회가 되었다고 이야기한 글이 인터넷에서 돌아다녔다. 그동안의 시대에서 공부란, 좋은 직장을 갈 수 있는 거의 유일한 수단이었다. 정보가 한정된 세계에선 창업은 눈을 감고 목적지까지 수영하는 것과 다름이 없었다. 투자나 재태크도 마찬가지였다. 아는 사람들만 아는 정보로, 서로서로 성공하는 사례가 많았기 때문에, 일반인의 신분 상승, 유지의 사다리는 오로지 공부뿐이었다. 변동성이 적은 안정된 세상에서는 공부야말로 확률이 가장 높은 안정된 금색 사다리였기 때문이다. 그래서 지금의 어른들은 항상 공부만을 부르짖었다. 자신의 경험상 우리나라에서 성공하는 가장 안정된 방법은 공부라고 생각했기 때문이다. 게다가, 대체로 공부를 잘하면 여러 가지 분야에서 머리가 트이는 부분이 많았다. 그래서 한국의 사교육 열풍은 걷힐 줄 몰랐다. 신분을 유지, 상승시키기 가장 안전한 방법이었기 때문에.

　하지만 지금의 세대는 어떤가? 비록 유튜버들이 아니더라도 어린 나이에 사업으로 엄청난 성공을 거둔 사람들이 유튜브를 통해서 매일 같이 쏟아져 나오고 있다. 모든 것을 다 바쳐, 삶에서 가장 중요한 10대를 이 악물고 참아내어, 우리나라에서 손꼽는 대학교에 들어간 사람이, 자신과 같은 나이에 매일 같이 게임하고 친구들과 웃고 떠들기만 했던 같은 반 친구가, 매달 억대의 수입을 올리고, 슈퍼카를 끌고 다니는 모습을 보고선 자신의 처지에 대해서 웃을 수 있을까? 지금 시대의 입시전쟁을 이겨낸 사람들은 모두 병에 걸려있다. 정신적으로 갉아 먹히고, 자아를 억압하며, 친구, 추억, 행복 모든 것을 버리고 오로지 공부에 올인한 10대가, 이 시련의 끝에 올 행복만을 고대하면서 맞이한 20대가 정답이 아니라는 것을 깨닫게 된다면, 대체 어떻게 병에 걸리지 않을 수 있을까? 정보가 한정된 세상에서는 변동성이 크지 않았다. 하지만 정보가 쏟아져 나오고 있는 세상에선 단 한 번의 선택으로 하루아침에 부자가 될 수도, 모든 것을 잃을 수도 있는 것이다. 더 이상 공부는 안전한 신분 상승의 도구가 되지 않았다. 5살짜리 어린아이의 장난감 통처럼 쏟아져 내리는 정보 속에서 정말 운 좋게 좋은 장난감을 고르는 사람이 성공하는 시대가 되었다.

그런 관점에서 본다면 사회적으로 물의를 일으키는 유튜버 및 인플루언서들은 정말 좋은 장난감을 가지고 있다. 소위 6개월의 법칙이라고 불리는 조롱은, 유튜브의 수익 창출 기능이 6개월간 영상을 올리지 않으면 막힌다는 이야기 때문에 나왔는데, 아무리 큰 문제를 일으킨 유튜버라도, 영상을 올리지 않은 지 6개월이 지나기전에 다시 영상을 올리기 시작한다는 뜻이다. 이를 다시 생각해보면 유튜버 및 방송 BJ들은 더 이상 일반적인 일을 할 수 없는 상태라는 것을 의미한다. 연예인들이 악플 세례로 정신적 질환을 겪고, 심지어 자살을 하는 것만 보더라도, 악플의 위력은 대단하다. 하지만 이들은 엄청난 악플을 받더라도 다시 돌아올 수밖에 없는 것이다. 도박이나 투기로 인생을 바꾼 사람들처럼 예전 직업으로 돌아갈 수 없다. 일반적인 상식이 통하던 과거의 세상과 유튜브가 앞당긴 감정의 세상이 완전히 다르기 때문이다. 이들은 전혀 다른 세상에서 살고 있다. 그리고 논리적으로만 따지자면, 이들이 정답이다. 바뀐 시대의 흐름에 가장 빨리 적응한 사람들이란 뜻이다.

이들은 제품을 생산하지도, 사회적으로 도움을 주지도 않는다. 오히려 사회적으로 물의를 일으킨다. 오로지 자신들의 시청자를 위해서 방송과 영상을 만들고, 더 많은 시청자를 위해서 법과 도덕적 경계에서 아슬아슬하게 살아간다. 이런 사람들이 천문학적인 돈을 버는 것을 보며, 사람들은 세상이 망했다고만 이야기한다. 이들이 욕을 먹는 이유는 사회적으로 바람직하지 않은 영향력을 끼치면서 돈을 많이 벌기 때문이다. 초등학생들의 장래 희망이 유튜버로 바뀐 시대이다. 이런 현상을 보면 더더욱 걱정된다. 현재 젊은 사람들이 힘든 일을 하지 않으려는 이유도 다 유튜버 때문이라고 보는 견해도 많다. 그렇다면 대체 왜 이렇게 돈을 많이 버는 것일까? 단순히 지금의 세상이 도덕관념이 무너졌기 때문일까? 상대방을 조롱하고, 비하하고, 가짜뉴스를 유포하고, 토할 때까지 먹고, 옷을 벗고, 미친 짓을 하는 게, 왜 돈이 될까? 바로 사람들의 감정을 크게 움직이기 때문이다.

사람의 뇌는 다른 어떤 것들보다 원초적인 것에 격하게 반응한다. 생존에 연관되어 있기 때문이다. 먹방이 왜 전 세계적으로 유행했을까? 뇌과학 측면에서 보면 인간의 행동 체계 중 소위 파충류의 뇌로 불리는 부분이 다른 부위보다 가장 먼저 작동하기 때문이다. 이 부분은 먹는 것과 자는 것, 위험을 감지하기 등과 같이 생존에 필요한 행동들을 관장하는데, 지금처럼 평온한 상태에서 피 튀기고, 굶고, 살인 같은 단어가 보이면 갑자기 집중하게 되는 것이 대표적인 이유다. 먹는 행위 자체가 이러한 파충류의 뇌 부분을 원초적으로 자극하기 때문에 사람들은 끌릴 수밖에 없다. 또한 도덕적으로 하면 안 되는 행위들의 대부분이 평온한 상태를 깨트리는 행위들이기 때문에 더더욱 이목이 쏠릴 수밖에 없다. 폭력적인 것들도 마찬가지다. 집안에서 평온하게 누워있는데, 내 눈앞에 자동차 바퀴에 다리를 깔려보았다는 영상 제목이 뜨는데, 눈길이 안가는 사람은 없을 것이다. 이렇게 자극적인 제목의 영상들은 기본적으로 원초적인 뇌 부분에서 긴장하고 집중을 할 수밖에 없기 때문에, 다른 어떤 영상들보다 평온한 상태의 마음을 흥분시키기 가장 적합하다.

그렇게 영상을 시청한 뒤에는 이 파충류의 뇌는 안심하게 된다. 자신이 당한 상황이 아니라는 것에, 가장 크게 흥분한 상태에서 평온한 상태로 돌아오는 2번의 감정의 요동을 느낀 것이다. 먹방은 어떨까? 대부분 사람이 유튜브에서 나오는 대식가들처럼 먹을 수 없다. 그렇기에 처음에는 이 많은 음식을 처음 보면 먹고 싶다는 갈망이 생긴다. 하지만 다 먹을 수 없는 것을 아는 뇌는 긴장 상태에 들어간다. 그리고 유튜버가 대신 먹어 치우는 모습을 보며 자신이 할 수 없던 일들을 대신해줌으로써 뇌는 다시 평온 상태로 돌아간다. 이렇게 자신도 모르는 순간 뇌는 긴장에서 평온상태를 경험함으로써 2번의 큰 감정의 변화를 겪게 된다. 가짜뉴스들은 어떤가? 자신이 믿고 있던, 알고 있었던 사실과 다름을 알려줌으로써, 혼동이 온다. 평온하던 마음에서 긴장의 마음으로 들어간다. 댓글 창을 보니 갑론을박 박터지게 싸우고 있다. 사람은 같은 무리에 있을 때 안전하다고 느낀다. 가짜뉴스의 댓글 창은 사실상 모의 전쟁터이다. 자신이 믿고 있는 것을 지키기 위해 집중해서 싸우기 시작한다. 자신의 의견에 공감해주는 사람이 있으면 뇌는 다시 평온상태에 들어간다. 이처럼 인터넷에서 화제가 되는 컨텐츠들은 사람이 안전하다고 느끼는 평온한 상태를 가장 크게 깨부수면 깨부술수록, 그 깨부순 상태를 다시 온전히 원상 복구를 시킬수록 더, 더, 더 주목받고, 이슈화가 된다. 결국 이 사람들의 공통점은 감정의 변화를 제공한다는 점이다.

지금의 세상을 보자. 범죄에 대해서 완벽히 안전하다고 할 수 없지만, 세상은 그 어느 때보다 안전하다. 온갖 도처에 깔린 CCTV와 손가락 몇 번으로 배달되는 음식들, 사람을 만나지 않아도 이용할 수 있는 각종 비대면 시스템 등 단순히 100년 전과 물리적으로 비교해봤을 때, 안전하다고 볼 수 있다. 돈이 없는 것을 걱정할 수 있지만, 세상에 음식이 없어질 수 있다고 걱정하진 않는다. 이렇게 생명의 위협을 느끼지 않는 상태에서 큰 감정의 변화를 느낄 방법은 도박이나 싸움, 술과 연애 같은 것들뿐이다. 이러한 행위들은 사람들이 하면 할수록 중독에 빠지게 했다. 그리고 우리는 교육을 통해 중독의 위험에 대해서 통제로써 맞서 싸웠다. 하지만 이런 중독방지 교육을 유튜브는 피해 갔다. 게임은 접속을 차단할 수 있지만, 유튜브를 무슨 방법으로 막을 수 있을까? 유튜브는 자극적인 영상들로 감정을 크게 흔들어 놓으며 사람들을 중독시켰다. 조회수는 돈이 되었고, 감정이 크게 변할수록 더 큰 돈을 벌었다. 유튜버는 많아졌고, 자신에게 재미를 주었든, 혐오감을 주었든, 평온을 주었든 상관없이 자신의 감정을 크게 움직일수록 사람들은 더 열광했다. 자본주의 체제에서 가장 중요한 것은 돈이었다. 감정을 제공해준 대가는 돈이었다. 더 큰 감정은 더 큰 돈을 불렀다. 사람들은 감정에 중독되어 버렸다. 중독자가 많아지면 많아질수록 이런 현상은 지칠 줄 몰랐다. 세상은 브레이크 없이 빠르게 변하고 말았다. 이렇게 감정의 시대는 성수기를 맞이했다. 여기에 자신은 그런 영상들을 보면 피한다고 이야기하는 사람들이 있을 것 같다. 하지만 이런 유튜버들은 타겟층이 확실하다. 유독 술과 담배에 더 빠져드는 사람이 있고, 유독 게임에 더 빠져드는 사람들이 있는 법이다. 그리고 이런 중독은 우연히, 그리고 자신도 모르게 빠져들게 된다. 마치 한 번씩 담배를 권유하는 친구처럼 유튜브는 알고리즘 추천이라는 방식으로 자신도 모르게 빠져들게 만들었다.

그렇다면 혐오하는 사람들은 어떨까? 혐오하는 사람들은 오히려 그 영상에 빠져들었다고 볼 수 있다. 정치로 예를 들어보자. 우리나라에서 가장 대표적으로 대립적인 속성을 가지고 있는 곳은 정치 분야라고 할 수 있다. 자신이 속한 쪽의 반대쪽 세력의 영상은 다른 평범한 영상에 비하면 오히려 더 끌릴 수밖에 없다. 자신과 같은 말을 하는 쪽에서는 동조와 공감의 감정을 받지만, 자신과 다른 말을 하는 곳에서는 불안과 불편감을 준다. 뇌에선 즉시 전투준비태세를 갖춘다. 흥분과 분노의 감정도 감정의 폭을 크게 요동치게 만든다. 스트레스를 받을 것을 알면서도 부득불 그 영상에 가서 댓글을 달고 다시 자신의 진영으로 돌아온다. 긴장에서 평온으로 가는 감정을 반복하게 된다. 니체는 말했다. "괴물과 싸우는 사람은 그 싸움 속에서 자신도 괴물이 되지 않도록 조심해야 한다. 우리가 괴물의 심연을 들여다본다면, 그 심연 또한 우리를 들여다보게 될 것이다." 자신의 가치관과 대립하는 사람을 포용이 아닌 적대의 감정으로 바라볼 경우 결국 자신이 혐오하는 사람과 같은 사람이 된다. 자신의 가치관이 얼마나 합리적인지는 상관없다. 그리고 그 가치관이 객관적으로 얼마나 사회의 기준에 부합하는지도 상관없다. 상대방을 인정하지 않고, 상대방을 꺾으려는 사람은 결국 같은 외골수일 뿐이다. 제삼자의 눈으로 보면 보수세력의 주장에 열심히 반박하는 진보세력은 진보인이 아닌 정치인이다. 용사와 마왕의 스토리를 모르는 사람이 봤을 때 그 둘은 똑같이 싸우는 사람일 뿐이다. 자신이 반대하면 반대할수록 알고리즘은 계속해서 반대 측 영상을 띄워 줄 것이고, 그 영상들의 관심도는 올라갈 것이다. 즉, 극렬히 반대할수록 영상의 수요층이 된다는 뜻이다.

안락한 세상에선 일시적 쾌락의 수요가 늘어난다. 감정이 돈이 되는 세상에서는 사람의 감정 중독을 가지고 누가 더 큰 감정을 만들어내는가에 대해서 연구하고, 자신이 더 많은 지분을 차지하기 위해 싸운다. 하지만 인간은 스스로 자정작용을 가지고 있다. ASMR, 힐링 영상류가 뜨는 이유가 이것이다. 불안정하고, 불안한 심리의 상태에 기반한 너무 큰 감정의 고조만을 겪게 되면 뇌가 피폐해진다. 이를 아는 뇌는 일상적인 상태, 편안한 상태를 얻고 싶어 한다. 물론 영상뿐만이 아니다. 사람들은 대부분의 사회생활에서 스트레스를 받는다. 자신이 통제할 수 없는 외부요인에 대해서 사람은 누구나 스트레스를 받는다. 게다가 현대인들은 인터넷, 온라인이라는 자신이 거부할 수 없는 강제적인 정보의 흐름으로 스트레스는 가중된다. 비록 신체적으로는 편해졌을지언정, 스트레스를 유발하는 상황은 현대인이 압도적으로 많다. 관계적으로 연결된 부분이 비교할 수 없을 만큼 많기 때문이다. 대부분 사람은 사회생활이라는 외부요인으로 스트레스를 받고, 집에 가면서, 집에서, 회사를 다시 출근할 때까지 온라인이라는 자신이 통제할 수 없는 외부요인에 의해 스트레스를 받는다. 이러한 스트레스의 굴레에서 벗어나지 못하는 사람들은 자신이 갉아 먹히는지도 모른 채, 계속해서 썸네일을 내린다. 마치 바다 이야기 기계에 중독된 아저씨들처럼 말이다. 뇌는 계속 쉬고 싶어 하고, 쉬고 싶은 욕구가 계속해서 증폭된다. 그래서 사람들은 나이를 먹을수록 시끄러운 클럽보단 산에, 바다에 가고 싶어 한다. 이런 욕구에 대한 대체제로 ASMR과 힐링 영상들의 조회수가 높다. 기차 들어오는 영상이 몇백만 회의 조회수를 이루는 것도 마찬가지다. 극으로 치달은 감정을 평온하게 만들어 주는 것 또한, 감정의 변화 폭이 큰 법이다.

하지만 모든 중독이 이레 그렇듯이, 스스로의 자정작용만으로는 그 한계의 끝이 있다. 영상 트렌드가 계속해서 짧아지면서 이런 중독 증세는 극에 달하게 되었는데, 이제 사람들은 자정작용이 되지 않는 수준에 이르렀다. 더 자극적이고, 더 내 감정을 이끄는 영상을 찾아 하염없이 스크롤을 내리게 되었다. 심지어 영상을 보지도 않고 같은 썸네일만 반복해서 나오더라도 끄지 못한다. 보고 싶어서가 아니다. 정신이 멍한 상태로 계속해서 스크롤을 내릴 뿐이다. 이렇게 사람들이 좀비화가 된 이유는 바로 숏 영상 플랫폼이다. 틱톡이나, 유튜브 쇼츠, 인스타그램 릴스 등은 정말 내리막길을 풀악셀로 밟듯이 사람들의 감정 중독을 가속화시켰다. 대체 짧은 영상이 무슨 문제를 일으켰을까?

전전전전

사람들은 TV가 처음 나왔을 때, 바보상자라고 불렀다. TV는 사람들을 빠져들게 했다. TV 프로그램이 인기가 있었던 건 이야기 때문이었다. 사람들은 태생적으로 다른 사람의 이야기를 듣고 싶어 한다. 이야기의 구성원리가 어떤가? 대부분의 이야기에는 기승전결이 있다. 점점 감정을 고조시키고 마지막에 해소를 함으로써 평온한 상태로 만드는 것, 세상의 모든 이야기는 감정의 폭을 이용한 장치이다. 왜 우리는 그렇게 막장 드라마에 열광했는가? 왜 아무런 노동적 가치를 만들어내지 못하는 드라마 하나를 전 국민이 시청하며, 그것에 대해서 이야기했는가? 천일야화의 셰헤라자데는 처형을 면하기 위해서 매일매일 끝이 나지 않는 드라마를 이야기했다. 이야기를 활용한 감정의 폭에 대한 기술은 예로부터 효과를 입증하고 있었다. 하지만 온 국민이 드라마를 봐도, 드라마 중독이라는 이야기가 나와도 현실에서는 크게 문제가 되지 않았다. 오히려 게임 중독이 더 큰 사회적 문제로 주목받았다. 왜 같은 시간을 투자해도 드라마는 사람들에게 문제를 일으키는 빈도가 적은 것일까? 답은 저항감에 있다.

틱톡으로부터 시작된 1분 이내의 동영상 트렌드는 세계를 바꿨을 뿐만 아니라, 점점 더 사람들을 병들게 하고 있다. 드라마 10시간과 유튜브 숏츠 10시간의 차이가 무엇일까? 바로 기승전결의 구조이다. 그동안의 TV 프로그램, 그것이 예능이었든, 드라마가 되었든, 항상 기승전결에 입각한 스토리로 사람들을 매료시켜왔다. 감정의 폭이 서서히 속도를 올리듯 커지고, 마지막엔 항상 해소를 시켜줬다. 평온한 상태로. 하지만 지금의 1분 이내의 영상들은 어떻게 되었는가? 모든 영상이 전, 전, 전, 전이다. 계속해서 감정을 절정의 상태에 이르게 만들었다. 이는, 마약과 같다. 마약은 기승전결이 없다. 항상 극도의 절정의 상태에 이르게 만들어 사람에게 쾌락을 선사한다. 그렇게 마약이 끝나게 되면, 다시 일상적인 상태로 돌아가게 된다. 하지만 이제 몸은 기억한다. 가장 절정의 상태를 맞이하려면 그냥 이 마약을 쓰면 된다는 것을, 하지만 같은 절정으로는 만족하지 못한다. 더 큰 자극을 받아야만 처음의 쾌락을 느끼게 된다. 역치 값이 올라간 사람은 끝없이 마약을 탐하게 된다. 그 결과는 마약이 끝나게 되면, 평온한 상태가 되는 것이 아닌, 마약을 함으로써 평온한 상태가 되는 것이다. 이유는 기, 승의 과정이 없었기 때문이다. 평온한 상태는 이제 더 이상 결말을 알고 있는 상태가 아니다. 마약을 하기 위해 준비하는 기와, 승의 상태가 된다. 그렇게 사람은 결의 상태를 찾지 못하고 계속해서 마약을 하게 된다. 결말을 맞이하지 못하고, 기와 승의 긴장 속에서 사는 사람들은 평온한 상태가 되기 위해서 계속해서 마약을 투약한다. 이렇게 무한 반복을 하며 마약은 사람을 갉아 먹는다.

이 이야기가 바로 지금의 틱톡과 숏츠가 세상을 바꾸고 있는 이유다. 영상, 이야기에서 기, 승의 존재는 후에 일어날 절정과 결말의 효과를 극대화하기 위해서 존재하기도 하지만, 가장 중요한 것은 저항감이다. 우리가 롤러코스터를 탄다고 생각해보자. 롤러코스터는 평지에서 시작되어서 천천히, 천천히 올라간다. 주변의 경치를 보며 괜찮은 척을 해봐도 자신에게 닥칠 미래를 알고 있기 때문에, 긴장된다. 이윽고 잠시 덜커덩거리며 정상에서 멈춘 롤러코스터는 사람의 긴장이 최고조에 달했을 때, 예상된 절정을 안겨준다. 그 크기는 롤러코스터마다 다르다. 그리고 이윽고 천천히 움직이며 승강장에 돌아오고 안전바가 올라간다. 일어나서 평지를 밟고 안내원의 평온한 목소리를 들으며 출구로 나가는 순간 현실로 돌아온다. 우리는 롤러코스터가 떨어질 것을 안다. 어떤 기분을 주는지 알고 있다. 이런 기분을 즐기는 사람들은 소리를 지르며 신나게 탈 수 있다. 하지만 우리가 롤러코스터에 잘 중독되지 않는 이유는 롤러코스터가 올라가는, 그러니까 기와 승의 과정이 있기 때문이다. 기와 승의 긴장감이 주는 위험 신호는 뇌에서 저항감을 느끼게 한다. 이 놀이기구를 타면 긴장감을 느끼게 할 거야 하는 저항감은 반복해서 타기 어렵게 만든다. 평온한 상태를 깨고, 불안한 감정에 휩싸이게 하는 것은 뇌가 본능적으로 피한다. 불안감은 뇌에 피로감을 조성하기 때문이다. 사람은 늘 편해지고 싶어한다. 기승전결에서 기와 승은 이야기를 몰입하게 만드는 요소지만 반대로 이야기에 접근하지 못하도록 막는 일종의 낮은 방책 같은 요소다. 그렇기에 기승전결의 플롯을 가지고 있는 드라마의 경우 첫 1, 2화를 본 뒤에는 몰입하여 매주 기다리거나, 완결을 위해 쉬지 않고 정주행도 할 수 있지만, 한 드라마의 결말을 본 뒤, 또 다른 새 드라마를 보려고 하면 조금의 저항감을 느끼게 되는 것이다. 아무리 재밌다고 해도, 전국민이 다 봐도, 이러한 저항감 때문에 안보는 사람들은 끝까지 보지 않는다. 그리고 이런 낮은 허들이 중독을 최전선에서 막아주는 역할을 하는 것이다.

유튜브가 단순히 유튜버에게 돈을 많이 줘서 전 세계에 열풍이 일었다고 생각하는 사람들이 있다. 하지만 유튜브는 작가가 없었기 때문에 성공했다. 전문작가가 쓰는 방송원고들은 윗사람들에게 컨펌받고 진행한다. 전문작가 중에서 기승전결의 규칙을 지키지 않고 글을 쓸 수 있는 사람이 있을까? 마치 현대 예술처럼 이야기의 기승전결이라는 틀을 깨버린 게 유튜브다. 누구나 영상을 올릴 수 있다. 유튜브는 케이크를 만드는 법을 알려주고, 갑자기 캥거루에게 원 펀치를 날리고 뒤돌아서는 영상을 보여준다. 유튜브에선 기승전결의 틀이 잡힌 TV 프로그램과는 다른 정해진 틀이 없는 10분 남짓의 영상들이 점령하게 되었다. 10분을 넘겨야 광고 수익이 잘 붙는다는 속사정 때문에 말이다. 이제 70분, 90분의 런닝타임에 익숙한 사람들은 10분 남짓의 기승전결을 즐기게 되었고, 긴 러닝타임과 장소의 제약이 걸린 TV는 유튜브에게 맥을 못 추고 쓰러지게 되었다. 언제, 어디서나, 무료로, 10분의 요약된 이야기를 들을 수 있게 된 사람들은 너도나도 유튜브를 봤고, 이를 아는 유튜브는 너도나도 유튜버가 될 수 있도록 돈으로 세상을 바꿔버렸다.

하지만, 틱톡이라는 플랫폼은 여기서 한 발짝 더 나아갔다. 틱톡은 가볍게 즐긴다는 슬로건으로 1분도 채 되지 않는 영상들로 컨셉으로 잡았다. 가볍고 쉽다는 이유로 입문하기 쉬웠던 틱톡에 사람들은 돈이 아닌 정말 즐기기 위해 틱톡을 시작했다. 유튜브가 TV의 아성을 무너뜨렸듯이, 틱톡이 유튜브를 이기는 것은 당연한 수순이었다. 70분에 걸쳐서 언

을 수 있는 감정의 폭을 10분짜리 영상 7개로 얻을 수 있는 유튜브는 TV
를 이겼고, 유튜브 영상 1개를 볼 수 있는 시간에 틱톡은 영상 2, 30개의
감정의 폭을 느낄 수 있게 만들어놨다.

유튜버를 하는 이유에 대해서 돈 때문이라고 이야기하면 많은 사람이
끄덕일 것이다. 하지만 틱톡을 하는 사람은 대부분 재밌어서라고 이야기
한다. 이해가 안 되는 사람들이 많을 것이다. 돈도 안 되는데, 그냥 재밌
어서 한다는 말이. 나는 지금 세상이 영상 및 정보를 마치 마약처럼 저항
감 없이 지속적으로, 절정의 감정으로써 소비하게 하므로 틱톡에 빠져드
는 것이라고 본다. 몇십 년은 갈 것 같던 유튜브의 아성을 무너뜨린 틱톡
을 호기심에 켜보면 "아니 이게 재밌다고? 그냥 노래에 맞춰서 춤추고,
맥락 없이 소리 지르는 영상들이?"라고 생각될 것이다. 이러한 틱톡 문화
를 이해 못 하는 게 당연하다. 우리는 기승전결이 익숙한 이야기에 길들
여진 사람이기 때문이다. 그래서 틱톡은 기승전결의 구조에 길들지 않은
00년생 이후의 사람들에게 엄청난 인기를 끌었다. 지금 한국 사람들 대
부분이 이해하지 못하는 소위 '틱톡 감성'이라는 것은 사실 맥락 없이 감
정의 절정에 해당하는 장면들을 늘여 놓는 영상들을 말한다.

이러한 1분짜리 영상의 문제는 위에서 말했듯이 이야기의 플롯이 계속
해서 절정이라는 점이다. 하지만 이 절정은 다른 10분, 70분 정도의 영상
에 비하면 턱 없이 얕은 절정이다. 이미 개인적인 절정을 느낄 수 있는 감
정의 상한선이 올라가 버린, 즉, 역치 값이 올라갔기에 틱톡으로는 그 상
한선까지의 절정을 느낄 수 없다. 그 결과 정말 동태눈으로 1시간이고 2

시간이고 계속해서 영상들을 스와이프하게 된다. 실제로 틱톡 이용자들은 영상에서 큰 재미를 느끼지 못하지만, 쉽게 벗어날 수 없을 것이다. 유독 저항값이 낮아 쉽게 이용할 수 있는 틱톡은 마치 담배처럼 사람들을 중독에 이르게 했고, 큰 감동은 없어도, 계속해서 조금씩 감정의 폭을 움직이게 했다. 평온한 상태를 느끼지 못하고 계속해서 얕은 절정의 영상을 반복해서 밀어 넣는 형식은 사람들에게 마약처럼 틱톡을 보고 있는 상태가 평온한 상태가 되도록 만들었다. 이에 결국 이용자 수가 역전되어 버린 인스타그램도, 유튜브도 같은 방식을 따라가고 말았다. 00년생에 한정되던 틱톡의 방식이 유튜브와 인스타그램의 주 이용층인 90년대생들에게까지 번진 것이다.

　단순히 영상에 중독되는 것만이 문제가 아니다. 이제 영상들은 더, 더, 더 미친 듯이 빨라지고 있다. 모르는 것에 대해 네이버에서 검색해서 방법을 찾아보던 80년대생, 90년대생들조차 이제 유튜브에서 빠르게 얻고자 한다. 이런 상황에서 우리는 코로나 시대를 겪고 말았다. 10분짜리 유튜브를 보면서 방법을 찾던 90년대생들은 불과 2~3년 만에, 10분짜리 영상을 10초씩 뒤로 가면서 자신이 원하는 정보가 있는지 자막을 보며 확인하려고 했고, 심지어 이제 사람들은 댓글에 타임라인을 보고 원하는 내용이 없으면 중간에 뜨면, 뜨문 서너 번 눌러보고 없으면 다른 영상으로 넘어가 버린다. 이제 정말 인사할 시간도 없게 되어 버린 것이다. 이젠 1분의 영상도 길다. 빨리 가기를 하려고 습관적으로 숏츠에서 음소거를 껐다 켰다 하는 90년대생들은 마치 마약 중독자의 표정으로, 생기 하나도 없이, 핸드폰의 색이 바뀔 때마다 0.1초 만에 판단하여 볼지, 말지를 결정한다. 이런 습관, 중독 증세들은 사람들이 뉴스 기사를 제목과 사선으로 읽는 습관을 만들어주었다. 가만히 앉아서 책을 읽지 못하게 되었다는 뜻이다. 독서율은 역대 최저를 달리고, 10대들의 독해력과 어휘력은 바닥을 긴다. 한국어의 절반 이상을 차지하는 한자는 이제 사어가 되었다. 틱톡과 숏츠, 릴스는 사람들을 성인 ADHD에 빠지게 했다. 주변에서 자꾸만 물건을 어디다 놨는지 기억 못 하는 사람들이 늘어간다. TV가 바보상자라던 말은 틀렸다. 사람을 진짜 바보로 만드는 마약과 같은 중독 증세를 일으키는 스마트폰의 세상이 오고야 말았다.

지금도 1분짜리 영상들에 중독되는 사람들은 실시간으로 늘어나고 있다. 예비 중독자와 중독자들은 지칠 줄 모르고 숫자가 늘어나고 있다. 공급자는 어떤가? 유튜브 숏츠는 광고 수익이 거의 없다. 틱톡도 마찬가지다. 하지만 이런 인플루언서들은 위에서 말한 제공의 형태로 자신을 팔로워 하는 사람들과 함께 감정을 공유한다. 그리고 이는 자신의 타겟층에게 어마어마한 영향력을 끼친다. 내가 좋아하는, 인플루언서가 프링글스를 먹는 것을 본다면, 다음 날 편의점에서 프링글스는 동이 난다. 감정은 돈이 된다. 더 이상 유튜브가 조회수 수익을 주는 게 유튜버를 하는 이유가 아니게 되었다. 그냥 재밌어서 한다는 1,000만이 넘어가는 틱톡커는 틱톡에서 돈을 받지 않고 자기 영향력으로써 돈을 버는 사람이 되었다. 이를 눈으로 본 사람들은 새로운 틱톡커가 되려고 애를 쓴다. 감정의 시대에서는 단순히 같은 감정을 공유하는 것만으로도 돈을 벌 수 있다. 그에 대한 가치의 크기는 일반적인 노동의 가치와 비교할 수 없다. 만 명에게 천원의 가치만 창출해도 천만 원이기 때문이다. 그 결과 이제 노동의 가치는 곤두박질치고 있다. 사람들은 노동을 무시하고, 일을 하지 않으려고 한다. '이렇게 일하고 200이야?' '이거 할 바엔…' 이라고 생각하는 사람들이 늘어나고 있다. 새로운 세상에서 새로운 가치들이 기존의 가치와 질서를 박살 내면서 기존의 사회 체제를 부수고 있다. 절대적이던 돈과 노동의 가치 관계는 무너졌다. 이제 감정의 시대, 영향력의 시대가 왔다. 그동안 세상은 낚싯대로 한 마리씩 물고기를 낚아 올리는 세상이었다. 그러나 지금의 세상은 원양어선에서 그물로 끌어 올리는 세상이다. 몇 마리 빠져나가든 말든 나는 끌어올린 이 그물만 신경 쓰면 되는 세상이 온 것이다.

우리는 이제 결정해야 한다. 이런 감정의 시대에서 인간의 자정 작용을 이용할지, 중독을 이용해야 할지. 하지만 나는 그래도 아직 늦지 않았다고 생각한다. 사람들이 언제든지 자정작용을 통해 중독 증세를 치료할수 있다고 믿는다. 20대 사회 초년생들의 피드 대부분이 인터넷 강의 사이트인 것과, 각종 자기개발 유튜버의 성공사례를 보면 알 수 있다. 자신이 비록 어떠한 생산도 하지 않고, 소비만 하고 있더라도, 자기 행동에서 무가치함을 느끼고 공허함에 빠져서 회사에서 겉돌고 있더라도, 더 나은 삶을 위해서 노력할 준비가 되어있다는 것을 말이다. 나는 정보의 순기능을 믿는다. 90년대생들 대부분이 학창 시절에 빠져 있던 게임중독을 사회에 발을 딛으며 떨쳐냈던 것처럼 자정작용으로 중독을 밀어낼 것을 말이다. 극으로 치달은 스트레스를 평온한 상태로 만들어주는 것 역시 감정의 폭을 크게 움직이는 행위이다. 나는 큰 영향력을 가진 사람들이 이러한 사회 문제에 관심을 두고, 더 천천히, 더 평온한 상태를 만들어줄 수 있는, 자정작용을 이용해 사람들을 도울 것이라고 믿는다. 중독에서 벗어나고 싶은, 사회에 노동적 가치를 제공함으로써 삶의 의미를 찾아 자아실현을 하고 싶은 90년대생들에게 힘을 실어준다면, 그들은 기꺼이 돈을 쓸 것이기 때문이다.

전문가의 시대는 끝났다

사람들은 유튜브가 광풍을 일으키면서, 이제 영상의 시대가 온다고 이야기했다. 유튜브로 시작된 영상전쟁은 틱톡으로 종결을 찍었다. 영상이 아닌 사진이라고 해도 될 정도의 플랫폼이 나온 이상, 영상전쟁의 무기는 더 이상 발전하지 않을 것 같다. 이제 이 이상의 대란이 오려면, 홀로 그램이나, VR, 가상현실 정도는 되어야 한다. 단순히 관찰자가 아닌 체험자로 시점이 바뀌어야 한다. 그리고 재래식 무기의 끝이 도래한 지금, 이 순간이 바로, 시점이 바뀌기 직전의 상태라는 뜻이다. 곧, 몇 년 안에 또 다른 대란이 올 것이다. 그 이유는 위에서 말했듯이, 노동의 가치는 무너지고, 감정의 시대가 왔기 때문이다. 사람들의 감정을 움직일, 체험이 태어날 것이다.

그렇다면 노동의 가치가 무너진 이유가 무엇일까? 단순히 생각해보면 편의점에서 12시간씩 30일을 투자해서 일하는 것보다, 오후 2시에 일어나서 밥 먹고 하루 동안 인터넷 방송 켜는 게 더 돈을 많이 벌기 때문이라고 생각할 수 있다. 실제로 소수의 인터넷 방송인들은 이런 삶을 살고 있다. 이들은 매일같이 술과 담배, 음담패설을 하면서 슈퍼카를 끄는 모습을 보여준다. 중소기업 월급쟁이의 계획으로는 100년을 일해도 받을 수 없는 천문학적인 돈을 쓸어 담는다. 이러한 사례들 때문에 노동의 가치가 폭락했다고 볼 수 있다. 하지만 나는 조금 더 자세히 들여다보려고 한다. 왜 90년대생들은 일을 하지 않으려고 하고, 공무원 준비를 하고, 상사에게 물어보지 않으려고 할까? 지금의 90년대생들에게 노동이란 어떤 의미로 다가올까? 이를 이해하려면 정보화시대를 이해해야 한다.

옛날에 이런 글을 본 적이 있다. 외국에서 앞으로 다가올 미래에 대해 논쟁을 벌이던 프로그램이었는데, 한 패널은 정보화 시대가 더더욱 정보의 보안화를 가중시킬 것이라 이야기했다. 그리고 반대쪽 패널은 많은 정보 속에서 진짜 정보와 가짜 정보를 판가름하는 것이 중요한 세상이 될 것이라고 이야기했다. 정보화시대의 중심에 서 있는 지금 90년대생들은 어떻게 생각하고 있을까? 90년대생들뿐만 아니라 2023년에 사는 모든 사람이 후자가 맞는다고 생각할 것이다. 노동의 가치에 대해서 이야기하기 위해서는 지금 살고 있는 시대가 어떤 시대인지를 알아야 한다. 지금 시대에선 '노동'이란 단어의 의미가 재정의 되어가고 있다. 우리는 그 흐름을 파악해서 대처해야 한다. 시대의 흐름을 거스를 순 없기 때문이다.

정보는 돈이 된다! 이 이야기에 반대할 수 있는 사람이 있을까? 오히려 반대하는 사람이 있다면, 모든 시간에 있어서 정보가 돈이 되지 않았던 적이 없었다고 이야기할 것이다. 하지만 내가 말하고 싶은 것은 지금의 세상에서는 '정보' 그 자체가 돈이 된다는 것이다. 쉽게 이야기하면, '쌀'이 요리가 된다는 뜻이다. 이제 정보는 그것을 알고 활용함으로써 힘을 가지는 것이 아닌, 그 자체로 돈이 된다. 정보를 영향력으로 바꿀 수 있는 시대가 되었기 때문이다. 이 사실이 바로 정보화시대의 핵심이다. 그동안의 우리는 며느리도 안 알려주는 떡볶이 레시피. 초밥 한 번 쥐려면, 20년을 허드렛일을 해야 하는 세상에서 살아왔다. 이런 세상이 TV 프로그램에서 반대쪽 패널이 말한 세상이었다. 그 패널이 틀린 말을 한 것이 아니었다. 우리는 자신이 평생 일하면서 알게 된 노하우를 말하지 않음으로써 정보의 가치를 유지했다. 많은 사람이 알고 싶어 하는 정보일수록 정보의 가치는 천정부지로 치솟았다. 잘나가는 국밥집 깍두기 만드는 방법 하나를 천만원에 팔고, 유명한 음식점은 양념장을 만드는 방법을 들키지 않기 위해 암실에 들어가서 만들곤 했다. 음식점뿐만이 아니다. IT 계열, 인테리어, 건설업, 예술계 가리지 않고 자신만의 노하우를 지키기 위해 엄청난 노력을 기울였다. 그리고 그 모든 정보의 보안화를 박살낸 것이 바로 유튜브였다.

유튜브가 세상을 가장 크게 바꾼 요인은 정보의 공유화다. 조회수가 많으면 돈을 준다. 그것도 정말 많이. 정보를 공유하는 것만으로도 돈을 주었고, 진짜든, 가짜든 조회수가 많으면 많은 돈을 주었다. 아마 돈을 줄 거예요 하는 확률이 아니었다. 유튜브 초창기에는 그냥 크든 작든 무조건 돈을 주었다. 그것도 정보의 품질을 따지지 않고. 이게 가장 큰 핵심이다. 품질을 따지지 않는다. 물론 충격적인 정보일수록 더 높은 조회수와 더 많은 돈을 받을 수 있지만, 그것이 절대적 공식이 되지 않았다. 오로지 조회수로만 가치를 산정해서 돈으로 돌려주는 방식은 모든 사람들이 유튜브에 뛰어들게 만드는 후킹 포인트가 되었다. "유튜븐가 그거하면 돈 많이 번다더라." 자신이 알고 있는 정보로 돈을 만들지 못하는 사람, 반대로 어떻게 하면 정보가 돈이 되는지 아는 사람 가리지 않고 모든 사람들이 이 유튜브 판에 뛰어들었다. 유튜브는 '정보' 그 자체가 돈이 됨을 보여주고, 실제로 돈을 주고 사람들의 삶을 바꿨다. 단순히 유튜버가 된 소수의 사람들의 삶을 바꾼 것이 아니다. 이제 통상적으로 적용되던 '정보', '가치', '노동', '임금', '자본' 등 사회 체제를 구성하는 핵심적인 단어들의 정의와 관계가 바뀌어 버린 것이다. 유튜브로 인해서 업종 규모의 크고 작음, 사회적 목소리의 크기, 운영되는 자본의 크기로만 정의되던 '정보 가치'에 대해서 사회적으로 재정의 되기 시작했다. 정보는 결국 지식이다. 지식은 소비재가 아닌 공공재다. 아는 순간부터 자신의 것이 된다. 하지만 실제적 가치가 될 수 없는 무형의 개념이 스스로 가치가 되는 순간부터 모든 것들에 대해 가치가 재논의되기 시작했다. 지식은 모든 산업의 기반이자 기틀이기 때문이다.

그동안 한국에서 가장 가치를 인정받지 못했던 행위가 무엇일까? 바로 신체적 노동이다. 조선시대에서 가장 중요시되는 사상이 바로 사농공상이었다. 신분제를 지키기 위한 아주 효과적인 키워드였기 때문에 지금까지 대대손손 내려오고 말았다. 우리나라는 기본적으로 몸을 쓰지 않을수록 높은 계급을 가진 것이라고 은연중에 마음속 깊이 새기고 있다. '공부 안 하면 저런 일 하는 거야' 드라마에서 밉상인 부모를 표현하는 클리셰인 이 대사를 멋진 말로 받아치는 주인공을 보며 '그럼 저게 맞지' 하며 고개를 끄덕이지만, 속으로는 나는 저런 일을 하지 않기 위해 공부하는 것이며, 내 자식에게 저런 일을 시킬 수 없다고 생각할 것이다. 우리나라는 노동에 대해서 굉장히 낮게 평가한다. 식당가서 음식이 비싸면 음식의 원자재 값을 들이민다. 음식값의 최종가치에서 노동력을 빼버린다. 그리고 한 마디 더 붙인다. "아니 이게 뭐라고 이렇게 비싸??" 우리나라 사회에서 가장 크게 작용하는 성향이 바로 '아니 이게 뭐라고?'이다. 한국 사람은 어떤 일에 대해서 어떤 과정으로 일이 진행되는지 알게 되면, 그 일 자체를 한 번도 해보지 않았음에도 불구하고 자신이 충분히 할 수 있으며 하지 않는 것은 돈과 시간을 절약하기 위해서라고 생각한다.

역설적으로 이런 성향으로 우리는 정말 짧은 시간 동안에 크나큰 성공을 거둘 수 있었다. 과정 자체가 아무것도 아니라고 생각하니, 그 일 자체에 숭고함이 없어진다. 과정이 별것 아니니, 기존 과정을 무시하고 더 좋은 결과를 낼 방법을 생각하게 된다. 우리는 효율성 하나만 생각하고, 결과를 중시하는 문화를 만들어냈다. 이러한 결과를 중시하는 사회의 가장 큰 장점은 변동성과 창의성이다. 외국인들은 고기를 가위로 자르는 것을 충격받았다고 한다. 그것을 보는 우리들은 "아니 쉽게 자르기만 하면 된 거지." 하고 이런 것들을 생각하지 못했다는 외국인들을 보며 껄껄 웃는다. 우리는 이 사람들이 왜 가위로 고기를 자르지 않았는지에 대해서 생각하지 않는다. 대신 좋은 결과, 틀과 상식을 깨는 신선한 아이디어를 얻은 것이다. 이것이 바로 우리나라가 잘 사는 사회가 될 수 있었던 이유이다.

1993년 6월 7일 고 이건희 삼성 회장은 독일에서 삼성 사장들과 임직원들을 불러 모아 회의했다. 당시 삼성은 해외에서 먹히지 않는 싸구려 브랜드라는 이미지가 강했다. 품질 문제에 봉착한 것이었는데, 이때 회의에서 한 말이 삼성을 바꾼 계기가 되었다고 해도 과언이 아니었다. "마누라와 자식 빼고 다 바꿔라." 이후에 삼성은 통화가 안 된다는 한마디에 2,000여 대의 핸드폰을 불로 태우는 화형식을 시행하는 등 품질 우선주의 정책을 펼쳤다. 그 결과 삼성은 세계적인 기업으로 거듭나게 된다. 나는 이 이야기가 바로 우리나라 민족성을 이해한, 한국을 가장 잘 아는 사람이 이야기한 경영 철학이라고 생각한다. 한국 사람에게 자유가 주어지면, 그 누구보다 목표한 결과물에 가까운, 혹은 그 이상의 결과물을 낼 수 있다. 나는 이 사건이 체계와 위계를 통한 효율이 가장 중요한 대기업임에도 불구하고 한국인의 특성을 알았던 이건희 회장의 주문이라고 생각한다.

하지만 반대로 이 이야기는 갸우뚱하게 만드는 이야기이다. 분명 맞는 사례이지만 우리가 아는 한국 사회는 개꼰대 유교 사회, 공자의 가스라이팅에 아직도 고통받는 세상이기 때문이다. 처음 부분에서 나는 이야기했다. 우리는 다름을 인정하지 않는 전사의 나라. 감정이라곤 다 갖다 버리고 모두가 한마음 한뜻으로 쏘아져 나간 화살이라고 이야기했다. 이런 나라에서 자유로운 생각과 사상이 성공한 원인이라는 것은 아이러니하다. 그것은 바로 우리가 사농공상의 사상을 가지고 있기 때문이다. '사' 농공상. 우리나라에서 1등을 하는 분야는 '사'가 아니라 '농공상'이다. 우리는 선비' 사'에 대한 무의식적인 동경의 감정이 크고, 농업, 공업, 상업 등 사람의 신체적 힘이 들어가는 모든 일에 대해서 무시하는 경향이 크다. 모든 사람, 모든 일이 평등하다고 생각하는 지금의 세계에서 표면적으로는 동의할지 몰라도, 은연중에 '그래도…'라고 생각할 것이다. 노동에 대한 관점이 이렇게 계급적 차이가 있다고 생각하는 상태에서, '이런 일은 아무것도 아니다'라는 생각은 신체적 노동이 관여하는 분야에 대해서 절차와 전통 같은 것은 아무래도 좋다는 결과를 만들어 냈다. 지켜야 할 것이 없으니 좋은 결과, 합리적인 결과, 효율적인 결과를 위해 끊임없이 변하고 발전한다. 이것이 바로 우리나라의 조선업, 반도체, 철강 부문이 세계적으로 1위, 2위를 다툴 수 있게 된 이유이다.

그렇다면 문제의 '사'는 어떨까? 내가 말하는 '사'는 조선시대의 선비같이 정치인만을 이야기하는 것이 아니다. 일반적으로 화이트 컬러라고 이야기하는, 즉, 땀에 젖지 않는 모든 회사를 일컫는 것이다. 여기서 바로 90년대생이 그토록 부르짖었던 개꼰대 사회에 대한 이야기가 나온다. 농경사회였던 조선시대와는 다르게 정보화시대의 대부분 사람은 '사'의 직업환경을 갖추고 있다. 딱히 신체적으로 힘들지 않아도, 자신이 컨트롤할 수 있는 범위 내에서 구상과 제안, 실현을 할 수 있다는 뜻이다. 대부분 사람이 원하던 '사'의 직업을 갖게 되었는데, 왜 한국 사회는 행복하지 않고, 다름을 인정하지 않고, 항상 모든 것에 순응하며 살게 된걸까? 위에서 말했듯이 단순히 군대에서 그렇게 교육받고 나왔기 때문일까?

나는 이러한 현상의 원인이 군대식 문화에 더해서 노동 계급 차이라고 생각한다. 신체적 개입이 들어가는 일일수록 급이 떨어지는 일이라고 위에서 이야기했다. 이와 반대로 신체적 개입이 적고, 두뇌가 개입하는 정도가 클수록 숭고한 일이라고 생각하는 경우가 많다. 군대에서 가끔 이야기하는 말이 있다. 전방은 일이 힘들어서 갈구지 않고, 후방은 일이 쉬워서 미친 듯이 갈군다. 모든 경우에 맞는다고 할 수 없지만, 대부분 맞는 이야기이다. 군대에서 빡센 곳을 나왔다고 하는 것은 신체적인 어려움을 이야기한다. 후방 지역에서 행정적 임무가 많았던 것에 대해 일이 힘들다고 이야기하면, 겉으로는 힘들었겠네, 하고 이야기해도, 그래도 최전방에서 30㎝의 눈을 치우는 게 힘들다고 생각하는 게 한국 사람이다. 즉, 신체적 개입이 많아질수록 고생한다고 생각하는 문화가 한국 사람들이 보편적으로 가지고 있는 가치관이다. 그래서 대부분 신체적 능력의 개입이 많아질수록 업무 외에 다른 간섭을 하지 않게 된다. 반대로 개입이 적어질수록 각종 절차와 사적인 일이 많아지게 된다. 여유가 있다고 생각하기 때문이다.

이처럼 업무에 신체적 개입이 많아진다는 것은 2가지 결과를 초래하는데, 첫째는 신체적 노동이 급이 떨어지는 일이라고 생각하는 경향이다. 이러한 일들은 누구든지 할 수 있는 일, 의지만 있다면 할 수 있고, 더 이상의 선택지가 없을 때 살아남기 위해서 해야만 하는 일이라고 생각한다. 이러한 생각들이 아니라면, 우리는 26살 5년차 노가다 꾼에게 '어라?' 하는 생각이 들지 않아야 하고, 도박으로 모든 것을 탕진하고 일용직을 전전한다는 53살 최 씨의 이야기에 '그러면 그렇지 뭐'라는 생각을 하지 않아야 한다. 하지만 이런 사람들을 소개하는 영상에 달린 댓글들이 이를 뒷받침한다. 대한민국에서 신체의 개입이라는 항목은 사회적 지위에 영향을 주는 항목이다.

둘째로 위에서 잠깐 이야기했듯이 절차를 무시하게 된다. 신체적 개입이 크면 클수록 현장 상황에 맞게 행동했다는 이야기를 자주 한다. 몸이 힘든데, 정장을 입고 부동자세로 쉴 수 없는 것이다. 몸이 힘들면 힘들수록, 지치면 지칠수록 사람의 몸은 풀어지기 마련이다. 업무강도가 강하면 강할수록 절차가 보이지 않고, 목표만 보인다. 오늘의 할 일인 이쪽 벽 만들기만 보일 뿐이다. 본사에서 아무리 SOP(표준운영절차)를 적고 명시하여도, 현장 상황을 모르는 탁상공론이라며 코웃음을 칠 가능성이 높다. 신체적 영향이 클수록 절차를 무시하려는 경향이 크다. 그렇다면 반대로 이야기하면 신체적 개입이 적을수록 절차 주의가 될 가능성이 높다는 뜻이다. 본사와 공장이 항상 싸우는 이유가 이것이다. 본사는 그게 뭐라고 안 지키냐는 입장을 고수하고, 공장은 현장에서 일도 안 해본 사람들이 노동자 배려 없이 세워놓은 쓸데없는 절차라는 입장을 고수한다.

'사'의 직업들에 대해 이를 토대로 정리해보면, 신체적 개입이 적은 '사'의 입장에서는 보통 자신의 업무에 대한 자부심이 은연중에 있기 때문에, 자리를 지키기 위해서 보수적인 입장을 취하게 된다. 그리고 신체적 개입이 없다는 것은 신체적으로 풀어지거나, 절차를 무시할 이유가 없으므로 절차주의적인 경향을 띠게 된다.

물론 단순하게 책상에서 일하는 사람들은 꼰대가 많고, 몸으로 일하는 사람들일수록 꼰대가 없다는 뜻이 아니다. 오히려 반대의 경우가 훨씬 많다. 그 이유는 정보의 보안화로 인한 텃세 때문에 그렇다. 이런 사람들의 대부분은 기술직인 경우가 많다. 자신의 기술로서 자신의 가치를 올리는 사람들의 경우 자신이 평생 노력해서 얻은 기술을 공유함으로써 자신의 가치가 떨어질 것을 두려워하기 때문에 그렇다. 그리고 실제로도 이전까지의 세상에서는 이런 방식이 유효하고, 효과적인 수단이었다. 지금도 기술직 업계에서는 텃세를 부리는 경우가 많다.

즉, 내가 여기서 이야기하고자 하는 것은 우리나라 산업의 태동기에 대해서 이야기하는 것이다. 아무것도 없던 우리나라가 이렇게 잘사는 나라의 한 축이 될 수 있었는지에 대한 배경에 대한 이야기이다. 그리고 아이러니하게 모든 회사가, 우리나라의 대부분의 환경이 꼰대회사가 된 것도 이런 이유 때문이다. 전통과 과정을 무시하고, 결과만 생각하다 보니, 모든 사람이 어떻게 해서든 좋은 결과를 만들어내려고 했다. 그 결과, 과정을 무시하는 참신한 아이디어들이, 자본주의 시대에서 가장 중요한 결과인 돈을 위해 사기와 도용 쪽으로 발전하게 되었다. 괜히 우리나라 범죄 비율에서 사기가 1위가 아니다. 그렇다 보니 너도나도 정보를 걸어 잠그기 시작했고, 남에게 홀리지 않기 위해 듣지도, 생각하지도 않는 사람들이 사회의 요직에 자리 잡게 되었다. 결국 대한민국은 지금의 남의 말을 들으려고 하지 않는 사회가 되어버렸다. 그렇게 우리나라는 가장 큰 장점이던 변동성을 잃어버리고 말았다. 이 이야기를 변동성이 가장 큰 장점인 한국인이 어떤 과정들을 거쳐서 꽉 막힌 꼰대들이 되었는지 맥락에 대한 관점이라고 봐줬으면 좋겠다. 그리고 시간이 흘러 정보의 공유화로 돈을 버는 세상이 오게 되었다.

그동안 자신의 정보가 어디 다른 곳으로 새어 나가 자신의 입지가 없어질까 두려워하던 사람들은 이런 세상의 행태를 보며 "미친 짓"이라고 이야기했다. 그러나 유튜브의 누구나 시도할 수 있고, 누구나 돈을 받을 수 있다는 정책은 자신이 가지고 있는 정보를 돈으로 바꾸기 어려운 사람들에게 한가지 희망이 되었다. 사업수완이 없거나 딱히 정보를 돈으로 바꾸는 방법을 모르던 사람들은, 헌책방에 오래된 책들을 넘겨주듯이 유튜버를 시작하게 되었다. 그렇게 자신이 가지고 있던 정보가 정보 그 자체로 돈이 된다는 것을 깨달은 사람은 계속해서 정보를 넘기기 시작했고, 같은 업종에서 욕을 하던 사람도, 눈치만 보던 사람도, 실제로 찍히는 돈을 보고 너도나도 정보를 넘기기 시작했다. 그 결과 이 세상엔 평생 공부해도 다 습득하지 못할 정보가 쏟아져 내리기 시작했다. 물론 그것도 돈을 내지 않고, 언제 어디서든 습득할 수 있게, 요리되어서 말이다.

새벽 2시까지 술을 진탕 먹고, 집에 오는 택시에서 유튜브를 켠다. 내가 좋아하는 게임을 잘하는 법을 세계 정상급 프로게이머가 알려준다. 택시에서 내려 집에 도착해 씻을 땐, 샤워 꿀템 BEST 5를 본다. 그리고 침대에 누워 잠들기 전까지 20년 동안 일식 주방장이었던 사람이 자신의 제자들에게 칼을 잡는 법에 대해 알려주는 영상을 보곤 댓글 창을 연다. "술 먹고 새벽 3시에 사시미 칼 잡는 법을 보는 내 인생이 레전드."

90년대생과 요즘 그렇게 말하는 MZ세대들이 겪는 일상 중 하루이다. 이전 시대의 사람들은 평생이 걸려도 배우기 어려웠던 것들을 언제 어디서든 제약 없이 볼 수 있다. 심지어 잘 못 봤으면 100번이고, 1,000번이고 상관 없이 뒤로 돌려가면서 볼 수 있다. 정보의 공유화로 행위에 대한 경험이 없어도, 세계 최정상급들의 지식을 습득할 수 있는 시대가 오게 되었다. '정보' 그 자체를 돈으로 만들어버린 것은 유튜브가 가장 크게 세상을 바꾼 이유 중 하나이다. 그로 인해 '전문가의 시대'로 불렸던 세상이 깨지고 말았다. 전문가의 시대는 이제 점점 저물고 있다.

전문가의 시대에서 정보는 철저한 보안화가 이루어졌다. 사람들이 알고 싶은 정보를 자신만 알고 있으면 있을수록 큰돈을 벌었다. 하지만 며느리도 모르는 비법 양념장이라는 오래된 카피라이팅은 이제 사어가 되었다. 유튜브에 검색만 하면 시어머니 20명의 레시피를 알 수 있다. 자신만이 알고 있는 정보를 이용하여 돈을 버는 과정은 '활용'이라는 과정을 거쳐야 했다. 비법 양념장을 만들 줄 알기만 해서는 안 됐다. 그 레시피를 이용해 만들어서 팔거나, 레시피 자체를 영업해서 팔거나 해야 했다. 하지만 유튜브가 이끌고 온 정보의 공유화는 정보를 규모의 경제로 넘어가게 만들어 버렸다. 정보가 규모의 경제가 되어버리자, 더 많은 사람이 활용할수록 영향력이 커졌다. 이 영향력으로 정보는 그 자체로 돈을 벌 수 있게 되었다. 즉, 정보를 활용이나 가공하지 않고서도 돈을 버는 것이다. 옛날에도 강의라는 이름으로 돈을 받고 정보를 사고팔고 했지만, 그건 정보를 강의로 '가공'한 것이다. 정보 공유화의 핵심은 정보 그 자체가 영향력이라는 항목으로 돈이 될 수 있는 환경이 마련되었다는 뜻이다.

정보의 보안화가 강화되던 전문가의 세상에서는 업계 사람이 아니면 해당 분야의 정보를 얻기 쉽지 않았다. 심지어 업계 사람이라도 마찬가지였다. 폐쇄된 시장에서는 전문가의 입지가 가장 중요했다. 그래서 해당 업계의 전문가로서 자신만이 알고 있던 고급 정보에 대해 스스로 가치를 매기고 업계 종사자가 아니라면 반드시 자신을 거쳐야만 해결할 수 있도록 시스템이 구축되었다. 하지만 정보의 공유화 시대에선 어떤 문제든, 누구나 검색 몇 번이면 알 수 있다. 물론 세상에 모든 정보가 풀린 것은 아니다. 지금도 전문가가 되어야만 더 고급 정보를 더 빠르게 알아낼 수 있다. 하지만 이전까지의 세계에선 인테리어를 하려면 인테리어 업자를 반드시 불렀어야 했고, 아프면 병원을 가봐야만 증상을 알 수 있었다. 지금의 세상에선 조금의 노력으로 모든 것을 배울 수 있게 되었다. 낚시를 하고 싶으면 유튜브를 보고 무엇을 사야 하는지, 어떻게 낚싯바늘을 꿰어야 하는지를 될 때까지 돌려보면서 배운다. 몸이 아프면 자가 진단을 먼저 해보고, 셀프 인테리어는 항상 인기이다. 정보의 보안화 시대에서도 꼭 우리나라 1등이 되어야만 전문가가 아니었다. 1년 차든, 5년 차든, 그 업계에 발을 들여야만 알 수 있는 단어, 노하우를 알고 있는 사람 모두가 일반인의 시점에선 전문가였다. 일반인은 알 수 없는 정보였기 때문이다. 이제 사람들은 핸드폰을 사러 가서 할부원금이 얼만지 팔짱을 끼고 물어보고, 업계에서만 쓰는 용어를 쓰며 얕보이지 않으려고 노력한다. 물론 전문가의 시대가 지났다는 말을 전문가들은 없어진다는 말로 오해할 수 있다. 전문가의 시대가 지났다는 뜻은 업계 관계자가 아니면 알 수 없는 정보의 독점이 이제 끝났다는 뜻이다. 앞으로의 시대는 정보 융화의 시대가 올 것이다. 전문가의 영역이던 업계의 전문화는 이제 AI가 대부분 맡아서 할 확률이 크기 때문이다.

하지만 정보의 공유화가 사기를 당하지 않는다거나, 많은 사람이 업계의 전문화에 도움을 준다던가, 소비자가 좀 더 합리적인 선택을 내릴 수 있도록 도움을 주는 등의 장점만 있는 것이 아니다. 크나큰 단점을 가지고 있다. 바로 무료로 쉽게 배운 정보들이 단계를 건너뛴 정보들이란 이야기다. 위에서 이야기한 자아에 비해 너무 높은 가치관 설정과 같은 맥락이다. 업계에서 2~3년 차가 되어야 알게 되는 정보들을 전부 건너뛰고 배우면 이러한 노하우가 왜 중요한지 맥락을 알지 못하고, 같은 업무를 상황에 따라 다른 시점에서 보지 못하는 편협한 시각을 가지게 된다. 그리고 이러한 단점의 직격탄을 맞은 것이 바로 90년대생들이다. 사회초년생 시절을 정보의 공유화 시대에서 보냈기 때문이다. 단 한 번의 경험도 없이, 10년, 20년의 경력자의 일생 노하우를 들어버린 무경험자는 무슨 생각을 하게 될까? 바로 '무시'이다. 위에서 이야기했던 한국인의 특성인 결과만 좋으면 아무래도 됐지라는 풍조를 함께 생각해보자. 만약 오늘 일식집에 입사한 90년대생이 보기엔 5년 차 직원의 칼질 실력은 어떨까? 오늘 입사한 이 신입사원은 김 대리의 칼질을 어제 술 먹고 봤던 20년 차의 강의랑 비교할 것이다. 신입사원의 눈에는 5년 차 김 대리의 칼질이 아무리 봐도 시원치 않다. '에이 그렇게 하는 것 아닌데…' 이것이 바로 정보 공유화의 맹점이다. 경험이 있는 사람에게 정보란 막힌 곳을 뚫어주는, 한 단계 성장을 이룰 수 있게 도와주는 점프대 같은 것이다. 하지만 이제 막 신입사원이 된, 90년대생들의 입장에서 세계 최정상급의 쉐프들이 알려주는 요리하는 방법은 자신의 이상만을 높일 뿐이다.

이는 정말 큰 문제이다. 이제 사회 초년생인 90년대생들이 신입사원으로 입사해야 노동력이 유지되는 각 산업군들이 서서히 무너지고 있다. 기록적인 인구감소와 맞물려서 벌써 지방 쪽 연구소나, 의사, 공학도 등 전문 직종의 신입사원들의 지원율은 끝없이 하향곡선을 타고 있다. 힘들게 입사한 신입사원은 1년도 채우지 못하고 퇴사를 한다. 우리나라 전체의 노동력이 감소하는 중인 것이다. 이러한 현상에 대해서 다른 세대에 비해 자아에 대해 생각을 많이 해서 그렇다고 보는 견해들이 많지만 내 생각은 다르다. 하고 싶은 일이 무엇인지 모르는 90년대생들이 태반이기 때문이다. 나는 90년대생들이 타 세대보다 자아에 대해서 생각을 많이 할 수 있는 환경이라는 것에는 동의하지만, 이들의 지금 상태는 자아가 성장할 충분한 시간도 채우지 못하고 환경을 계속해서 바꾸는 불안정한 상태다. 1년 미만의 경력으로 계속해서 새로운 회사로 유랑을 다니는 것은 자아의 성장이 아닌 방황이다. 자아가 성장하려면 경험과 감정이 가치관과 선택에 녹아들어 있는 상태에서 차분히 논리적인 판단을 해야만 하는데, 지금의 90년대생들은 오로지 '논리' 하나로만 선택하려고 한다. "20년 차 일식 주방장이 맞다는데 겨우 5년 차가 뭘 안다고 아니라 하지?" 논리적으로 틀린 말은 없다. 하지만 이러한 이야기는 자기 경험과 감정을 포함해야 한다. 논리적으로 맞지만, 잘못된 이유는 맥락과 이유, 경험과 감정을 배제했기 때문이다. 지금의 90년대생들에게 이런 이야기를 하면, "꼰"이라는 한 글자로 정의해버리고 말 것이다. 세상은 유튜브처럼, 영상처럼, 사진처럼 순간이 아니다. 맥락과 상황을 봐야 한다. 떡볶이를 가장 좋아한다고 해서 매일 떡볶이만 먹는 것은 올바른 판단이 아니다. 어제 떡볶이를 먹었다는 상황에선 불고기덮밥을 먹어야 하는 것이 맥락에 맞는 판단이다. 결국 정보의 공유화는 90년대생을 올바른 선택을 하지 못하고, 방황하게 만들었다. 어떤 업계에 들어가든, 차분히 실패와 시도를 통한 내적, 외적 성장을 경험해야 하지만, 성장을 경험하기도 전에 실력에 비해 너무 높아진 이상으로 먼저 입사한 사람들을 무시하며 떠나는 것이다.

이러한 90년대생의 경험과 감정이 결여된, 논리로만 판단하는 가치관은 결국 노동의 가치를 무시하게 했다. 이 일해서 한 달에 200만 원이라고? 저 사람은 코인해서 6,000만 원을 벌었는데? 지금 시대는 노동의 가치와 자본의 가치가 동일시되지 않는다. 정보의 공유화로 정보에 대해 영향력이라는 새로운 가치가 제시되면서 위치를 찾아가는 과도기의 세상이다. 하지만 돈을 많이 벌어야만 하고, 삶의 가치와 일의 보상은 돈이라고 배운 90년대생들이 이러한 세상에서 흔들리지 않을 수 있을까? 어른들도 흔들리는 세상이다. 나처럼 살지 말라고 했던 부모님이, 항상 저축하고 주식 같은 건 꿈도 꾸지 말라던 부모님들이 주식을 하기 시작했다. 노동 그 자체로 미래를 계획하던 세상이 변하기 시작했다는 뜻이다. 이젠 자본이란 노동의 보상이 아닌, 오로지 돈을 위한, 돈을 불리는 행위의 결과가 되는 시대가 되었다. 돈은 돈일뿐이라는 말은 논리적으로 틀린 것이 없기 때문이다.

결국 90년대생들의 논리만을 기반으로 선택하는 가치관이 90년대생들의 유전자가 다르기 때문에 발생한 것이 아니라, 그만큼 급변하는 과도기의 시대여서 영향을 가장 많이 받았다는 것이다. 정보의 보안화 시대가 지고 정보의 공유화 시대가 도래함으로써 전문가의 시대가 무너졌다. 그 결과 90년대생을 시작으로 서서히 노동의 가치는 무너지고 있다. 노동의 가치가 무너진다는 것은 과연 어떤 결과를 초래할까?

일하는 것의 가치

어떤 섬에 한 부자가 여행을 갔다. 그는 거기서 하루 종일 태평하게, 낚싯대만 드리우는 섬사람에게 말을 걸었다. "그렇게 인생의 목표 없이 살면 안 됩니다. 열심히 일을 하고 사셔야지요." 섬사람은 대답했다. "그렇게 살면 어떻게 되죠?", "부자가 됩니다." "부자가 되면 어떻게 되나요?" "노후에 이 멋진 노을을 보면서 낚시하며 행복하게 시간을 보낼 수 있게 됩니다." 그러자 섬사람은 아무 말 없이 웃었다.

우리는 왜 돈을 벌까? 가장 근본적인 이유는 살아남기 위해서이다. 돈의 기본적인 속성은 어떤 행위나 물질에 대한 사회적 약속에 따른 객관적 지표이다. 돈은 인간에게 생존에 국한되던 노동의 의미를 확장시켰다. 돈은 더 이상 음식물을 생산하는 행위로만 음식물을 구할 수 있는 게 아니라, 음식물을 생산하는 노동 가치에 상응하는 돈을 지불하기만 하면 음식을 구할 수 있게 만들었다.

둘째로 욕망 때문이다. 사람은 모든 행동에 제약 없이 살고 싶어 한다. 항상 더 많은 가능성을 열고 싶어 하고, 더 많은 선택지를 가지기 위해 노력한다. 모든 것을 갖지 않아도 되지만, 마음만 먹으면 가질 수 있는 능력을 가지고 싶어 한다. 돈은 실제로 가지고 있지 않아도 가질 수 있으면 가질 수 있다는 환상을 느끼게 해준다. 대부분의 사람이 이러한 행위를 자유라고 생각한다. 그리고 사람은 자유에 대한 욕구 때문에 돈의 욕망에서 벗어나기 힘들다. 돈의 욕망을 버린다는 것은, 모든 유혹을 버리고, 삶과 행동에 대한 자유를 재정의해야 하는 정말 일평생을 노력해야만 하는 어려운 길이다.

마지막으로는 불안한 미래, 변동성에 대한 대비이다. 첫 번째와 두 번째 이유의 연장선으로도 볼 수 있는데, 인간은 지금 당장 살아남는 것뿐만 아니라, 앞으로 상상할 수 없는 미래도 지금처럼 살 수 있도록 대비하기 위해 일을 한다. 자본은 미래를 상상할 수 있게 만들어준다. 자본의 가치가 변하려면, 국가, 세계, 기술 등 개인이 좌우지하기 어려운 약속들에 변화가 있어야 하므로, 사람들은 상대적으로 안심할 수 있다. 현재 사용되고 있는 통화에 큰 변화가 생기기엔 너무나 많은 변인이 있다. 사람은 미래를 세세하게 생각하고, 상상하기 어렵다. 그래서 오히려 그 많은 변수를 다 배제하고 현재를 기준으로 가장 단순하게 미래를 예측한다. 이것이 돈이 사람에게 심리적 안정을 주는 이유다. 대부분의 사람은 미래엔 돈의 절대적 가치가 떨어지는 것까지 예측하지 않는다.

이 외에도 다양한 이유로 돈을 벌겠지만, 개인적인 생각으로는 대부분의 이유가 저 3개 안에 들어간다고 생각한다. 나는 돈이 있었기 때문에 인류가 발전할 수 있었다고 생각한다. 수렵사회, 농경사회, 산업 시대를 거쳐 정보화시대, 그리고 AI의 시대가 오고 있다. 이 눈부신 발전에는 행위에 대한 객관적 약속인 돈이 있었기 때문에 가능했다. 남들을 위해 글을 쓰는 사람도 돈을 통해 살기 위해 필수적인 식량이 해결된다. 노동을 분업화할 수 있게 된 것이다. 분업화는 곧 전문가의 시대를 불러왔고, 전문가의 시대가 우리에게 남긴 것은 집단지성에 의한 다양한 분야의 최고 속도의 발전이었다. 이후의 AI의 시대에선 전문화는 대부분 AI가 맡고 인간은 연결과 관리의 업무로 넘어갈 가능성이 크다. 그래서 앞으로의 인간에겐 더 많은 시간이 주어질 것이고, 그 많은 시간을 활용할 수 있게 해주는 산업이 정말 빠른 속도로 발전할 것이다.

　그렇다면 결국 노동의 양이 축소된다는 뜻인데, 왜 노동의 가치가 무너지는 것이 문제가 될까? 답은 노동이란 남들을 위해서 하는 행위이기 때문이다. 위에서 잠깐 이야기했던, 사람은 사랑으로 움직인다는 말을 기억할 것이다. 사랑하지 않는 대상에게 하는 행동은 아주 사소한 행위라도 정말 고통스럽다. 일진들에게 심부름을 당하면서 좋아하는 사람이 어디 있는가? 좋아하면 그것을 사랑하는 사람이다. 사람은 농사를 짓던 시기부터 함께 일하고 나눴다. 품앗이를 말한다. 혼자서 하기 힘든 것도, 모두와 함께하면서 이겨냈다. 그러면서 기쁨을 나누고 가치를 나눴다. 내가 하는 행동이 결국 남에게 좋은 도움이 된다는 마음으로 고된 일들을 이겨낸다. 힘들기만 하고 남에게 도움이 된다는 가치를 느끼지 못한다면 사람들은 이겨낼 수가 없다. 잠깐은 버티더라도, 의지력을 상실하면 이내 무너지게 된다. 반대로 일의 가치를 느끼면 그 일에 대해서 사랑을 하게 되고, 계속 소모된 의지력이 채워진다. 이 의지력이란 것은 사랑을 주지 않으면 채워지지 않는다. 의지력이 고갈된 상태로 일을 하면 마음을 갉아먹고, 정신병에 걸리게 된다.

그러나 자신은 어떤 가치도 못 느끼면서 같은 일만 몇십 년 했다는 사람도 있을 것이다. 이런 사람들은 사랑하는 대상이 있었을 것이다. 보통 그 대상은 자식이 된다. 일을 자식을 위해서 한다는 마음으로 했을 것이다. 90년대생이 자식이나 책임져야 하는 가족이 있는 사람이 지금 얼마나 되는가? 대부분이 신입사원이다. 그래서 이 조건은 이들에게 해당되지 않는다. 이 이야기로 알 수 있듯이 노동의 가치는 노동 그 자체의 감정이나 보상에만 국한되지 않는다. 노동의 결과가 불러오는 모든 상황에서 얻을 수 있다. 이런 요소가 많으면 많을수록 일이 행복해지고, 더 빨리 의지력이 채워지며, 자신의 삶이 행복해질 수 있다. 이것이 바로 우리가 좋아하는 일을 찾고, 자아실현을 해야 하는 이유다.

다시 노동 가치의 관점에서 90년대생들을 살펴보자. 90년대생들은 실수하지 않으려고 한다. 올바르고 맞는 선택만을 하려고 노력한다. 이 상태에서 논리적으로 완벽한 유튜브의 속성 강의를 듣고 회사에 온다. 그 결과 회사는 더 이상 자아와 실력, 가치관을 기르기 위해 오는 곳이 아니게 되었고 오로지 돈 벌러 오는 곳이 되었다. 이것이 90년대생들의 노동 가치를 떨어뜨린 가치관 "회사에 돈 벌러 오지 뭐 하러 와요."이다. 노동의 가치는 단순히 자본으로만 정의될 수 없다. 회사를 통해 사회와 가족, 인간관계에 대해 자신이 환원하는 가치와 내적, 외적 성장의 가치, 자신의 업무에 대해 돌아오는 보람 등 여러 가지 맥락과 상황에 의해서 결정되는 가치인 것이다. 하지만 90년대생들은 부모들에게 어떤 교육을 받았는가? "쓸데없는 짓 하지 말고 공부나 해. 너 하고 싶은 일을 하고 살아라. 너는 나처럼은 살지 말아라. 돈을 벌지 못하면 인간 구실을 못하는거야."

회사는 어떤 곳인지 은퇴를 앞둔 부모님에게 물었을 때, 돌아온 대답은 돈이다. 자신은 돈 만을 보고 회사에 다녔다고 한다. 이 이야기를 들은 90년대생들은 가장 변동성이 적은 안전한 선택지를 찾았다. 인간 구실을 하기 위해서, 그리고 실패하고 싶지 않아서이다. 노동의 의미는 없다. 돈 앞에선 다 똑같다. 한국은 노동의 가치를 인정해주지 않는 나라이기 때문이다. 음식값에 노동력은 들어가지 않는 나라다. 공부를 안 하면 중국집 철가방이나 하게 된다고 겁을 주는 나라다. 이런 생각을 가지게 된 90년대생이 선택한 직업이 바로 공무원, 공기업이었다. 잘리지 않는다고 하니까. 과학에 의한 미래의 불확실성과 사회적 제도가 청사진을 제시하지 못하는 세상에선 최고의 선택지다. "나라가 망하진 않지 않겠어?" 하지만 노동의 의미와 가치를 생각하지 않고 공무원에 들어가면 어떻게 될까? 바로 1년도 채 되지 않아서 퇴사이다. '하고 싶은 일은 없고 나는 뭘 해도 상관없으니까. 어차피 무슨 일이든 다 똑같지' 하고 돈만 보고 결정한 결과물이다. 노동의 가치는 돈으로만 정해지는 것이 아니다. 하지만 90년대생들은 돈으로만 가치를 정하도록 강요받고 교육받았다. 90년대생들을 둘러싼 환경이 그렇게 만들었다. 이전 세대는 어떤가? 이런 생각을 할 수 있을 만큼 정보가 있지 않았다. 중소기업에서는 이직을 하게 되면 전 회사에서 미리 언질을 준다. 업계가 좁다 보니 정말 능력이 있지 않은 이상 같은 계열 회사에 취직하기가 어려웠다. 어디든 다 똑같다는 생각으로 꾹 참고 회사를 다녔다. 그 결과 역설적으로 이들은 자아의 성장과 노동의 가치를 느낄만큼 성장할 충분한 시간이 있었다.

다음으로 살펴볼 것은 제도적 문제다. 지금 일할 곳이 없다고 난리인데, 아르바이트 점주들은 일할 사람을 구하지 못한다고 난리이다. 이를 두고 일자리는 많은데 90년대생들은 일을 하지 않으려고 해서 문제라고 이야기한다. 하지만 편의점만 예를 들어도 거의 2배에 가까운 임금 노동이 상승하였기 때문에 피크타임 잠깐만 알바를 구하고 대부분의 시간은 직접 일을 하는 사람들이 많아졌다. 즉, 기존의 한 번 출근하면 많은 시간 동안 일을 해야 하는 구조에서 잘게 쪼개진 일자리들이 대부분이 되었다는 뜻이다. 이에 대해 "시급이 전체적으로 올랐지만, 총 노동시간이 줄어들었다. 일 조금하고 비슷한 돈을 받게 되었는데 더 이득이 아니냐?" 고 하는 사람들이 있을 것이다. 하지만 알바의 목적은 많은 돈이다. 월급 기준으로 총액이 얼마나 찍혔는지가 중요하다. 2잡, 3잡 뛰면 되지 않냐고 하지만, 첫째로 이동시간이 문제다. 아무리 집 앞에서 구하려고 최대한 노력을 한다고 해도, 집주변에서 피크타임은 겹치지 않으면서 이동시간, 휴식 시간 다 맞춰서 2가지, 3가지의 일을 구하기란 하늘의 별 따기다. 두 번째로는 저항감이다. 위에서 이야기했듯, 사람은 어떤 일을 시작하기 전에 저항감을 느낀다. 늘 출근하는 회사지만 그래도 문을 열고 사복에서 업무 복장으로 갈아입고, 일을 시작한다는 것은 불편감을 느끼게 한다. 이러한 불편감을 굳이 하루에 2번, 3번씩 느껴야 한다는 것은 부담감을 불러온다.

마지막으로는 돈의 가치가 낮아졌다는 점이다. 10년 전 만원과 지금의 만원은 무게감이 다르다. 10년 전 우리 동네에선 자장면이 2천원, 국밥은 5천원이었다. 17년 전에 알바하면 평균 50만 원을 벌었다. 그러나 지금 50만 원이 그때의 50만 원 역할을 하는 것이 아니다. 돈의 절대적 가치가 낮아진 것이다. 알바의 세계에서 적은 시간 노동해서 많은 돈을 받는 게 중요한 게 아니다. 알바의 목적 1순위는 무조건 돈이다. 그게 아니라 개인의 능력 향상을 원한다면 취직을 해야 한다. 그리고 그 돈은 시간 대비가 아니라, 월급날이 되었을 때, 통장에 얼마가 찍히느냐다. 하루에 3시간 일하고 4만 5천원을 받았다는 게 중요한 게 아니다. 이 모든 상황을 종합해서 90년대생들은 '그 돈 받을 바엔…'이란 가치관을 장착하게 된다.

이러한 현상은 알바에 국한되지 않는다. 정규직에서도 '그 돈 받을 바엔…'이란 가치관이 작동한다. 요즘 유튜브에 개그맨들이 MZ세대 주장을 희화화한 영상이 하나 있다. 바로 일부 90년대생들의 최저시급론이다. 최저시급론이란 업장에서 최저시급을 받으면 일도 최저시급으로 해야 한다는 논리다. 이들의 문제는 열심히 하려고도, 더 나은 실력을 갖추려고도 안 한다는 점이다. 일을 시킨 것만 하고, 심지어 시킨 것조차도 제대로 안 되는 경우가 많다. 물론 아닌 90년대생들도 많고 이에 대해 비판하는 사람도 많다. 그러나 유튜브 등 영상 플랫폼들에서 이런 사람들이 요즘 MZ세대 특징이라는 영상 안에 꼭 들어있기 때문에 이야기한다. 불과 몇 년 전까지만 해도 이런 사람들이 없었다. 이런 사람들이 생겨난 것은 최저임금의 급격한 상승부터 시작된다.

최저임금의 상승은 모든 노동의 자본적 가치를 공통화 시켜버렸다. 직업에는 귀천이 없다고 하지만 귀천이 같은 임금을 받아야 한다는 뜻은 아니다. 자신이 만족한다면, 가치 없는 일은 없다는 뜻이다. 물론 불법은 제외해야겠지만 말이다. 하지만 우리나라는 어떻게 교육했는가? 돈만 보고 직업을 선택하길 강권하고 있다. "대학에 어디 갈지 모르겠다면 일단 돈 많이 버는 곳을 가는 게 낫지 않겠니?", "철학과에 가겠다고? 굶어 죽겠단 소리냐?" 이런 선택을 하면 이런 장점과 단점이 있고, 다른 선택엔 어떤 장단점이 있는지 알려준 뒤, 판단을 맡기는 이상적인 부모는 극소수다. 우리나라는 살아남아야 한다는 DNA가 눈치와 편견 속에 숨어 있었다. 부모님들은 자식들의 모든 선택이 논리적이고 합당하길 원했다. 살아남아야 하니까. 돈 이외의 모든 가치를 무시하는 직업 가치관을 가지고 있는 한국 사람들에게 최저임금의 급격한 상승은 노동 가치의 붕괴를 더욱 가속화시켰다.

2014년 기준 최저임금은 5,210원이었다. 하루 8시간씩 주 5일 한 달 꼬박 일하면 833,600원이다. 하지만 막노동은 달랐다. 일급 10만원의 일당이 손에 쥐어줬고, 한 달 20일을 일하면 200만원의 돈이 들어왔다. 당시의 최저시급은 지금의 MZ세대가 말하는 진짜 최저시급의 의미로써 작동하고 있었다. 최저임금을 받는 위치에선 최저 노동을 지급해도 된다는 이야기 말이다. 심지어 독서실 총무 같은 일은 최저시급에 한참 못 미치는 월 20만원의 급여를 주어도 하고 싶어 하는 사람들이 있었다. 이에 대해 "지금도 막노동 같은 경우는 일반 아르바이트보다 더 많은 급여를 주고 있지 않느냐, 지금 물가가 얼만데 그럼 80만원을 받는 시대로 돌아가고 싶다는 것이냐? 최저시급으로 생계를 유지하는 사람들을 무시하는 것이냐?" 등등의 반박을 이야기할 수 있다. 내가 말하고 싶은 것은 노동의 가치가 자본의 크기로만 결정되는 사회에서 모든 평균임금의 급격한 인상이 불러오는 부작용을 말하고 싶은 것이다.

　최저시급에는 최저 노동을 지급하면 된다. 논리적으로 반박할 수 있을까? 주는 만큼만 일한다는 것은 서구권 서비스 업종의 특징이다. 서양에선 미슐랭 1스타의 고급 레스토랑에 가도 서비스가 썩 좋지 않다고 한다. 서양에서 서비스가 좋지 않아서 인종차별을 당했다고 이야기하는 사람에겐 꼭 팁을 주었는지에 대해서 댓글이 달린다. 자신에게 불친절하던 바텐더에게 팁을 계속 주자 그 직원이 점차 친절해지는 영상도 있다. 그 이유는 이런 서버들은 최저임금 자체가 매우 낮고, 대부분 팁의 인센티브로써 급여를 대신하기 때문이라고 한다. 자기 능력에 따라, 자신이 열심히 하면 그만큼의 보상이 따라오는 것이다.

　그러나 우리나라 편의점 아르바이트에서는 친절하든, 불친절하든 급여에서는 아무런 차이가 없다. 정말 일을 잘해서 조금의 보너스를 주는 특수한 상황을 제외하곤 우리나라는 기본적으로 같은 돈을 받는다. 애초에 모두가 할 수 있는 일인 경우 노동 자체를 무시해버리는 나라다. 편의점 아르바이트가 힘들었다고 이야기하는 사람에게 그거 조금하고 힘들다고 하면 어떡하냐고 한다. 자신이 겪었던 정말 힘들었던 일을 이야기하면서 이런 일로 힘들다고 하면 살아남기 힘들다고 조언해주는 나라다. 노동 가치가 붕괴된 세상의 편의점에서는 돈을 제외하고선 어떤 가치를 얻을 수 있을까? 과연 오늘 퇴근길에 보람을 느끼며 퇴근할 수 있을까? 알바생은 매일매일 퇴근 시간만 보며, 퇴근 때까지 물건 입고 안 되길 간절히 빈다.

물론 옛날에도 별반 다르지 않았다. 한 달 평균 80만원을 받던 편의점 알바는 모든 사람들이 직장이나, 용돈을 벌기 위해 잠깐 거쳐 가는 사회의 거점 같은 곳이었다. 실제로 돈을 버는 것은 직장에 입사하고 나서라고 생각했다. 그래서 부담 없이 돈이 필요한 사람들이 가볍게 들어오는 곳이었다. 편의점에서 일하는 모두가 저마다의 이유가 있었다. 연인에게 선물을 해주기 위해, 가계 살림에 보탬이 되기 위해, 사고 싶은 컴퓨터를 위해 편의점에, 피씨방에 출근 도장을 찍었다. 비록 편의점 자체가 어떤 노동의 가치가 되지 못할지라도, 자신의 목표의 한 거점으로써의 역할을 했다. 그리고 이런 것들은 모든 아르바이트가 마찬가지였다. 돈이 좀 더 많이 필요한 사람은 건설 현장으로, 공부의 시간이 더 필요한 사람들은 독서실로 출근 도장을 찍었다. 모두가 저마다의 가치관으로, 합당한 이유를 들며 자신이 선택해서 일하러 갔다. 노동이 노동으로써의 제 기능을 하는 것이다.

하지만 최저임금의 급격한 상승은 이러한 모든 가치를 의미 없는 것으로 만들어버렸다. 아르바이트와 정규직의 차이가 무엇인가? 요즘은 안정성만을 이야기하지만, 원래는 임금의 차이가 가장 큰 차이였다. 1년 차 때는 큰 차이가 없을지라도, 경력이 쌓이면서 기하급수적으로 차이가 커진다. 퇴사하기 어려운 것도 현재 직업과 최저시급과의 차이 때문이다. 퇴사하게 되었을 때, 동종업계가 아니면 다시 최저시급과 비슷한 급여를 받아야 한다. 이러한 선택지의 제한이 퇴사하기 어렵게 만든다. 하지만 지금의 최저시급을 보자. 경력 3년 차와 신입의 연봉이 크게 다르지 않다. 최저시급의 급격한 상승 때문이다. 내 급여의 인상 폭만큼 최저시급이 올라간다.

내가 3년간 쌓은 경력이 지금 인턴의 연봉보다 적다. 이를 두고 능력의 차이라고 하는 사람도 있지만, 2021년 기준 우리나라 중소기업 평균 연봉 인상률이 4.4%다. 그리고 2021년 기준 최저시급은 5.1%가 상승하였다. 코로나 팬데믹이었다는 특수한 상황임에도 최저시급은 중소기업 평균 인상률보다 높다. 그렇기에 그 이전의 최저임금 16.4%, 10.9% 인상은 우리나라에 엄청난 파장을 몰고 온 사건이라고 볼 수 있다.

"모두가 더 많은 돈을 받게 됐는데 무엇이 문제냐? 부의 재분배가 이뤄지는 것뿐이다."라고 이야기할 수 있지만, 내가 말하고 싶은 것은 정책의 타당성이 아닌 이러한 급격한 사회정책이 가지고 온 사회 변화에 대해서 이야기하고 싶은 것이다. 위에서 계속 이야기한 것이 바로 노동이 더 이상 돈 이외의 가치를 가지지 못하게 되었다는 것이다. 그런 상황에서 정규직과 비정규직의 임금적 차이가 없다면, 돈을 위해서 일하는 것인데 두 직종 간에 무슨 차이가 있냐는 생각이 들게 된다. 직업적으로 보람을 느끼거나 하고 싶은 일은 없다. 그렇다면 임금을 많이 주는 곳으로 미련 없이 떠날 준비가 되어있다는 뜻이다. 회사에서 인간관계 스트레스를 받으면 퇴사를 하고 무슨 일을 해도, 지금 직장보다 낫다는 생각이 든다. 임금적 차이가 아르바이트랑 크게 차이가 없어졌기 때문이다.

이러한 정규직에서의 노동 가치의 붕괴는 자신의 위치에서 소극적으로 사는 사람들에게는 욕심 없는 삶을, 기업과 대한민국에는 노동력 감소라는 결과를 가지고 왔다. 아르바이트로는 생계를 유지할 수 없다. 이 이야기가 당연한 시절에는 아르바이트는 정규직으로 넘어가기 위한 거점이 되는 직장, 업계와 가정, 생계의 중간 다리가 되어줬다. 하지만 지금은 아르바이트로 생계를 유지할 수 있다는 생각이 크다. 괜히 인간관계로 스트레스 받으면서 직장에서 일하는 것보다 먹고 살 정도의 돈을 벌면서 사는 게 낫다는 사람들이 늘어났다. 많은 돈을 벌면 더 열심히 일하게 될 것이라는 기대와는 달리, 정규직으로 평생 일해도 서울공화국에서 서울에 집 한 채 사기 어렵다는 것을 깨닫고 지금의 상태에 안주하는 사람들이 늘어나고 있다. 우리나라가 10년 전의 일본을 따라간다는 속설처럼 우리나라도 아르바이트의 나라가 될 가능성이 크다.

지금 우리나라의 노동 가치는 정말 쉴 없이 변화하고 있다. 하나 예시를 들면 어른들의 인식변화다. 힘든 일을 하면, 무시하고, 내 자식에게는 안 시키겠다고 했던 사람들이 이젠 돈을 많이 번다니까, 저런 일은 어떠냐, 돈은 많이 준다고 하더라라고 이야기하곤 한다. 현시대의 불확실성을 겪은 어른들의 심경변화다. 더 많은 돈을 벌어서 더 많이 저축해야 대비할 수 있다. 하지만 90년대생은 최저시급을 받으니 최저의 노동력을 지불해야 한다는 답답한 소리를 하고 있다. 어른들의 눈에는 이들이 어떤 직장에 가든 똑같은 것을 알고 있기 때문이다. "여기서 못하는 사람이 다른 곳 가서는 잘할 수 있을 것 같아?"라는 생각이 목구멍 끝까지 나오지만 참는다.

하지만 노동의 가치가 자본으로만 결정되는 사회에서 논리적인 선택만을 하는 90년대생의 입장에선 합리적인 판단이다. 대체 왜 근무 시간이 9시부터인데, 10분 일찍 나오라는 것인가? 그렇다면 10분 일찍 보내준다는 것인가? 이전 세대는 이렇게 하면 안 된다는 것을 알고 있다. 한국 사회에선 이렇게 하면 편견이 잡히고, 편견이 잡힌 사람은 사소한 실수 하나에도 편견이 발동하여 더 큰 화를 입는다는 것을 말이다. 이런 것들이 모여서 승진에 크나큰 타격을 입기에 행동을 더 조심히 해야 한다. 미래를 위해서 말이다.

그렇다면 최저임금에 최저 노동력을 주장하는 90년대생을 보자. 글로벌하게 들어온 많은 정보와 이상적인 논리적 가치관, 감정에 좌지우지되는 자아, 정서적 미독립 상태, 결혼, 자가, 양육 등 여러 가지를 이미 포기한 N포 세대에게 미래를 위한다는 말이 중요할까? 최저임금의 급격한 상승으로부터 시작된 보편적 노동 가치의 붕괴는 비관적 청년들의 양성이라는 부작용을 낳았다. 미래의 경제적인 목표를 포기하고, 현실에 안주하는, 도망갈 곳이 많은 90년대생에게 편견은 문제가 되지 않는다. 편견이 있는 사람이 수준이 낮은 사람이니까. 승진은 개개인의 행동에 따라서 온전한 평가를 받아야만 하고, 그것에 다른 개입이 있다면 그것은 불공정한 행위이기 때문이다. 내가 정시에 맞춰서 온 것 때문에 승진에 타격이 있었다? 편견과 눈치를 보지 않는 90년대생들은 참지 않고 이야기한다. 원하는 바를 들어주지 않으면 나가면 된다. 90년대생들도 지금 기업들이 사람 구하기 어려운 것을 알고 있다. 90년대생들에게 일자리가 없다는 것은 합리적이고 이상적인 일자리가 없다는 것이기 때문이다. 괜찮은 직장이 아닌데 다닐 이유가 없다. 인기 있는, 정말 괜찮은 직장만 쏠리고 있다. 굳이 임금 상승률 5%도 채 되지 않는 중소기업에 취직해서 온갖 시달림을 당하면서 일하고 싶은 90년대생은 이제 없다. 아르바이트나

하면 되지 않는가? 어차피 집을 살 것도, 결혼을 할 것도 아닌데 말이다.

이제 이런 90년대생의 가치관에 맞춰서 발 빠르게 변하고 있는 직장들에만 사람이 쏠리고 있다. 90년대생들이 기업에 가장 원하는 가치관은 바로 공평이다. 일에 대해서도 보상에 대해서도 논리적으로 합당한 원인과 결과가 있길 바란다. 공정과 공평. 편견이 없는, 무서운 것이 없는 사람들이 가장 중요하게 여기는 가치관이다. 여기서 말하는 공평은 같은 자리에서 시작해야 한다는 것이다. 그리고 인사고과가 따로 없이 마음에 드는 사람이 올라가는 우리나라의 대부분의 중소기업 행태는 공평과 공정과는 친하지 않은 단어다. 그래서 90년대생들의 반발을 응원하는 사람도 있고, 반대하는 사람도 있다. 물론 나이가 애매하게 많을수록 반대하는 쪽이 압도적으로 많다.

이게 90년대생들이 왜 공무원 열풍이 불었는지, 왜 몇 년 동안 준비하고, 바보같이 6개월 만에 퇴사하는지에 대한 원인이다. 90년대생들은 더 이상 자본의 가치를 제외하고 회사에 기대할 수 있는 다른 가치들을 기대하지 못한다. 이들은 회사를 돈으로만 보고 판단하도록 만들어졌다. 그렇다면 돈의 관점에서 대한민국은 지금 어떤가? 노동에 대해 합당한 보상을 해주고, 미래에 대한 확실한 계획을 제시하고 있는가? 사회초년생에겐 정규직보다 시급제 아르바이트가 더 많은 급여를 받는다. 정규직으로써 늦은 퇴근을 한다고 해도 야근 수당을 챙겨주지 않는 회사가 더 많기 때문이다. 회사 사정으로 몇 년째 연봉은 동결이지만, 아르바이트의 최저시급은 계속 올라간다. 4년 차 주임의 연봉과 1년 차 사원의 연봉이 같아지고 있다. 천정부지로 치솟는 아파트값, 물가는 더더욱 불안하게 만든다. 어른들은 미래를 보고 결정하라고 하지만 논리적으로 판단하는 90년대생들에게 이런 부당함을 참고 회사를 다니라는 것은, 어불성설이다. 왜냐면 회사는 돈 벌러 오는 곳이니까. 노동의 가치가 무너진다는 것은 노동을 제공할 목적이 사라진다는 뜻이다. "뭐 다 필요 없고, 돈이나 주세요." 결국 대한민국은 아르바이트, 실업수당 등으로 생계만을 유지할 사람들이 대폭 늘어날 것이다. 노동에서 가치를 못 찾는 사람들이 현상 유지만 하면 됐다고 생각할 것이기 때문이다.

이러한 현상을 해결하려면 사람들이 노동의 가치를 돈으로만 보는 시선을 해결해야 한다. 물론 코인이나 BJ 등이 쉽게 돈을 버는 것 때문에 노동의 가치가 내려갔다고 보는 사람들이 있다. 하지만 나는 노동의 가치를 찾지 못한 사람들이 결국 이러한 결과를 만들어낸 것으로 생각한다. 순서가 다르다는 이야기다. 일을 함에 있어서 가치를 느끼는 사람들, 즉, 자아실현을 통해 좋아하는 일을 하는 사람들에게 지금의 일자리를 버리고 BJ나 코인, 전업 투자자가 되면 더 많은 돈을 주겠다고 제시했을 때, 제안을 수락하는 사람은 없을 것이다. 물론 이전의 시대도 노동의 가치를 느끼지 못하는 사람들이 많았다. 죽도록 하기 싫지만, 자식 때문에 일한다는 사람이 훨씬 많다. 하지만 지금처럼 더 많은 정보를 쉽게 얻으며, 성공한 사람들이 너도 성공할 수 있다고 도와준다는 감언이설을 하는 상황은 아니었다. 요즘과 옛날의 가장 크게 다른 것은 성공한 사람들의 삶을 엿볼 수 있는지 없는지의 차이다. SNS를 통한 자기 PR의 시대가 열리고, 그것이 돈이 되기 시작하면서 모든 사람이 자신의 가장 잘난 모습들을 보여주기 시작했다. 90년대생들은 가장 먼저 돈의 환상을 체험한 세대이다. 노동의 가치를 생각하기도 전에 돈이 많으면 할 수 있는 세계를 먼저 보았다는 뜻이다. 세계를 모르는 상태와 아는 상태는 차원이 다르다. 열쇠가 내 방에 확실히 있다고 알려주고 찾는 것과 "어딘가 있겠지, 방부터 찾아보자."는 다르다는 뜻이다. 결국 환상과 현실의 괴리 때문에 노동은 돈을 위한 수단으로만 생각하고, 환상을 갖지 못할 것이면 포기해버리고 말게 된다. 90년대생이라고 유전자가 다른 것이 아니다. 우리 사회에 있는 모든 사람이 노동의 가치에 대해서 다시 생각해봐야 한다. 이제 과도기의 시대가 도래하면서 가장 문 앞에 있던 90년대생들이 애먼 돌을 맞고 있다. 우리 사회는 90년대생을 필두로 이제 노동의 가치를 돈이 아닌 다른 것을 제시해야만 한다.

돈은 어떤 행위에 대한 객관적인 지표로 활용됨으로써 사람의 생존, 욕망 등의 욕구를 충족시켜준다. 그래서 위에서 이야기했듯이 돈은 기본적으로 생존권과 가장 큰 관련이 있다. 모든 것이 돈이라는 말이 결코 틀린 말이 아니다. 하지만 인간은 삶에서 필수적인 욕구뿐만 아니라 좀 더, 편하게, 좀 더 안전하게 살기 위해 즉, 자신의 행동에 제약이 없어지는 부자가 되려고 한다. 사람들은 자신이 생각한 모든 행위를 할 수 있는 무조건적인 절대 자유야말로 가장 궁극적으로 추구해야 할 가치라고 착각하곤 한다. 드라마에서 재벌 2세가 정신적 고통을 이야기하는 씬이 나오면, "돈 없이 살아보지 못했으니 저런 게 힘들지."라고 이야기한다. 행동에 제한받고 있다는 생각은 큰 범주에서 생존권과 직결되는 이야기이기 때문에 당사자에게 더 크게 작용한다. 그래서 인간의 삶에서 가장 중요한 생존권이 보장된 상태에서의 고통은 아무것도 아니라고 생각하게 된다. 하지만 절대적인 자유와 생존권은 연관이 있을지 몰라도, 동의어가 아니다. 절대적인 자유는 생존권을 넘어선 욕망의 결정체라고 볼 수 있다. 이는 마치 어린아이가 끝 없이 욕심을 부리는 것과 같다. 인간은 다른 사람 없이 존재할 수 없는 존재이기 때문이다. 그래서 위에서 이야기한 부자와 섬사람의 이야기처럼 행위를 할 수 있는 자유, 그러니까 자신이 선택할 수 있는 선택권의 범위를 넓히는 것은 인간의 삶의 궁극적인 목표가 아니다.

"돈 많이 벌면 무엇을 하고 싶으세요?" "그냥 마음 걱정 없이 편하게 살고 싶죠." 미래에 대해 걱정하지 않고, 행동에 제약받지 않으면서 사는 것이 대부분의 사람들의 목표일 것이다. 그리고 이러한 경지에 오르면 행복을 느낄 것이라고 막연하게 생각한다. 그리고 이 모든 것을 가능하게 해주는 유일한 수단이 돈이라고 생각할 것이다. 하지만 행복으로 가는 다른 방법이 있다. 행복의 기준을 바꾸는 것이다. 모든 욕망을 버리고, 무소유의 마음을 가지면 삶이 행복해집니다. 라는 말을 하고 싶은 것이 아니다. 눈을 낮춰서 현실적인 목표를 가지라는 뜻도 아니다. 내가 하고자 하는 말은 사회적, 문화적 상황에 등 떠밀린, '그냥 이러면 내가 행복해지지 않을까?' 하는 막연한 상상이 아닌, 진짜 자신이 원하는 목표를 세우라는 것이다. 사람들이 이야기하는 하고 싶은 일을 하라는 것에 대한 이유가 행복을 위한 것이라면, 위에서 이야기했듯, 하고 싶은 일을 찾는 것이 행복으로 가는 지름길일 것이다. 자신이 어떤 행동을 했을 때, 행복해하는지 안다면, 그 외의 선택지를 볼 필요가 없어진다. 그 행동을 하기 위해서 만큼만 노력하면 된다.

　이에 대해 미래에 대한 대비는 어떡할 건지, 가족과, 질병 등 자신이 컨트롤할 수 없는 일들에 대해선 어떡할 건지에 대해 반론할 수 있다. 하지만 돈에 대한 생각을 배제하고 맘 편히 살라는 것도 아니고, 하기 싫은 일은 지금 당장 때려치우라는 뜻이 아니다. 실제로 명예욕, 권력욕, 물욕이 강한 사람들은 자신이 하고 싶은 일을 이루려면 평생을 바쳐야 할지도 모른다. 내 이야기는 자신이 어떤 것에 행복해하는지를 알고, 자신만의 가치관으로 목표를 정하고, 이를 확실히 알고 나아가라는 뜻이다. 그래서 건강한 가치관이 중요하다. 이제 우리는 땅에 무엇을 심을까?에 대해서 고민하는 수준이 아니라, 정말 수만 가지의 직업, 일, 삶에 대해서 고민하고 선택을 내려야 하는 시대에 도착하고 말았다. 이렇게 너무나 많은 선택지에서 내가 하고 싶은 일을 우연히 찾는 것은 불가능에 가깝다. 자신이 어떤 것을 원하는지, 어떤 가치관을 가지고 있는지에 따라 선택지를 줄이고 줄여서 가장 알맞은 선택을 해야만 한다. 가치관은 선택지를 자기 자아의 수준에 맞게 필터링해주기 때문이다. 그래서 이제 감정의 시대를 넘어 가치관의 시대가 올 것이다. 자아와 철학이 필요한 시대가 된다. 사람들은 결국 자신들에게 필요한 것을 본능적으로 찾을 것이기 때문이다.

2023년에도 애 같은 90년대생

잠시 내 책의 단점을 보완하고 가려고 한다. 너무 많은 주제들이 물 흐르듯이 지나가면 전체 흐름을 보기가 힘들다. 또, 중간중간 문맥상 빠지는 부분들이 생기기 일쑤다. 잠시 숨을 고르듯이 이전까지의 이야기들을 정리하고, 시대와 정보의 가치변화, 그 속에 있는 90년대생들의 이야기를 조금 더 살펴보려고 한다.

앞서 이야기했듯이 유튜브로 시작된 정보의 규모의 경제화는 모든 사람들의 삶과 환경, 시대를 바꿔버렸다. 90년대생들이 특별한 세대 취급을 받는 것은 이 때문이다. 이런 시대의 변화에 가장 문 앞에 있었기 때문이다. 수많은 과도기를 거친 세대, 하지만 이를 다시 말하면 이전 세대와 지금 세대의 중간에 있어 위, 아래의 세대를 어느정도 이해하는 세대라는 뜻이다. 시대는 지금 급격한 상승곡선을 그리며 나날이 빨리 변하고 있다. 사람들은 아직 받아들이지 못하고 있을 뿐이다. 곧 과도기가 아닌, 그 시대에 태어나서, 그 시대에서 자란 친구들이 곧 사회생활을 시작한다. 바로 00년대생 이후의 친구들이다. 이들을 이해할 수 있는 세대가 지금 우리 사회에 있을까? 아마 3년, 5년 안에 "00년생은 왜 이럴까?"에 대한 칼럼이 쏟아질 것이다. 그만큼 사람들은 아직 정보의 공유화가 어떤 세상을 열었는지, 그동안의 정보와 지금의 정보가 어떻게 가치가 다른지, 90년대생들이 정보를 어떻게 활용하는지 느끼거나 생각하려 하지 않는다. 이제 회사는 더 좋은 급여와 업무환경 개선분만 아니라, 미래 계획과 사회적인 가치를 같이 제시하며, 노동의 의미를 이야기할 수 있어야만 한다. 모든 사람들이 선장의 말 따라 이유 없이 같이 항해해 나갔던 정보의 보안화 시대의 마인드에서 성장해야만 한다.

 유튜브가 정보의 공유화를 열었다는 것은 위에서 계속 이야기했다. 우리는 이제 아무런 제약도 받지 않고, 비용도 지불하지 않고서 고급 정보들을 얻을 수 있는 시대에 살고 있다. 현장 일은 현장에서만 배워야 한다는 말도 예전 이야기가 되어버렸다. 수많은 공사 꿀팁들이 유튜브에 수두룩하다. 배우고 싶고, 알고 싶은 것이 있으면 영상분만 아니라, 영상 제작자에게 실시간으로 물어본다. 라이브 방송의 성행은 단순히 영상의 새로운 플랫폼이 아닌, 비실시간 한 방향 소통에서 실시간 양방 소통으로의 혁명이다. 이제 오프라인만의 강점이 점점 사라지고 있다. 오히려 VR과 버츄얼의 발전은 메타버스라는 상상을 현실로 만들어주는 미래 온라인 공간의 발전 가능성을 제시했다. 공간과 물질적 제약의 구애를 받지 않고 자신의 모습을 원하는 대로 꾸며낼 수 있는 장점은 오프라인의 장점들을 하나씩 뛰어넘기 시작했다. 이제 정말 자신이 꿈꾸는 모습의 가면을 어렵지 않게 만들어 낼 수 있는 세상이 다가오고 있다. 오프라인에서 힘들게 표정 관리를 할 필요가 없어지는 것이다. 메타버스를 이용하는 사람들은 실시간으로 교류하고 수정하고, 발전시키며 '문화'를 만들어가고 있다. 현시대의 과학은 이전까지의 세상과는 차원이 다른 속도로 발전할 수 있는 환경과 문화, 시대와 기술이 구축해냈다. 그래서 지금의 정보의 가치, 정보의 의미는 이전 시대까지와는 달라지게 되었다. 업계에 대한 정보를 업계 관련인만 알 수 있던 시대에서 넘어와 지금의 시대에서는 모두가 정보를 공유하고 편집하고, 갱신할 수 있기 때문이다.

이때까지의 정보는 지켜야 하는 것으로 분류되었다. 어떤 정보라도 자신이 가지고 있어야만 했다. 정보 그 자체가 돈이 되지 않기 때문에 그 정보를 활용해서 큰돈을 벌기 위해서는 정보를 어떻게든 숨겨야 했고, 알고 있는 사람이 적을수록 정보의 활용 가치는 올라갔다. 정보는 공공재의 성격을 띤다. 아무리 많은 사람이 쓰더라도 줄어들지 않는다. 전 국민이 알고 있다고 하더라도 같은 정보가 줄어들거나 하진 않는다. 그러나 가치의 측면에선 다르다. 알고 있는 사람이 많을수록 정보의 가치는 떨어진다. 그리고 정보는 알고 있다고만 해서 가치가 창출되지 않는다. 5년 전에 산 주식이 1,000%가 올랐지만 실제로 팔아서 수익이 나기 전까지는 자신이 사용할 수 있는 현금화가 되지 않은 것과 마찬가지다. 그래서 사람들은 자신이 이 정보를 언제 쓸지도 모르지만 일단 쟁여놓곤 했다. 황금 곳간에 묵히기 시작한 것이다. 그러나 유튜브를 통해 이제 정보 그 자체만으로도 돈이 되는 세상이 되자, 묵히면 묵힐수록 정보의 가치는 떨어지게 되었다. 너도나도 정보를 풀었기 때문이다. 이제 남들보다 더 빨리 정보를 풀수록 큰 이득이 되었다. 경력 3년, 5년 차의 직장인부터 세계적으로 유명한 교수님까지 자신의 정보를 풀기 시작했다.

정보의 보안화 시대에서는 자신들의 정보로 이익을 창출해냈다. 정보는 폐쇄적이었고, 소비자들은 불공정의 의심을 하지만, 이를 판단할 수 있는 기준이 없었다. 대표적인 예가 핸드폰, 중고차이다. 유튜브에서 폐쇄적이던 업계 상황을 일반인들에게 풀자, 사람들은 열광했다. 모두의 이익을 위한, 공공의 가치를 위한 행동이라는 명분은 정보의 공유화를 가속화했다. 나눔이라는 명분과 재미, 돈까지 챙긴 이 세계적인 사업은 브레이크가 없었다. 폭력적이고, 자극적인 컨텐츠에 대한 우려가 있지만, 그것은 플랫폼을 부정적으로 악용하는 문제지, 유튜브가 문제가 아니라고 사람들은 생각하게 되었다. 하지만 그 이면에는 아직 사회에서 경험을 쌓지 못한 사회초년생들의 가치관 혼란이라는 부작용을 야기하게 되었다. 여기서부터 다시 생각해보자. 90년대생들은 기존 세대들과 무엇이 다를까?

그동안의 시대에서 정보는 공공재의 성격을 가지면서, 동시에 가치로만 판단되는 일종의 원료 느낌이 강했다. 정보는 기본적으로 시장에 많이 풀리면 풀릴수록 값이 싸지고, 아무리 많이 사용되어도 본질이 변하지 않는 성질을 가지고 있다. 물이 100도에서 끓는 사실은 1명만 알고 있어도, 만 명이 알고 있어도, 변하지 않기 때문이다. 정보의 공유화는 정보를 공공재의 성질이 더 크도록 만들었다. 이제 모두가 정보에 대해서는 알고 있다. 문제는 정보를 아는 것과 활용하는 것을 같은 것이라고 착각한다는 점이다. 위에서 잠깐 이야기한 정보의 맹점이다. 사람들은 지식과 지혜를 동의어로 착각한다. 알고 있다는 것이 바로 90년대생이 다른 세대와 다른 이유 중의 하나이다.

알고 있다는 것이 무엇일까? 알고 있다는 것은 단순히 지식, 문장 한

줄을 외우고 있는 것과 다르지 않다. 왜 세계 최고의 쉐프들이 자신의 조리법을 아낌없이 풀고 있는데, 모두가 같은 요리 실력을 지내지 못할까? 왜 우리는 공부하는 방법을 알고 있으면서 목표한 대학에 가지 못할까? 유튜브에서 이연복 쉐프에게 질문을 한 적이 있다. 이렇게 레시피를 알려주시면 안 되는 거 아니에요?? 이연복 쉐프가 이에 대답한다. "알려줘도 못해요." 이 이야기가 핵심이다. 알려줘도 못한다. 우리는 지식을 습득한 순간부터 자신의 모습을 그 틀에 맞추기 시작한다. 성공한 사람들의 비결을 10분 안에 요약한 영상들이 매일 같이 쏟아진다. 방법은 정말 쉽다. 하루에 4시간씩 자고 매일 16시간, 18시간씩 일하면 성공한다고 한다. 학창 시절에 하루 4시간도 공부하기 힘들어했던 사람들이 이젠 저렇게 공부하는 게 당연하다고 생각한다. "남의 일도 아니고 내 일인데 당연히 저렇게 일해야 하는 것 아니야? 내가 지금 칼퇴근 딱딱하고, 돈만 보고 일하는 건 내 일이 아니니까 그렇지. 나도 내 일이면 이렇게 안 해."

자신의 모습과 한 없이 동떨어져 있지만, 수많은 자기 계발 영상과 각종 전문 직종의 꿀팁으로 머릿속을 채워 넣는다. 일을 하고 매일 술을 진탕 마시고, 일어나서 하루의 반을 핸드폰을 보면 누워있지만, 방법을 알고 있으니 하기만 하면 된다고 생각한다. 저렇게 많은 사람이 해냈는데, 내가 못 해낼 리 없다고 생각한다. 그 결과 90년대생들은 자신의 입장이 어떤지, 어떤 능력을 갖췄는지 정확히 판단하지 못하게 되었다. 회사만 가면 고장 나는 이유가 바로, 이 때문이다. 분명 자신이 알고 있는 내용이 맞는데, 회사는 다르다. 어떤 기준으로 어떤 판단을 내려야 하는지 제대로 분간이 서지 않는다. 잘하고 싶은 욕망이 클수록 이러한 혼란은 더 커져만 간다. 온갖 것에 걱정하고, 강박증처럼 실수하지 않기 위해서 작은 것 하나하나를 다 물어본다. 하지만 사람의 주의력에는 한계가 있다. 가장 작은 것조차 실수하지 않기 위해서 신경 쓰는 사람은 가장 중요한 본질을 놓치게 된다. 이런 사람들은 인사고과를 "똑똑해서 뽑아놨더니 답답하다."라는 평가를 받게 된다.

그럼 열심히 하지 않으려는 사람들은 왜 그럴까? 위에서 이야기했듯, 자신이 원했던 회사가 아니면 단순히 "돈 벌러 오는 곳"이라고 생각한다. 모든 90년대생이 궁금하면 정보를 찾아보는 것이 아니다. 애석하게도 그 반대인 경우가 훨씬 많다. 사람의 뇌를 싱크대라고 생각해보자. 거름망에 아무것도 없을 때는 물이 쑥쑥 빠지지만, 거름망이 막혔을 때는 어느 정도 물이 차면 물이 빠질 때까지 기다렸다가 다시 설거지한다. 지금의 90년대생들은 정보의 거름망이 막힌 상태인 경우가 많다. 막혀 있는 상태에서 매일 아침을 유튜브, 인스타그램, 페이스북으로 시작한다. 오후나, 저녁에 어떤 정보를 찾아봐야 한다고 생각해보자. 이미 뇌는 가득 차서 못 빠지고 있는 상태다. 이 상황에서 더 정보를 찾아서 넣는 것은 쉽지 않다. 물이 다시 빠질 때까지 기다려야 한다. 하지만 이를 의식하지 못하고 끊임없이 정보를 넣는다. 인터넷 가십거리나, 웃긴 영상도 정보일 뿐이다. 뇌는 이것이 정보가 아니라고 인식하지 못한다. 그렇게 가득 차 있는 상태에서 계속 정보를 꾸역꾸역 넣는 것에 중독된 90년대생은 새로운 정보를 찾아야만 하는 것에 거부감을 느낀다. 그렇다면 계속 웃긴 영상이나, 가십거리는 왜 찾느냐고 반문할 수 있다. 이러한 종류는 감정에 영향을 주는 정보이기 때문이다. 위에서 이야기했듯, 지금의 90년대생들은 감정의 변화를 느끼는 것에 중독되어 있기 때문에 감정에 영향을 주는 것들을 계속해서 찾게 된다. 그 결과 오히려 자신이 하는 일에 열정을 불어넣고 싶지 않은, 깨어있지만 자고있는 상태가 된다.

왜 90년대생들은 특히 회사에 불만이 많고, 왜 참지 않고 이야기할까? 그것은 위에서 이야기한 참으면 호구 된다는 가치관도 있지만, 역설적으로 의욕이 없기 때문이다. 다른 회사에 가는 것도 환경을 바꾸는 것에 대한 큰 스트레스다. 밝혀지지 않은 곳을 가는 것을 어려워하는 가치관 때문에 지금 있는 곳을 바꾸는 게 오히려 마음 편하다. "어차피 돈 벌러 온 건데 나랑 무슨 상관이야 될 대로 되라지." 돈 버는 것 외에 가치가 없는 회사에서 즐거움을 느낄 수 있을까? 진짜 회사를 좋게 바꾸겠다는 사명감으로 이야기하는 것이 아니다. 어떻게 되든 상관없으니까 쉽게 이야기할 수 있는 것이다. 당장 유튜브를 틀면 호화로운 생활을 하는 사람들의 일상을 일인칭 시점으로 수백 개를 보여준다. 누구나 다 성공할 수 있다고 한다. 90년대생들은 내가 지금 아무것도 없지만, 언젠가 마음먹으면 이뤄낼 수 있다고 생각한다.

반대로 도피적 선택을 하는 경우도 많다. 퇴근하고 게임하고 무한 반복하는 경우가 이에 해당한다. 이들은 일이 쉬운 곳에서 일하고, 먹고 살수 있을 만큼만 벌면 더 바라는 것이 없다. 미래에 대한 생각보다는 현실에서 잠시 떨어져서 생각한다. 이들에게 직장은 교도소에서 일하는 교화 시간과 같다. 그냥 해야 하니까 하는 일. 그냥 게임을 하는 게 즐거워 행복해. 이게 내 낙이야. 하는 사람들이 많다. 게임 내에서의 관계와 자신이 쏟은 시간과 돈 때문에 매일 매일 게임을 지속하게 된다. 그러나 어떤 중독자든 이래 그렇듯이, 이들 역시 게임이 마냥 즐겁기 때문에 하는 것이 아니다. 이미 게임을 하는 상태가 평상시의 상태가 되어버린 것이다. 게임을 예시로 들었는데, 도피적 선택의 가장 많은 수를 차지하는 것이 게임이기 때문에 그렇다. 일할 때 "쟤는 마음이 딴 데 가 있네."에 해당하는 사람들이 여기에 속한다.

그 외에도 "회사에 돈 벌러 온다."는 가치관은 주식에 몰입해서 업무 중에 화장실에서 차트만 들여다본다든지, 계약직으로 실업급여만 타려고 노력한다든지, 아예 취직 활동 자체를 안 하고 인터넷 동아리에 몰두한다든지 등 다양한 형태로 표출된다. 90년대생들이 문제인 이유는 성향이 바뀌고, 문화가 바뀌어서가 아니다. 돈으로만 평가받는 세상에서 회사가 제공하던 돈 외의 모든 가치들이 무너졌기 때문에, 정신적으로 의지할 곳 없고, 자아는 성장하지 못한 불안정한 상태이기 때문에 문제이다. 사회가 불안정한 것은 시대가 바뀌는 과도기 단계에선 어쩔 수 없는 현상이다.

하지만 모든 교육과, 환경, 문화가 90년대생들이 정서적인 불안정함을 느끼도록 조성되어 있음에도, 이를 외면하고 근본적인 원인을 파악하고 해결하려는 노력보단, 90년대생들은 다른 인종이기 때문에 이해해야 되는 외계인 취급을 하는 것이 문제다. 90년대생들이 이렇게 달라진 것의 가장 큰 책임은 지금 사회의 대부분의 결정권을 가지고 있는 부모님 세대에게 있다. 90년대생의 부모님 세대는 불가능을 가능하게 만든 가장 똑똑하고 강하고, 무소불위의 존재이기 때문이다. 그들은 스스로를 정답이라고 생각한다.

"요즘 애들은…"이라는 말은 조선왕조실록에도 실려 있다. 나이가 많은 사람들 눈에는 젊었을 적 나는 그렇지 않았던 것 같은데… 하고 착각하고 만다. 물론 차이가 있다. 과학 발전은 인간의 평균수명을 늘렸고, 이는 신체적 성장이나 노화의 속도가 달라졌다는 뜻이다. 사회적인 풍토도 그렇다. 잘사는 나라일수록 결혼을 늦춘다. 교육은 책임에 관한 가치관을 강화시키기 때문이다. 더 큰 책임으로 미래의 자식을 바라볼수록 자신의 희생이 더욱 커져 보인다. 사람은 자신이 가진 것을 잃어버리는 것에 두려움을 느낀다. 자식을 키우고 희생하는 것은 자신이 쥐고 있는 것들을 넘겨주는 것이다. 이렇게 수명과 사회적 풍토로 인해서 '나잇값'에 대한 기준이 전반적으로 느려지게 되면, 자연스럽게 정서적 독립 역시 느려지게 된다. 실제로 통계적으로도 알 수 있다. 정서적 독립의 끝이 바로 결혼이기 때문이다. 정서적 독립의 시기 차이야말로 나 때는 안 그랬다고 하는 어른들과의 차이점에 대한 근거다. 그리고 역설적으로 "나 '때'는"이라고 이야기하는 것에 정답이 있다. 때가 무엇인가? 시대다. 자신의 시대에는 안 그랬다는 뜻이다. 본질의 주체가 '내'가 아닌 '시대'라는 것은 본질인 사람은 변하지 않았지만 시대가 변했다는 뜻이다. 역시 어른들은 틀린 말을 하지 않는다.

그렇다면 90년대생 세대 갈등의 가장 큰 집단인 부모님 세대, 60년대생을 잠시 살펴보자. 40년대생들이 지금의 60년대생들에게 어떻게 대했는가? 배운 것이 많은 너희가 알아서 하라고 하는 게 대부분이었다. 자신은 배우지 못했으니, 너의 말이 맞다고 지지해주었다. 다른 세대들보다 훨씬 더 일찍 정서적 독립을 시작한 세대가 60년대생이다. 그렇게 가난하던 집안을 일으켜 세우고, 말도 안 되는 직무환경을 악착같이 버텨내고 성공을 이룬 60년대생들은 자신의 성공 신화에 빠져 자식들의 정서적 독립을 인정하지 않았다. 내 말 들어라. 공부를 해라. 하고 싶은 일을 해라. 매일 같이 반복하는 이야기들은 90년대생들을 더더욱 독립하지 못하도록 옭아맸다. 자신의 뛰어남을 잊지 못하고, 그리고 시대가 지남에 따라 뒤처짐을 인정하지 못한 부모님 세대는 자기 자식들을 인정하지 않고 자신의 품에 있는 한 없이 어린 사람 취급을 했다. 90년대생들이 가장 원하는 게 무엇인가? 바로 인정이다. 대단하다는 말까지도 필요 없다. '한 사람'으로써 인정받고 싶은 것이다.

부모님 세대는 회사를 꼭 다녀야 하는 이유가 있었다. 집안의 부채, 가난, 정보의 부재의 세 요소는 좋든 싫든 이 악물고 다닐 수밖에 없는 환경을 만들었다. 그리고 그런 악조건들을 견뎌내고 이겨내는 자신에 대해서 뿌듯함을 느낀다. 일하는 만큼, 열심히 한 만큼 자신의 세계가 바뀐다는 것은 그 자체로 노동의 가치가 창출된다. 늘 자신들은 일만 했다고 하지만, 이들은 일로써 자신의 삶을 바꾸고 환경을 바꾸고, 문화를, 세상을 바꿨다. 그리고 보람이라는 노동의 가치를 창출해냈다.

하지만 90년대생들은 다르다. 불가능한 일을 평생을 걸쳐 이뤄낸 부모님의 전폭적인 지원과 신체적, 정신적 독립을 방해하는 정신교육. 마지막으로 자신처럼은 살지 말라는 가치관 교육은 90년대생들을 꿈도 열정도 없는 '소비자'로 만들어버렸다. 90년대생들은 이제 30대가 다 되어가지만, 아직도 스스로가 생산자가 아닌 소비자에 지나지 않는다고 생각한다. 이는 자신이 사회적인 공헌을 하고 있지 않고 있다고 생각하기 때문이다. 스스로 일을 하지만 노동의 가치를 차출하지 못하고 있다고 생각하는 것은 우울증, 낮은 자존감 등을 유발하고, 심한 경우 허무주의에 빠질 수도 있다.

결혼 적령기는 시간이 갈수록 늦어지고, 20대의 미혼율은 90%가 넘는다. 심지어 일부 90년대생들은 결혼과 출산에 대해서 언급하는 것 자체가 차별이라고 생각한다. 우리나라는 전 세계 어디서도 경험하지 못한 출산율을 매일 갱신 중이다. 이젠 저출산이라는 단어로 부족한 나라가 우리나라다. 왜 이렇게 되었는가? 출산과 결혼의 적령기인 90년대생들이 어른이 되지 못했기 때문이다. 정서적 독립은 어른이 되기 위한 독립의 3요소 중 하나다. 어른이 되지 못했다는 뜻은 책임을 지지 않으려고 한다는 것이다. 이제 전통적인 나이의 관점에서 결혼 적령기이자, 출산 시기가 되었지만, 결혼에 대해 책임지고 아이를 길러야겠다는 마음을 먹는 사람이 없다.

그 첫 번째 이유는 방금 이야기한 자신이 '소비자'에 불과하다고 생각하는 것이다. 사람들은 나이를 먹으며, 사회생활을 하면서, 모든 선택과 결정에 책임을 지고 부모로부터 정서적으로 독립을 하며, 사회의 도움이 되는 존재가 되고자 마음먹는다. 하지만 지금의 90년대생들은 돈을 벌고 자신을 위해 쓴다. 그 이유는 미래에 대한 보편적 계획을 세우지 못하기 때문이다. 안정된 직장에서 월급을 받고 적금과 계획을 통해 집을 구매한다는 계획을 세우지 못한다. 모든 일자리는 서울에 있고, 서울에 집을 살 수 있는 돈을 모으려면 20년, 30년, 몇십 년이 걸릴 줄 모른다. 일년 만에 집값이 몇억 원씩 오르는 사회를 경험한 순간, 자신의 노동으로는 이 상승 폭을 따라잡을 수 없다는 생각이 더 커진다. 코인이나 주식에 모든 것을 투자하는 행위들이 여기에 기인한다. 미래에 대한 안전한 계획이 없기 때문에 미래를 포기하거나, 도박식 투자를 반복한다. 한 달 동안 일해서 200만원 받는 것과 주식으로 200만원의 수익을 내는 것이 같은 행위라고 생각하기 때문에 더더욱 빠져들 수밖에 없는 것이다. 그래서 90년대생들의 주식, 코인 투자 방법은 대부분 도박행위와 같다. 돈과 노동의 상관관계가 적기 때문에, 현실 감각을 점점 잃게 된다. 그래서 자신이 하는 자그마한 행위, 쉽게 말해 아르바이트나, 사원 때 하는 행위로는 사회에 공헌하지 않는 것으로 생각한다. 누구나 할 수 있는 일, 내 환경을 바꿀 수도 없고, 미래도 보이지 않는 일.

어떤 장기적인 목표도, 노동에 대한 보람도 없는 90년대생들은 새로운 경험을 가장 중요한 가치로 생각하게 되었다. 오마카세라던지, 호캉스라던지, 명품 오픈런, 해외여행 등 돈이 많은 사람들이나 하던 일들이 유행하게 되었다. 젊음은 돌아오지 않는다는 가치관 아래에서 말이다. 물론 맞다. 젊음은 돌아오지 않고, 이러한 경험들이 동기부여가 될 수도, 또 다른 목표가 될 수도 있다. 하지만 대부분의 90년대생들은 노동의 가치에 대한 기준이 아직 모호하기 때문에, 이러한 경험들은 부모나, 생산자의 위치가 되기 어렵게 만든다. 생산적 경험이 아닌, 소비적 경험이기 때문이다. 생산적 경험은 보람, 나눔, 동질감, 공유 등의 가치를 창출하고 소비적 경험은 자극, 쾌락, 행복, 공허감 등의 가치를 창출한다. 생산자의 가장 큰 특성은 더 많은 책임을 지는 것이다. 책임이 커지게 되면 선택에서 자유롭지 못하게 된다. 그래서 이러한 호화로운 경험들이 결혼과 출산율을 떨어트리는 이유 중에 하나다. 평소에 해보지 못한 경험들은 생산자가 되는 무형의 기쁨보다 확실하고, 자극적으로 기쁨을 선사한다. 그 결과는 아직 성숙하지 못한 90년대생들을 소비자의 위치를 버리지 못하게 만든다.

둘째로 자식을 자신의 인생에 걸림돌이라고 생각한다. 부모님은 평생을 나를 위해서 일하고, 내 나이가 30이 되어가지만, 아직도 모든 선택을 내 위주로 하며, 조금이라도 더 일하려고 한다. 90년대생들은 아직도 누구 엄마, 누구 아빠로 불리는 부모님들을 보며 자신의 인생을 지키고 싶을 것이다. 자신이 평생을 소비자의 입장에서 살아오면서 느낀 점, 자기 자식도 자신처럼 소비자의 인생을 살아간다는 것이다. 자식만 낳지 않으면 자신이 하고 싶은 일들을 얼마든지 할 수 있다. 고급 음식점에서 밥도 먹을 수 있고, 해외여행도 마음 걱정 없이 떠날 수 있다. 결혼한 사람들은 우스갯소리로 자신의 불편함과 고통에 대해서 이야기한다. 부모님 시대의 삶을 보고, 신혼부부의 한탄을 듣는 90년대생들은 논리적으로 생각한다. '대체 왜 자식을 낳아야 하지?' 아무리 생각해봐도 자식을 낳는 이유는 한 가지다. 그냥 남들 다 하니까. 그 외의 장점을 찾을 수 없는 90년대생들은 집도, 아이도, 결혼도 포기하기 시작했다.

물론 출산율은 복합적인 이유다. 이것이 문제니까 이것만 고치면 해결된다고 이야기하고 싶은 것은 아니다. 하지만, 대부분이 출산율을 이야기하면 집값이, 양육비에 대한 이야기만을 한다. 정부 정책도 마찬가지다. 신혼부부 대출과 지원금에 관해서만 이야기한다. 하지만 실제로 돈 하나 때문에 아기를 안 낳는 것이 아니다. 돈은 어떻게 보면 좋은 핑곗거리다. 아무도 딴지를 걸 수 없는 좋은 핑곗거리. 애를 낳을 수 있는 환경이 아니란 말은, 상황이 어쩔 수 없었다는 좋은 핑곗거리가 된다. 애를 낳는 것은 애를 위해서 살아온 윗세대들의 인생을 따라가는 것이다. 자신처럼 살지 말라고 그렇게 들었는데, 그 인생을 위해서 애를 낳기로 결정하는 90년대생들은 없다. 이것도 논리로만 이야기하기 때문에 그렇다. 90년대생들에게 자식을 낳아서 기르는 것에 대한 축복과 기쁨을 이야기하고, 감정과 결혼의 상황에 대해 알려주고 선택할 수 있게 해야 한다. 출산율이 문제라 그렇게 부르짖음과 동시에 결혼과 출산의 부작용에 대해서만 이야기하는 사회다. 돈 몇 푼의 양육비 지원이 미래를 계획할 수 있는 수단이 되진 못한다. 이러한 지원 정책은 이미 아이가 있는 집에서 유용하게 사용하는 것이다. 아이를 갖지 않은 사람이 이런 돈을 보고 상황이 나아졌다면서 아이를 가지려고 하진 않는다.

우리나라는 이제 공식적으로 인구감소가 시작되었다. 혹자는 이 현상이 과다인구가 제 자리를 찾아가는 현상으로 이야기하지만, 서울에 있는 초등학교 1학년이 60명이 채 되지 않는다는 이야기를 하면 대부분이 충격을 받는다. 60명이 한 반이 아니다. 한 학년이다. 우리나라는 정말 못 살았다. 그리고 이제 정말 괄목할 만한 경제성장을 이뤄냈다. 이렇게 출산율이 낮은 것은 모든 가치를 무시하며, 오로지 경제성장 하나만을 바라보고 달려온 결과라고 생각한다. 경제적 가치가 어떤 가치들보다 가장 높게 평가되다 보니, 자식이 성장하는 것을 보는 즐거움이란 가치는 의미 없는 것이 되어버렸다. 눈으로 보여줄 수 있는 가치가 아니다 보니, 점점 더 천시받게 된다. 과학에게 철학과 예술이 진 것과 같은 이치다. 게다가 생활 수준에 비례하지 못한 더딘 문화 성장은 인터넷 세대의 이상적 가치관이라는 사상과 맞붙게 된다. 이러한 환경 덕분에 사람들은 우리나라 전통적 문화에 대해 반발하고 문제를 제기하기 시작했다. 뉴스에선 출산율이 문제라고 하지만, 출산율을 논하기 전에 더 근본적인 문제를 논해야 한다. 바로 결혼 생활이다.

결혼 생활이야말로 한 나라의 역사와 문화, 민족성 등 모든 것들을 포함하고 있는 작은 이력서라고 할 수 있다. 우리나라는 결혼생활에서 대체로 남존여비 사상이 강했다. 세대 갈등에서 이어진 남녀갈등은 본래 부모님을 생각하며 조금 더 평등한 세상을 만들자는 목적으로 발전해갔다. 가부장적인 아버지와 구박받는 며느리의 집안이 흔했기 때문이다. 그래서 남자, 여자 양측 모두 자신의 입장을 이야기할 때 가장 큰 비중으로 다루는 것이 각자의 결혼 생활이다. 쉽지 않던 부모님들의 인생을 지켜봤고, 이제 자신들이 그 비극적인 결혼을 할 때가 온 것이다.

인터넷에서의 언쟁은 타협과 이해가 아니다. 전쟁이다. 상대방을 이겨야만 하는 것이다. 그 결과 인터넷에서는 남자의 입장과 여자의 입장에서의 결혼생활의 부정적인 면만을 강조하게 되었다. 이래서 안 좋고, 이래서 불리하다는 이야기가 수십, 수천 개의 영상이 돌고, 갈등에 대한 짧은 글이 돌아다니고, 불륜 및 결혼의 안 좋은 점에 대해서 집중탐구한 정규 TV 프로그램이 방영된다. 이런 상황에서 결혼에 대해서 긍정적인 입장을 가지고 결혼을 하길 바라는 것 자체가 문제다. 출산율을 올리는 것의 전제는 해야 해서 하는 것이 아닌, 하고 싶어서 하는 결혼의 가치관이 형성되는 문화를 만들어가야 한다. 그렇지만 이렇게 결혼이 어떻다. 남자가 어떻다, 여자가 어떻다 핏대 올리며 싸우는 90년대생들을 보면 쉽지 않아 보인다. 그렇다. 이제 생각해볼 것은 바로 한때 우리나라에서 가장 문제가 되었던 남녀 갈등에 대한 이야기다.

공평이라는 착각

　세상은 공평할까? 대다수의 사람이, 아니, 절대다수의 사람이 공평하지 않다고 할 것이다. 그 이유는 쉽게 말할 수 없을 것이다. 사람마다 유전적 차이, 경제적 차이, 지역 차이, 남녀 차이, 환경 차이, 운 차이, 가족 차이 등 셀 수 없이 많은 요소가 존재하기 때문이다. 만약 실패한 사람에게 성공한 사람과의 차이점에 대해서 이야기를 부탁한다면 밤을 셀 수도 있을 것이다. 다들 알겠지만, 옛말에 '핑계 없는 무덤은 없다', '잘되면 내 탓, 안되면 조상 탓'이라는 말이 있다. 실패를 하면 사람들은 외부의 요인을 찾기 시작한다. 자신이 어떻게 할 수 없었던 불가항력적인 이유를 찾는다. 어쩔 수 없었다. 내가 실패한 원인은 이러한 불가항력적인 이유 때문이다. 내 잘못이 아니다. 나도 같은 레일에서 같은 출발선에서 출발했으면, 이겼을 것이다. 나도 어제 잠을 충분히 잤으면 경주에서 이겼을 것이다. 사람들은 실패를 겪으면 자신을 위해서 출발선의 위치를 찾는다. 성숙하지 못한 자아가 상처받지 못하도록. 그리고 알게 된다. 출발선의 위치가 달랐음을, 이것은 공정하지 못한 경주였음을. 그때 사람들은 공평을 찾는다. 그리고 이것이 남녀갈등이 심화된 이유이다.

　공평이란 것은 무엇일까? 공평을 논하기 위해선 공평이 무엇인가부터 정의해야 한다. 사람마다 공평의 기준은 다를 것이다. 공평의 뜻은 어느 쪽으로도 치우치지 않고 고르다는 뜻이다. 이것이 문제인 이유는 문장의 중간에 힘을 실을 것인지, 끝에 힘을 실을 것인지에 대해서 애매모호하기 때문이다. 치우친다의 뜻은 '균형을 잃고 한쪽으로 쏠리다'이다. 어느 쪽으로도 치우치지 않는 것에 힘을 쏟는다면, 균형을 잡기 위해 노력을 할 것이고, 뒤쪽인 고른 것에 힘을 실으면 수평의 관계를 만들 수 있도록 노력을 할 것이다. 그래서 균형을 위해서 노력한다면 마치 시소나 양팔 저울같이 무거운 쪽은 빼거나, 가벼운 쪽에 무게를 올리는 식으로 무게에 따라서 보정하며 균형을 맞출 것이고, 고른 것을 위해서 노력한다면, 마치 건물을 짓기 위해 땅을 다지듯, 가장 깊게 파인 곳을 기준으로 전부 자르거나, 가장 높게 있는 곳을 기준으로 모자란 부분을 채우건 할 것이다. 이 차이는 달리기 경주와 세금을 생각하면 된다. 돈이 많든 적든, 월 1,000만원의 세금을 내야 한다면 공정하지 않은 절차라고 생각할 것이다. 또, 손가락이 하나 없다고 100m 경주에서 10m 앞에 있다면 공평하지 않은 달리기라고 생각할 것이다. 세금은 치우치는 것을 중심으로 한 공평이고, 달리기 경주는 고른 것을 중심으로 한 공평이다. 공평이란 단어가 모두가 같은 선상에서 출발하기 위해서 존재하는가? 아니면 같은 선상에 있지 않은 것들을 같은 선상에 맞추기 위해서 존재하는가? 정답은 "상황에 따라 다르다."이다. 당연한 소리를 하냐고 할 수 있는데, 이 논제가 바로 전 세계에서 가장 중요한 문제로 대두되던 논제 중 하나였다.

어떤 것이 공평한가? 위에서 잠시 PC 주위에 대해서 설명한 것을 기억할 것이다. PC 주의는 발원지였던 미국뿐만 아니라, 인터넷을 타고 한국을 휩쓸었다. 극단적인 언어폭력과 조롱으로 도배되던 인터넷 세상에서 PC 주의는 자정작용을 위한 백혈구처럼 싸우기 시작했다. PC 주의의 처음은 단어 바꿔쓰기 운동이었다. 이 운동에 정말 많은 사람들이 참여하게 되자, 단어에서 그치지 않게 되었다. 올바른 생각을 가지면 이런 일이 생기지 않지 않겠냐는 의문이 제기되기 시작했다. 그렇게 처음엔 단어 바꿔쓰기 운동에서 시작된 운동은 어느덧 소수자에 대한 권리에 대한 투쟁, 차별과 평등에 대한 문제 제기로 바뀌게 되었다. 그리고 더 나아가 PC 주의 열풍은 우리나라에 들어와 '불편'이라는 단어를 유행시켰다.

전 세계가 어떻든 우리나라가 가장 중요하다. 우리나라에선 도덕이란 단어가 기본적으로 장착되어 있는데, 유교의 나라에서 도덕이란 단어는 몸속에 흐르고 있는 피 같은 것이다. 모든 사람들이 도덕적이지는 않지만, 생소하지 않은, 늘 곁에 있어야만 할 것 같은 단어임에는 모두가 공감할 것이다. 우리는 누군가 도덕을 무시하면 따가운 눈총 세례를 보낸다. 물론 도덕적이지 않게 사는 사람은 있다. 하지만 도덕적이지 않으려고 노력하는 사람은 없다. 그 말은 누군가 도덕이란 가치를 내세울 때, 우리는 거부감 없이 받아들일 준비가 되어 있다는 것이다. PC 주의는 도덕의 가치를 내세우며 우리나라 사람들에게 정면으로 맞서게 되었다. 시대가 변하고, 사람들의 지적, 경제적, 학력이 올라간 이 시점에서 돈이 아닌 도덕의 가치의 중요성을 내세우며, 차별을 없애자는 사람들에게 반박하기는 꺼림칙하다. 몸에 흐르고 있는 도덕의 피가 끓기 때문이다.

그래서 PC 주의를 통해 우리나라의 도덕에 대한 허들은 굉장히 높아졌다. 많은 사람이 수긍하며 받아들인 부분이 많기 때문이다. 실제로 예전엔 한 번씩 개그 프로그램에서 쓰이던 검은 분칠에, 두툼한 입술 분장을 한 흑인 비하 프로그램은 이제 찾아볼 수 없다. 우리나라는 알게 모르게 많은 곳에서 편견과 차별을 자행하던 나라였다. 우리나라는 분명 도덕적 수준이 높은 나라인데 왜 인종 차별이 있을까? 실제로 우리나라에서 사는 외국인들의 10명 중 7명은 인종차별을 느꼈다고 한다. 그것은 편견 때문이다. 5천년 한 민족의 역사. 우리나라를 가장 함축적으로 나타내는 슬로건 아닐까? 우리는 한국인 단일민족으로써 5천년간 살아왔다는 자부심이 있다. 무슨 자부심이 있냐고 되묻는 사람들에게 중국인이나, 일본인이냐고 물어보면 격분할 것이다. 5천년간 한 민족으로 살 수 있었던 이유는 편견 때문이고, 편견 덕분이다. 편견은 위기를 모면하게 해주는 첫 번째 필터링이기 때문이다.

편견을 설명하기 위해선 먼저 눈치를 이야기해야 한다. 사회적 편견은 눈치를 기반으로 한 가치관의 집합체라고도 볼 수 있기 때문이다. 우리나라는 흔히들 눈치의 나라라고 한다. 눈치는 언제 보는가? 눈치는 약한 사람이 보게 된다. 다람쥐는 바스락거리는 소리에 경계하며 자리를 뜬다. 하지만 호랑이는 상황을 주시한다. 위험과 공포는 작고, 힘이 없을 때 더 크고 무력하게 다가온다. 그래서 나는 이런 눈치 문화가 일본과 중국 사이에 끼어 있는 우리나라의 지리적 특성 때문이라고 생각한다. 상대적으로 땅도, 인구도 작은 나라인 대한민국은 위, 아래로 외세의 침략을 자주 받았다. 그렇다 보니 상대의 눈짓 한 번만으로도 무엇을 원하는지 정확히 캐치하는 능력을 길러야 했다. 이는 현대도 다르지 않다. 오히려 전장이 글로벌로 변하고, 나라가 반으로 갈라지면서 이젠 38선이 자본주의와 공산주의의 최전선이 되어버렸다. 한민족이 붕괴할 뻔한 상황들이 많았지만, 우리는 꿋꿋이 이겨냈다. 정신을 차리지 않으면 언제 침략을 당할지 모른다는 생각은 상대방의 의중을 파악하는 능력을 발달시켜왔다. 의중을 파악하는 능력. 바로 눈치다. 이렇게 역사적으로 쌓이고, 쌓인 눈치의 문화는 DNA로 기록되어 아직도 우리나라 전반에 남아있다. 그래서 눈치라는 데이터의 결과인 편견들은 하나의 공식처럼 우리나라 사회에 인식적인 측면에서 큰 영향을 끼치고 있다.

편견이라는 단어가 주는 어감은 부정적이지만, 편견은 우리가 어떤 것이 위험하고, 어떤 것이 좋은 선택인지에 대해서 가치관이 판단하기도 전에 일차적으로 걸러주는 역할을 한다. 저 사람은 몸에 문신이 많으니까 좀 피해야겠어. 관상이 좀 사기 칠 것 같은데? 한 마디도 나누지 않았지만, 부정적인 편견에 해당하는 사람들에게 우리는 먼저 말을 걸거나, 친해지려고 하지 않는다. 오히려 그 자리를 피하기 급급하다. 편견을 사용하여 굳이 나 스스로가 위험할 수 있는 상황에서 벗어나는 것이다. 나는 그런 편견 없는데? 하는 사람들의 대부분은 문신 많은 사람에게 사기를 당하고 "관상은 과학이다."라는 말을 하고 다니게 된다. 사람의 모습은 단순히 보여주기만을 위한 것이 아니기 때문이다. 모습은 소속된 집단의 문화를 나타내고, 자신이 생각하고 있는 모습, 자아가 추구하는 방향 등을 이야기한다. 문신은 사회와 사람들의 시선에 억압되지 않는, 자유를 표현한다. 정장은 육체적 노동의 관여가 적음을 이야기하고, 사원증은 그 회사에 소속되어 있는 사람임을 암시한다. 사기꾼들은 이러한 사람들의 편견을 이용해서 사기를 친다. 콘서트장에서 형광조끼를 입고 돌아다니는 사람이면 이레 관계자겠거니 하고 넘어가는 것도 편견이 관여한다.

이런 편견들은 쌓이고 쌓여 우리나라 사회 전체에 공식화가 되었다. 그 결과 사람들은 부정적 편견에 해당하는 사람이 되지 않도록 노력하고, 스스로 눈치를 보게 되었다. 어른들이 문신을 말리는 이유가 무엇일까? 내가 아무리 아니라고 하더라도 문제가 터지면 그러한 편견들이 일을 하기 시작한다. 편견에 해당하는 사람들은 더욱 엄격한 도덕적 판단을 받는다. 편견은 사소한 것에도 여드름처럼 올라오기 때문이다. 자유를 위해 문신을 했지만, 편견에서 자유롭기 위해 자신을 억압하고, 또 억압해야만 하는 삶이 힘들기 때문에 그렇게 문신을 말리는 것이다. 문제가 생겼을 때, 나는 원래 이렇게 사고 치는 사람이야라고 이야기하고 싶은 사람이 어딨을까? 우리 사회 전반에 깔린 눈치 DNA는 이런 편견들을 더욱 강화시키고 강화시켰다.

하지만 휴전된 지 이미 78년이 되었다. 평화는 생존과 갈망이 아닌 인간과 사회에 대해서 생각하게 만든다. 반올림하면 얼추 100년이 다 되어가는 평화는 우리나라에서 평화의 범주 안에 속해 있는 가치들을 논하게 만들었다. 편견은 5000년 넘도록 굳건히 유지해오던 자리의 위협을 받게 되었다. 이제 더 이상 무력이 힘을 상징하지 않는 시대가 되었다. 자본주의 시대에선 돈이 곧 힘이었다. 게다가 사람들은 그에 맞는 법으로써 보호받는다. 이는 더 이상 생명의 위협을 받는 요소가 개인의 신체적인 능력이 아니게 되었음을 이야기한다. 돈은 모두에게 같은 돈이다. 각자

천원의 의미가 다를지라도, 공식적인 가치는 같다. 이제 싸워보지 않더라도 힘의 차이를 알 수 있다. 돈의 크기를 비교하는 것이다. 그리고, 그 힘의 차이는 언제든지 역전이 가능하다. 힘이 지배하던 시대에선 공포로써, 눈치와 편견을 이용하여 권력과 자유를 사용했다면, 돈은 소비를 통해 자유와 권력을 살 수 있게 만들었다. 구매가 가능하다는 것은 유전자의 차이를 극복할 수 있는 가능성을 쥐여준다는 것이다. 죽을 때까지, 영원히 이길 수 없는 상대와 싸우는 것과 일말의 희망이 있는 것과는 천지 차이다. 힘이 지배하던 세상에선 눈치를 보며 그 사람에게 모든 것을 맞춰야 했지만, 돈이 지배하는 세상에선 자신도 돈이 많아지면 그와 같은 위치에 오를 수 있었다. 물론 쉽지는 않지만. 돈은 무엇이든 할 수 있다는 희망으로 자신의 자유와 권력을 위해서 살아갈 수 있게 만들어준 것이다. 왜 우리는 돈 잘 버는 법을 배우려고 할까? 돈만 있다면 지금의 위치에서 벗어날 희망이 있기 때문이다. 물론 우리나라는 급격한 시대변화를 겪었다. 백 년이 채 되지 않은 짧은 시간이었기 때문에 서양처럼 개인의 자유와 권력에 대한 가치 성장이 크게 될 수 없었다. 우리나라는 편견과 눈치의 지배구조에서 벗어난 지 얼마 되지 않았다. 자본주의를 택하고, 나라를 발전시켜왔지만, 경제성장만을 위해 달려간 대가로 자본주의에서 가장 필요한 것들이 수레에서 떨어지고 말았다.

하지만 늘 그랬듯이, 식민지에서 해방되자마자 전쟁을 겪은 나라가 세계 10위권의 GDP 순위를 가진 나라가 되었듯이, 우리나라는 눈치와 편견의 나라에서 급진적으로 바뀌고 있다. 오랜 시간 천천히 자본주의 형태로 바뀌어 온 서양의 정보들을 들은 90년대생들을 주축으로 나라가 변하고 있다. 눈치를 보지 않는, 자신만의 이익을 추구하여 스스로의 힘을 갖추는 자본주의의 나라로 말이다. 이러한 과도기에서 가장 중요한 것은 어떤 것이 옳고 그른지, 지금 상황에서 어떤 가치를 어떻게 바꾸는 것이 맞는 판단인지 세세하게 골라야 하는 것이다. 지금 우리나라의 상황에서 가장 힘이 없는 존재가 90년대생이다. 이제 막 사회에 첫발을 내딛기 시작한 사람들이 무슨 힘이 있겠는가? 힘이 없는 자들이 기득권이 움켜쥔 사회를 바꾸는 방법은 두 가지다. 혁명과 교류.

혁명은 급진적이다. 급격한 사회변화는 혼란을 야기하며, 대립과 싸움을 낳는다. 비기득권의 요구에 대해 기득권일수록 자신의 기득권을 유지하기 위해 더 날카롭게 싸우거나 자신에게 필요 없는 요구만을 들어줄 가능성이 크다. 그리고 문제를 제시한 집단을 적대시하게 된다. 이게 가장 큰 문제인데, 사회가 변하려면 기득권의 동의를 얻어야만 한다. 다수결의 원칙을 따르고 있기 때문에 실질적으로 수가 더 많은 쪽의 동의를 얻어야 하는데 적대시하는 집단을 상대로 어떻게 얻어낼 수 있는가? 적대시하는 집단의 동의를 얻는 것은 공포, 즉 무력 충돌밖에 없다. 프랑스 혁명처럼 더 많은, 더 큰 무력으로 짓누르거나, 적대세력의 적대세력을 이용하여 3파전으로 가는 방법뿐이다.

그렇다면 교류는 어떨까? 교류는 상대의 문화를 인정하고 자신의 문화를 조금씩 전파하는 것이다. 이런 전법은 호감을 이용하여 진행하기 때문에 상대적으로 더 많은 수의 동의를 얻어낼 수 있다. 호감이 있는 사람들에게 조금씩 자신의 문화를 전파하다 보면 삶은 개구리 증후군처럼 인지하지 못하고 문화가 바뀌게 된다. 이를 뒤늦게 바꾸고 싶어 하지 않는, 적대시하는 기득권이 알아차렸다고 해도, 호감을 기반으로 전파했기 때문에 반발할수록 오히려 더 많은 수의 군중들이 심지어 전파를 한 집단이 아닌 기존의 기득권조차도 억압하려는 기득권에 반발하게 된다. 대표적인 예로 우리나라에 들어온 가톨릭, 개신교 등의 서양 종교들을 생각해보면 된다. 병인양요를 겪으며 천주교를 억압하려던 흥선대원군의 정책이 억압의 관점에서 실패한 것을 보면 그렇다. 교류를 통해 성장한 문화를 힘으로 억누르려고 할수록 사람은 그 문화를 꽃을 피우기 위해 노력한다.

대한민국 사람 모두가 학교에서 인간은, 사람은 평등하다는 것을 배우고, 사회에 나가서 평등하지 않다는 것을 배운다. 눈치와 편견이 사회 전반적인 문화인 나라에서는 말하지 않더라도 나보다 돈이 더 많은 사람이, 나보다 직급이 높은 사람이 나보다 강하다는 것을 몸에 새겨진 DNA가 끊임없이 말한다. 가만히 있어야 한다고. 그동안은 자아, 평등, 자유의 이야기보단 성장, 경제, 자본 등의 단어가 절실한 세상이었다. 5000년 넘게 늘 하던 대로 눈치를 챙기고 예에서 예로 끝나는 문화를 통해 다 같은 곳으로 나아갔다. 성장. 우리는 그렇게 전 세계 경제 10위의 나라가 되었다. 그리고 우리에게 남겨진 것은 과로, 근무 시간, 자살, 출산율 등의 단어들이다. 법이 계속 제정되고 있지만, 좀처럼 나아질 기미가 없었다. 누군가 이에 대해 이야기해봐도, "남들도 다 이렇게 사는데 무엇이 문제냐?" 한 마디로 일축되었다.

그러나 90년대생들은 달랐다. 인간은 평등하다며, 근데 왜? 이들은 불편함을 느꼈다. "남들도 다 이렇게 살아." 아니다. 유튜브에서, 구글에서, 인터넷 세상에서 듣는 이야기는 달랐다. 이젠 우리나라뿐만 아니라 해외 모든 곳의 문화와 삶에 관해서 이야기해주는 사람이 수두룩하다. 그것도 우리나라 사람이 우리나라 말로 말이다. 이젠 남들도의 범주가 옆집, 앞집, 서울, 부산이 아니다. 유럽과 미국, 중국과 호주 등 해외의 모든 나라들과 비교해야 하는 세상이다. 이런 정보들을 듣고 세상에 순응하며 살라는 것은 불합리하며, 평등하지 않고, 비합리적이다. 대체 왜 내가 희생해야 하지? 하나뿐인 인생 자신을 위해 살라고 그렇게 이야기하고, 교육해놓고 나를 위해서 산다는 게 왜 조직에 피해가 된다고 하는 거지? 라는 의문이 든다. 이런 어른들의 모순적인 말들에 대해 불편함을 느끼게 된 것이다. 더 이상 눈치와 편견, 공포에 얽매이지 않게 되자. 교육의 힘이 강해지고 있는 것이다. 세상이 바뀌는 혼란한 시점에서 믿을 것은 교육을 통한 지식과 자신의 실제 경험이다. 나이가 어리면 지식을, 나이가 많으면 경험을 믿는다.

하지만 도덕적으로도, 명분으로도 틀린 점이 없는 90년대생들의 주장은 왜 이렇게 사회의 모난 돌, 다른 세계 사람 취급을 받기 일쑤일까? 바로 이들의 방식이 혁명이기 때문이다. 우리나라의 구성원들은 기존의 사회체제에서 아직 변한 사회를 납득하지 못한 사람들이 대부분이다. 애초에 우리나라 5,100만명중 90년대생은 약 12% 정도이다. 우리나라의 교육을 잠깐 살펴보자. 초등학교 1학년부터 고등학교 3학년까지 12년간 배운 국어는 무엇을 위해 배울까? 바로 같은 것을 보고 같은 것을 이야기하는 훈련이다. 문학은 한 권, 한 단락, 한 줄, 한 단어가 천 명에게 읽히면 천 가지의 의미를 가지기 때문에 의미가 있는 것이다. 이별을 겪은 사람이 이별의 시를 읽으면 자기 경험에 빗대어 생각하기 때문에 여운이 남는다. 그러나 이별을 겪어보지 못한 사람에겐 썩 와닿는 것이 없을 것이다. 같은 글을 보더라도 사람마다 느끼고 생각하는 것이 다르다. 하지만 대한민국에서 문학은 17번에 답은 3번. 그 이상, 이하도 아니다. 초등학교에선 문학의 아름다움을 이야기했으면서 중학교에만 들어오면 왜 17번의 답은 3번이 되는 것일까? 그것은 우리나라의 교육이 노동자를 만들어내는 교육이기 때문이다. 조선시대에 한글이 창제되었을 때, 공표하는 것을 말렸다고 한다. 양반들은 평민이 글을 배우면 다른 생각을 할 것이 두렵다고 했다. 자본가의 입장에서 가장 좋은 노동자는 적은 돈으로 아무 말 없이 자신이 말하는 대로 움직이기만 하는 노동자다. 우리나라 교육은 모두가 같은 것을 보면 같은 답이 나오도록 하는 훈련이다.

인터넷과 댓글로 다양한 생각을 나누는 것에 익숙해진 90년대생과는 다르게 교육 외에 다른 정보를 얻을 수 없었던, 잘나가는 부자의 강의는 커녕 부자의 실루엣도 볼 수 없었던 이전 세대들은 이러한 교육에 순응할 수밖에 없었다. 그리고 교육기관을 지나면 사회에서 교육받게 된다. 세상에 순응하는 방법을 말이다. 예로부터 교육은 백년지대계라고 했다. 근 백 년간 한국의 교육은 탄탄히 우리나라를 노동자의 나라로 만들어왔다. 이렇게 일 평생을 순응하면서 살아온 사람들을 12%의 사람으로 세상을 바꾸려고 하는 것이다. 이것이 서로가 서로를 이해 못 하는 결정적인 이유다. 나머지 88%는 90년대생들을 더 큰 반발력으로 누르려고 노력하고, 편견을 가지고, 적대시하기 시작했다. 이제 90년대생들에게 호감이 있는 사람이 적다. 그렇다. 90년대생들과 이전 세대들은 문화가 달랐다. 하지만 90년대생들은 이를 이해하거나, 호감을 통해 교류하는 방법보다는 급진적인 방식을 택했고, 이들로 인해 세상이 빠르게 변하는 만큼 갈등이라는 잔여물을 진하게 남기기 시작한 것이다. 그 어느 때보다 세대 갈등이 심한 시대다. 90년대생들은 윗사람들을 무시하고, 다른 세대들은 90년대생들을 낙오자라고 생각한다. 힘이 없으면서 공평과 공정을 논하는 것은 힘이 있는 사람들이 코웃음을 치게 만든다. 다수의 동의가 없는 혁명은 갈등과 분노, 혼란 등 부정적 결과를 낳았다.

여태껏 공정과 공평의 의미를 통해, 편견과 눈치를 보지 않는 90년대생들이 이전 세대와 어떤 것들이 다른지에 대해서 맥락을 살펴봤다. 물론 맥락과 상황에 대해서 이야기했다곤 하지만 하나의 관점에서만 이야기했다는 단점이 있다. 그렇지만 내가 보는 관점에서는 이런 방식으로 흘러갔다 정도로만 읽어줬으면 좋겠다. 그리고 아마 이 파트를 읽으면서 하나의 의문이 들었을 것이다. 그래서 남녀갈등은 언제 나오지? 일 것이다. 하지만 이렇게 돌아온 이유는 남녀갈등에서 가장 중요한 단어가 바로 공정과 공평이기 때문이다. 공정과 공평에 대해서 짚지 않는다면 이야기를 시작할 수 없다. 남녀갈등의 시작이 공정과 공평이기 때문이다.

남자와 여자, 여자와 남자

다시 위에서 잠시 이야기했던 정치를 꺼내야 할 것 같다. 20대 남자의 보수화라면서 언론에서 화제가 되었던 보수당 72.5% 사태를 두고, 갑론을박하던 중 이를 반페미니즘의 영향이라고 보는 견해가 있었다. 위에서 이야기했듯이 이는 전제가 잘못되었다. 20대 남자, 90년대생 남자들이 보수화가 된 것이 아니라, 20대가 중도라는 증거라고 보는 편이 맞다. 90년대생뿐만 아니라 세대를 막론하고 20대의 경우 생각이 유동적이고, 관점이 고정되어 있지 않다. 하지만 나이를 먹어갈수록, 성장을 할수록 가치관은 세상에 물들게 된다. 나이를 먹을수록 많은 경험을 통해 더 다양한 관점에서 바라보는 것이 아니라, 자신이 살아왔던 환경에 맞춰진 망원경으로 세상을 바라보게 된다. 한국 사람들 대부분이 불혹의 단계는 거치지만 이순의 단계를 겪지 못한다. 자신만의 망원경으로 보고 싶은 것만 보기 때문이다. 그래서 우리나라는 중도의 개념이 약하다. 조선시대 영조 때 이미 하도 붕당정치로 싸워서 탕평채라는 음식도 나왔다는데, 지금이야 다를 게 있을까?

20대 때, 혈기 왕성하던 진보 정치인이 시간이 지난 후 극우 정치인이 되는 경우도 있고, 평생을 진보 진영에서 일하던 정치평론가가 보수진영에 가담하는 경우도 있다. 정치인들은 자신의 이해관계에 따라서 정당을 바꾸고, 진영을 바꾸기도 한다. 하지만 일반적인 유권자의 인생에서 정치 성향이 바뀌는 경우는 드물다. 환경이 바뀌는 경우는 드물기 때문이다. 가치관은 노력하지 않으면 환경을 따라간다. 대다수 한국인에게 정치인의 역할은 자신의 삶에 대해 방어기제를 펼칠 수 있는 대상 역할이다. 쉽게 말하면 내가 이렇게 힘든 것은 내 잘못이 아닌 나라 탓, 국회 탓이라는 책임 전가를 말한다. 그러나 지금의 20대, 90년대생들은 다르다. 편견과 눈치를 보지 않고 살며, 정보의 홍수 속에서 사는 90년대생은 20대의 원래의 기질을 그대로 발휘할 수 있었다. 바로 혈기와 결집이다. 90년대생만 특별하게 이런 기질을 타고난 게 아니다. 오히려 타 세대의 20대보다 약한 편이다. 하지만 넘치는 정보와 온라인 환경, 비리 정치 이슈는 90년대생들을 정치에 자신의 기질을 발휘하게 된 것이다.

90년대생들도 타 세대와 마찬가지로 진보 진영에서 시작했다. 2017년 19대 대선 20대 투표 결과만 보더라도, 1위가 문재인 후보였고, 2위는 안철수 후보였다. 남자들 역시 문재인 후보 37%, 안철수 후보 19%로 누가 보더라도 20대 남자들은 진보 진영이라고 할 수 있었다. 그 이후 2020년 총선에서도 20대 남자의 진보정당 득표율은 47.7%이고, 보수정당 득표율은 40.5%였다. 이 투표율이 역전된 것은 2021년 재·보궐선거인 오세훈 후보의 72.5% 사건이다. 그렇다면 오히려 진보 진영이 더 많았던 20대 남자들이 불과 1년 만에 대부분 보수화가 되었다는 뜻이다. 1년 만에 남성이라는 큰 집단의 가치관이 바뀔 수는 없다. 그렇다. 20대 남자들은 보수화가 된 것이 아니라, 기본적으로 유동층, 중도층이었다고 보는 것이 맞다.

유동적인 정치 성향과 더불어 논리적 근거에 의한 감정 선택, 정보의 홍수라는 환경들은 90년대생들이 더 이상 기존의 어른들처럼 정당을 보고 투표를 하지 않게 만들었다. 이들은 공약을 보고 마음에 드는 사람을 찍는다는 뜻이다. 혹자는 90년대생들이 많이 아는 척을 하지만 선동당하기 쉽기 때문에 보수를 고르는 것이라고 이야기한다. 맞는 말일 수 있다. 90년대생들은 논리적인 이유를 들지만 결국 감정에 의한 선택을 하니깐. 하지만 이건 90년대생의 특징이 아니라 20대의 특징이다. 20대에겐 완숙, 성숙이란 단어보단 미숙, 미흡이 더 가까운 단어다. 왕정 정치가 아닌 민주주의 사회의 정치는 많은 사람이 같은 목소리를 내게 만드는 것이 가장 큰 힘을 가진다. 그래서 정치에 있어서는 일반적인 시각과 다른 관점에서 바라봐야 한다. 올바르지 않은 방향으로 힘이 실릴 수 있기 때문이다. 올바른지, 부당한지 판단의 근거는 어려워졌다. 현대사회에선 많은 이해관계가 얽혀 있어서, 모든 사람이 동등하게 혜택을 받을 수 있는 정책은 사실상 불가능하다. 그래서 정치적 상황에 대해서는 올바른 것을 찾겠다는 시각보단, 원인을 찾는 시각으로 사건을 바라봐야 한다.

20대의 가장 큰 특징은 세대를 막론하고 혈기를 꼽을 수 있다. 세대별 20대 시절에 큰 사건 하나씩은 다 있었다. 시간이 지나서 보면 진실이 아닌 것들이 많았지만, 20대들은 휩쓸렸다. 그런 사건들이 바로 20대의 특징이다. 사회의 첫발을 내딛고, 아무것도 지킬 것이 없어서 무엇이든지 할 수 있다는 마음을 가지는 것. 이것이 20대만이 누릴 수 있는 특권이자, 가장 큰 힘이다. 대한민국에서 12년간의 교육과 의무 복역을 거친 20대들은 모래주머니를 벗은 것처럼 넘치는 에너지를 주체하지 못한다. 이러한 혈기들로 조금 더 올바른 사회를 만들기 위해서 목소리를 낸다. 이 것을 단순히 선동당했다고 표현하기엔 문제가 있다. 부당함에 가장 먼저 맞서 싸우는 것은 늘 20대의 몫이었기 때문이다. 어느 세대보다 부당함에 대해서 가장 빠르고 민감하게 반응하는 나이가 바로 20대이다. 아무도 60년대생들의 학생 민주화 운동을 선동당한 20대들이라고 비하하지 않았다. 자신들의 강점으로, 비록 어리숙하지만, 올바른 세상을 위해서 목소리를 내고, 희생을 한다는 것은 숭고한 일이다. 후일에 그 일이 올바른 일이었는지 판단은 목소리를 낸 자신이 직접 하는 것이다. 나는 인간이라면 누구나 자신의 행동에 대해 반성하고, 고찰하며 성장한다고 믿기때문이다. 마찬가지로 90년대생들 역시 자신들의 가치관과 기준으로 정보의 바다라는 환경에서 20대의 혈기를 내뿜는 것이다. 그러므로 이들이 선동당해 보수화가 되었다고 판단하는 것이 아니라, 왜 갑자기 보수 쪽으로 표를 던지는지에 대한 원인을 파악해야 한다.

그렇기에 반페미니즘 때문에 보수층을 찍었다는 말은 아예 틀린 말은 아니다. 실제로 20대 남자들의 보수층 집결의 가장 큰 원인이 반페미니즘이다. 보수층 집결에 대한 여러 요인이 있긴 하지만 갑자기 큰 폭으로 쏠린 것은 00년생들이 성인이 되었기 때문이다. 대체로 90년대생 후반부터 00년대생부터의 남자들은 '극' 반페미니즘이라고 봐도 무방하다. 이들은 신념의 세대이기 때문이다. 이들은 과도기 세대가 아니다. 실질적인 정보화 시대의 산물이다. 그래서 20대 대선에서 윤석열 정부의 가장 주목을 끈 공약도 여성가족부 폐지였다. 여성가족부에 대한 90년대생, 00년대생의 인식은 페미니즘의 상징이자, 핵심 본진이다. 이 획기적인 공약으로 여성 커뮤니티에서는 이재명 후보를 지지했고, 남성 커뮤니티에서는 윤석열 후보를 지지하게 되었다.

페미니즘이 무엇이길래 이렇게 남자들이 반대하는 것일까? 이것도 맥락을 봐야 한다. 20대 남자들의 입장에선 이렇게 페미니즘의 이름만 들어도 진절머리를 내는 이유가 있다. 물론 나는 그 유명한 이대남이다. 여성주의의 사회운동을 남성의 관점에서 서술한다는 것은 큰 오류를 범할 수 있고, 무엇이 맞는지 판단하는 것은 내가 할 일이 아니라고 생각한다. 이 파트에서 내가 하고 싶은 말은 왜 90년대생 남자들이 그렇게 페미니즘을 극렬하게 반대하는지, 남자, 여자의 갈등의 성장 과정에 대해 맥락으로써 이해해보자는 것이다. 잘잘못을 따지자는 것이 아니다. 왜 싫어하게 되었는지에 대한 이유를 먼저 살펴보자는 것이다. 이렇게 내가 조심스러운 것은 지금 대한민국에서 가장 중요한 갈등이기 때문이다. 그리고 이 글을 읽는 모든 사람이 갈등과 분쟁에서 벗어나길 바라기 때문이다. 2023년을 살아가는 94년생 남자의 관점에서 서술되었기 때문에 나도 모르게 편향된 언어로 기술될 수 있다. 그래서 이 글을 통해 일반화하기보다는 아, 이렇게도 생각할 수 있구나라고 생각해보는 하나의 관점 제시가 되길 바란다. 그리고 이로 말미암아 다른 세대들도 20대의 남녀 갈등을 이해하는 데 자그마한 도움이 되었으면 한다.

페미니즘은 무엇인가? 여성주의 사회운동이다. 투표권도 없던 여성들의 참정권 운동으로부터 시작된 페미니즘이 우리나라에서 큰 반향을 일으킨 것은 대한민국이라는 특수한 환경 덕분이다. 페미니즘은 남녀평등운동으로 시작되었다. 종교나, 정치, 사회주의 운동이 늘 그렇듯 분파가 나뉘기 마련이다. 자신들이 믿는 신념에 따라 집단을 형성하는 것이기 때문에 같은 페미니즘 내에도 강경파가 있을 수도, 온건파가 있을 수도, 혼종이 있을 수도 있다. 그렇지만 시초는 남녀평등에 기인한다. 이 책에서는 세세한 분파 등은 다루지 않겠다. 이 책에서 가장 중요한 것은 우리나라의 페미니즘의 인식이 왜 이렇게 안 좋은지에 대한 이야기이기 때문이다.

  대한민국 건국 전, 임시정부도 수립하기 전인 조선시대는 유교 사회였다. 유교 사회의 대표적인 특징이 바로 남존여비이다. 유교의 기본적인 사상은 나라가 혼란하니, 천륜에 거스르지 말고, 각자 자신이 맡은 임무에 충실하자는 것이다. 유교가 만들어진 춘추전국시대는 자신의 이익을 위해 어제까지 같이 잠을 자던 형제를 죽이는 시대였다. 세상에 도의가 없어지고 오로지 이익만을 위해 살아가는 사람들이 넘쳐나자, 세상은 힘과 공포가 지배하는 세상이 되었다. 힘이 강한 사람의 기분을 거스르게 하면 바로 살인과 전쟁이 일어나게 된다. 이에 공자는 '제자는 스승을 존경하고, 신하는 왕을 섬기고, 자식은 부모를 공경해야 한다'는 가르침을 각국의 왕들에게 돌아다니면서 설득한 것이 유교의 시초이다. "너는 일개 신하잖아, 그런데 왕은 하늘이 정해줬잖아? 이거 거스를 거야? 아니지? 그러니까 네가 좀 참아." "야, 그래도 너를 낳아 주신 부모님인데, 고기반찬 안 준다고 죽이는 게 말이 되냐? 그런 게 천륜을 거스르는 거야. 너 조상님한테 벌 받아." 이것이 유교의 시초인 것이다.

  그렇다면 다시 생각해보자. 춘추전국시대는 중국이 130개가 넘는 나라로 쪼개져 있던 시대다. 온라인게임인 배그도 100명 정도가 싸우는데 쉴 시간 없이 싸운다. 100명 모아 놓고 싸워도 30분 안에 파멸인데 130개의 나라는 어떨까? 130개가 넘는 나라가 밤낮 없이 여기저기서 전쟁하고, 나라 안에서는 모든 백성이 무기 하나씩 가지고 화가 나면 결투하는 상황이다. 이런 나라에서 가장 필요하고 부족한 것이 바로 남자다. 남자들은 전쟁뿐만 아니라, 식량 생산부터 각종 건설업까지 신체적 노동력의 상징이고, 국력 그 자체였다. 하지만 국력의 상징인 남자들이 수많은 전쟁과 결투로 갈려 나가는 것이다. 이런 상황에서, 남자들이 싸우지 않게 절제할 수단이 바로 유교였다. 천륜이라는 하늘이 정해준 법도를 이야기하면서 각 계층 간의 싸움은 있을 수 없음을 강조했다. 신하가 왕을 건들지 못하게 하고, 자식이 부모를 건들지 못하게 하는 것이 바로 하늘이 정해준 법칙이라는 것이다. 이런 왕권 강화 체제는 왕들에겐 자신의 위치를 공고히 함과 더불어 남자들의 폭력성을 절제시켜 국력을 상승하게 했다. 지킬 것도 많고, 예법도 많은 유교를 많은 나라들이 받아들인 이유가 이 때문이다. 당대의 명망 높은 식객으로 추앙받던 공자는 귀족들이 함부로 할 수도 없었으며, 오히려 왕들이 서로 자신에게 가르침을 달라고 부르는 경우가 많았다. 순전히 왕권 강화를 위해서 말이다.

바로 여기서 유교의 남존여비 사상이 나온다. 유교에선 남자는 하늘, 여자는 땅이라고 이야기한다. 하늘과 땅이 합쳐져 순환한다는 음양의 이론에서 나오는데, 우리가 잘 아는 태극기에서 검정 막대 3개와 6개가 바로 건, 곤이고, 유교에선 이를 남자와 여자로 상징한다. 남자는 하늘이고, 여자는 땅이다. 땅은 하늘을 따라가야 한다. "그러니까 남편 밉다고 잘

때 죽이거나 해를 입히면 안 돼."라고 이야기하는 것이다. 유교는 여자들의 신분 지위 자체를 낮추는 방법으로 여자들을 절제하게 했다. 그리고 시간이 흘러, 이러한 유교 사상들은 우리나라에 아주 깊게 뿌리내려, 동방예의지국이라는 칭호를 받게 된다. 우직하게 종묘사직을 지키던 뿌리 깊은 유교 사회인 조선의 여성 인권은 어떠했을까? 여성 인권의 가장 큰 문제는 제사였다. 조선 후기로 갈수록 왕권이 약해졌다. 이런 왕권을 강화하기 위해 유교 사상이 더욱 강해지기 시작했고, 제사는 해마다, 그리고 작년보다 성대하게 치러지게 되었다. 지금이야 설에 한번, 추석에 한번 지내는 것이 국룰이 되었지만, 조선 후기로 갈수록 한 달에 한 번, 심지어 2번의 제사를 치르는 경우도 있었다. 제사 때문에 부자들이 망하는 경우가 나오자, 나라에서 제사를 자중해야 한다고 이야기할 정도였다. 이런 제사 준비를 누가할까? 당연히 여자들이다. 당시 여자들의 노동강도는 상상을 초월했다고 한다. 조선시대에서 노동 강도는 신분의 상징이다. 그리고 이러한 생각들이 현대까지 이어져 내려온다. 나는 우리나라의 노동 천시 문화가 여기에서 기인한다고 본다. 우리 모두가 양반처럼 일하길 간절히 바라는 것이다.

그렇다면 현대에 와선 어떨까? 대한민국 정부수립과 함께 여성 참정권이 인정되고, 과학의 발달로 가사 노동량의 축소, 공장들의 활성화로 여성들의 사회진출이 시작되었다. 그렇지만 지금 우리나라에서 가부장제가 완전히 없어졌는가?에 대한 질문은 누구도 확실하게 "그렇다."라고 말할 수 없을 것이다. 천년 넘게 이어져 온 우리나라의 문화를 아직 지키는 사람들이 많기 때문이다. 그렇지만 많이 좋아진 편이라는 것에는 수긍할 것이다. 문제는 사회적인 문화가 변하고 있다고 해서 현대의 90년대생들의 모든 가정이 가부장제에서 탈피한 것이 아니란 것이다. 대부분의 90년대생은 밥을 차리고, 과일을 깎아오고, 설거지하는 어머니와 TV를 보는 아버지 밑에서 자랐다. 아들이건, 딸이건 이런 현상에 대해서 쉽게 말할 수 없는 분위기에서 자랐다. 이상함을 느끼지만, 부모님께 말하기는 어려운 문제이다. '우리 집은 남자와 여자가 평등하지 않아' 남자든, 여자든, 우리나라의 가부장제에 불만을 갖고 성장해간다. 그러던 중, TV에선 '아빠! 어디가?', '슈퍼맨이 돌아왔다' 등 연예인 아버지의 모습들이 나오기 시작한다. 연일 화제가 되었던 이 프로그램들에선 행복하고, 자상한 아버지의 모습과 화목한 가정의 모습들이 방영되었다. 자연스럽게 TV에서 나오는 모습과 자신의 가정을 비교하게 된다. 그때 당시의 90년대생들은 중고등학생부터 20대 초반 사이였다. 가정에서 나와 학교, 사회에서 가치관이 생성되는 시기. 그래서 90년대생들이야말로 어느 세대보다 남녀평등에 대한 관심이 커진 세대다. 단순히 행복한 가정을 이루고 싶어서 말이다.

우리나라에서 페미니즘이 성행한 이유는 남존여비 사상과 더불어 세계 1등의 인터넷 강국이었던 점도 한몫을 차지한다. 온라인 세계에선 실시간으로 모르는 사람들과 이야기를 나눌 수 있다. 왜 사람들이 강남권 초등학교를 선호할까? 강남권 초등학교에 다니면, 강남에 사는 친구들을 만날 수 있다. 그곳에서는 모두가 공부를 한다. 비슷한 사람들이 모이기 때문이다. 반면 우리 동네는 모두가 게임을 했다. 나는 평생 다른 세상이 있으리라 생각할 수 없었다. 맹모삼천지교라는 말이 있다. 맹자의 어머니가 괜히 이사를 3번이나 간 것이 아니다. 사람은 환경에 가장 큰 영향을 받는다. 같은 환경에선 비슷한 사람들이 모이고, 사람에게 가장 영향을 주는 것은 옆에 있는 사람이다. 대부분의 사람들이 자신은 환경에 영향받지 않는 강인한 사람이라고 생각한다. 하지만 그런 사람들은 정말 소수이다. 대한민국에 살고 있는 사람 대부분은 평범한 사람들이다. 평범한 사람들은 자신이 살고 있는 동네의 평균을 따라간다. 말투도, 행실도, 생각도 말이다. 하지만 이런 경계를 허물기 시작한 것이 바로 인터넷이다. 지역의 경계가 없어지고, 자유롭게 생각을 나눈다. 다시 말하면 이젠 제주도에서도 대치동의 강의를 들을 수 있게 된 것이고, 자신의 가치관과 맞는 사람을 지역을 넘어서 만날 수 있다는 뜻이다. 그럼에도 오프라인 환경을 이겨내기엔 쉽지 않지만, 지역적 차이를 뛰어넘는 세상이 하나 더 있다는 뜻은 자신의 삶이 오프라인에 있는지, 온라인에 있는지 선택할 수 있는 시대가 되었다는 뜻이다.

물론 온라인이라고 무작위로 모이는 것은 아니다. 같은 게임을 하면, 같은 게임 내에서 모이고, 같은 BJ의 방송을 보면, 같은 BJ의 방송에서 모인다. 사이트도 마찬가지다. 자신의 성향, 취향에 따라 사이트를 찾아가게 되고, 같은 사이트를 공유하는 사람들은 같은 사건, 같은 유행어, 같은 문화를 공유한다. 뿐만 아니라 각종 동호회나, 동창회 등 오프라인에서 같은 소속을 가진 사람들이 온라인에 모이게 되었고, 그에 대한 이야기를 하며 자신의 분야가 발전하는 순기능을 낳았다. 매일 같은 분야에 관해서 이야기하며, 경험을 공유하는 것. 세계에서 가장 빠른 인터넷을 보유한 대한민국의 환경은 자신의 생각, 사상, 신념들을 실시간으로 공유하게 만들었다. 그렇다면 우리나라에서 가장 크게 묶일 수 있는 집단이 무엇일까? 바로 한국인이다. 그다음이 남성과 여성일 것이다. 우리나라의 반이 남자와 여자이니까 말이다.

예로부터 남자들은 자신의 고민을 이야기하지 않도록 훈련받았다. "남자는 눈물을 흘려선 안 된다." 감정을 표출하는 것은 나약한 행동이라고 교육받았다. 고민을 이야기하는 것은 불법에 가까웠다. 그래서 남성이라는 이유로 묶이는 '남성 전용' 커뮤니티는 타 커뮤니티들에 비해 크게 발달하지 못했다. 애초에 인터넷을 이용하는 남자들은 큰 고민이 없다. 나이 어린 남자들은 책임질 것이 없기 때문이다. 자신의 진로와 친구, 가정환경, 학교 폭력이 남자들의 고민인데, 가정환경과 학교 폭력은 고민을 털어놓는다고 해서 해결되는 문제들이 아니다. 남자들은 상대방에게 해결 가능성의 확률을 계산한 후에야 고민을 슬며시 털어놓는 종족이다. 반대로 여성들은 누구에게도 말하지 못할 고민을 이야기할 곳이 필요했다. 여성들은 해결이 중요한 것이 아니다. 여성들의 가장 근원적이고, 근본적인 불안감은 바로 혼자가 되는 것이다. 그래서 여성들이 고민을 털어놓는 이유는 자신만 이런 것이 아닐까에 대한 불안감이 가장 크다. 이 불안감은 다른 사람들에게 털어놓고, 위로받음으로써 혼자가 아니라는 안도감으로 해소된다.

말 못 할 고민이란 무엇일까? 대표적으로 성 고민이 있다. 성교육이 아예 전무했다고 봐도 과언이 아니던 90년대생들은 얼굴을 보는 사람들에게 이 이야기를 털어놓을 수 없었다. 심지어 부모님에게도 물어볼 수 없었다. 성이란 것은 무조건 숨겨야만 하는 대한민국의 문화 때문이다. 미성년자의 성고민은 부모님에게 충격과 화를 불러일으킨다. 부모님이 화를 내는 이유는 어찌할 바를 모르기 때문이다. 이런 비밀 이야기들을 남자들이 있는 곳에 쏟아낼 수 있을까? 여자들에겐 얼굴을 모르는 남자들이 자신이 쓴 글을 본다는 것조차가 부담이었다. 대부분의 우리나라 커뮤니티는 남성 중심이었다. 남성 전용 커뮤니티는 발달하지 못했지만, 인터넷은 여성에 비해 남성 이용자 수가 훨씬 많았기 때문이다. 그래서 다음카페를 중심으로 여성 전용 커뮤니티가 만들어지기 시작했다. 대표적인 커뮤니티가 바로 쭉빵 카페와 여성시대이다. 해당 카페에 가입하려면, 타카페와는 달리 주민등록증의 숫자 2를 인증해야 하는 조금 까다로운 가입절차가 있었다. 절차를 밟고 가입을 하게 되면, 익친으로 불리는 익명 친구 게시판에 얼굴도 모르지만, 모두가 친구가 되어 자신의 고민과 일상을 나누는 게시판을 이용할 수 있게 된다. 남자로 의심되는 회원은 제명하며, 여성들만 있는 공간에 자신의 이야기를 나눌 수 있는 환경이 마련된 것이다. 그곳에서 여성들만의 이야기와 문화, 생각이 성장하기 시작했다.

이 두 가지 이유로 우리나라에서는 페미니즘이 성장하기 시작한다. 가부장제 나라의 여성들만 모인 커뮤니티에서 여성주의 운동이 거론되는 것은 당연하였다. 하지만 우리가 궁금한 것은 대체 왜 우리나라에서 페미니즘의 인식이 이렇게 좋지 않게 되었는지이다. 현재 페미니즘이 우리나라에서 중요한 단어가 된 지는 10년 정도 되었다. 페미니즘의 성장 과정은 인터넷 문화를 빼놓고 이야기할 수 없다. 인터넷 때문에 성장한 사상이기 때문이다.

인터넷 전쟁의 역사

이제부터 알아볼 것은 인터넷 커뮤니티의 간단한 역사이다. 인터넷 문화에 대해서 아무것도 모르는 사람들이 아마 90% 이상이라고 생각한다. 90년대생들조차도 이런 커뮤니티가 왜 생긴건지 알지 못하는 사람들이 대부분이기 때문이다. 내가 맥락에서 가장 중요하게 생각하는 것은 배경이기 때문에 한국 인터넷 커뮤니티에 대해 간략하게 짚고 넘어가려고 한다. 물론 내용이 너무 간략해서 순서의 중간이 건너뛴 점이 많고, 비약적 흐름이라고 생각하는 사람도 있을 수 있다. 하지만 이 책에서는 어디까지나 배경에 대한 흐름만을 짚는 것이기 때문에 양해를 구한다.

위에서 대부분의 커뮤니티들이 남성향이라고 이야기했다. 그것의 시작은 의아하겠지만 사진 때문이다. 여성들이 자신의 고민을 이야기하는 것을 목적으로 커뮤니티가 시작되었다고 한다면, 남성들이 커뮤니티를 하는 이유가 무엇일까? 마찬가지로 고민이다. 이들의 고민은 바로 '캐논 카메라를 살까? 니콘 카메라를 살까?'였다. 몇십 년간의 삶 중에서 가장 큰 고민이 생긴 남자들은 인터넷을 뒤지기 시작한다. 그러던 중 한 사이트에서 캐논파와 니콘파가 나뉘어 치고받고 싸우는 것을 읽게 된다. 이곳이 바로 그 유명한 디시인사이드이다. 디시인사이드의 어원은 디지털카메라 인사이드이다. 즉, DCinside는 Digital Camera의 앞 글자만 딴 네이밍이다. 초창기 디시인사이드는(이하 디시) 카메라별로 사진을 올리고, 그것에 대해서 이야기하는 사이트였다. 당시에 인터넷 사이트들은 각자의 전문성을 살린 동호회의 느낌이 강했다. IT 기술에 능한 사람들이 자신의 노하우들을 공유하기 위해 자신만의 사이트를 만들고, 들어오는 사람들에게 환대하며 사이트를 키워가는 분위기였다. 어떠한 틀이 없는 소수 규모의 많은 사이트들이 있는, 딱 인터넷판 '춘추전국시대'였다. 이런 상황에서 디시의 사진 갤러리에 어떤 사람이 자신이 먹다 남은 쿠키를 마치 중고 물품을 팔듯이 올린 사건이 있었다. 이 사진글에 많은 사람들이 마치 실제 중고 카메라를 구입하듯이 호응하면서 유명해졌고, 이를 계기로 사진이 취미가 아닌 다양한 사람들이 헛소리를 하기 위해 들어오기 시작했다. 그 결과 사이트에는 수많은 유행어가 창조되었고, 자신들끼리만 웃을 수 있는 새로운 인터넷 문화를 만들어낸 디시로 매일매일 수많은 사람이 유입되기 시작했다. 이렇게 유입된 다양한 분야의 사람들은 여러 사진을 올리고, 그것에 대해서 글로써 재창조하며 인터넷 문화를 폭발적으로 발전시키기 시작한다.

하지만 당연하게도 문제가 생긴다. 첫째로 기존의 사진을 올리고 그것에 대해서 이야기하는 사진 갤러리의 특성상 사진이 없는 글은 운영자가 짤라버리는 것이었다. 새롭게 유입된 사람들은 사진을 알지 못하는 사람들이 대다수고, 사진 드립을 치지 않고, 일상 이야기나 소소하게 나누고 싶어도 사진이 없으면 글을 못 올리는 상황이었다. 다른 게시판엔 사람들이 없고 오로지 갤러리 게시판에만 사람들이 많았기 때문에 더 많은 사람들이 봐주길 원하는 사람들은 자신의 글이 짤리지 않기 위해서 글의 내용과는 상관없는 사진들을 올리기 시작한다. 맥락에 맞지 않는 사진, 이것이 바로 지금 시대에 짤이라고 불리는 짤림방지, 짤방의 어원이다. 그래서 이런 짤들은 당시의 인터넷 문화를 이야기하는 문화재 같은 성질을 띠게 되었다. 어떤 짤을 알고 있는지가 그 사람의 인터넷 활동 시기를 유추할 수 있는 요소가 되는 것이다. 예를 들면 싱하형이나, 개죽이, 시바견, 페페 등이 있다. 지금은 해외에서 유입된 밈이라고 불리는 단어의 한국형이라고 보면 될 것 같다. 지금도 디시의 모든 갤러리는 사진이 필수적으로 들어간다.

두번째로 원래의 사진 갤러리의 성격과 너무나도 달라져 버린 것이다. 많은 사람이 유입되고, 각계각층의 다양한 사람들이 들어와 활발하게 활동하지만, 이들은 대부분 사진과는 거리가 먼 사람들이었다. 생각해보자. 어느 날 집에 들어왔더니, 우리 동네 모든 사람들이 우리집에서 토마토 축제를 벌이고 있다면 어떨까? 축제를 즐기는 사람들은 즐겁겠지만, TV에 던져진 토마토를 보는 집주인은 아연실색할 것이다. 집주인은 화가 나서 다시 문을 닫고 나갈 것이고, 축제를 즐기던 사람들도 흥미가 떨어지면 다른 집으로 향할 것이다. 디시의 상황이 바로 이 상황이었다. 관리를 하지 않아도, 늘 자리를 지켜주던 원래의 회원들은 나가고 있고, 처음 보는 사람들은 흥미를 잃으면 이 축제에서 떠나 다른 곳으로 향할 것이 분명했다. 이 모두를 지킬 방법은 무엇일까? 바로 분리수거였다. 디시의 설립자는 발 빠르게 토마토 축제를 위한 공간을 만들어줬다. 이 판단이 바로 디시가 우리나라 명실공히 가장 큰 커뮤니티로 발전할 수 있었던 사건이었다. 디지털카메라 동호회로 시작된 디시는 각계각층의 사람들이 모인 상황에서 그들을 분리해서 묶을 수 있는 공통점을 이용해서 갤러리를 계속 만들어냈고, 이 전략은 유효했다. 마치 대학교학과처럼 수많은 게시판으로 나뉜 사람들은 스스로를 분류하여 들어갔다. 디시는 춘추전국시대처럼 수없이 쪼개진 인터넷 커뮤니티를 마치 미국처럼 자치제를 도입한 제국으로 통일시켜버렸다.

그렇게 인터넷 커뮤니티를 발달시키던 디시도 순기능만 있는 것은 아니었다. 디시는 두 가지 대표적인 특징으로 지금의 인터넷 문화를 만들어내게 된다. 유입이 늘어나는 상황에서 이용자들을 더 많이 받는 방법이 무엇일까? 바로 익명이다. 별도의 회원가입 절차를 받지 않고, 아무 정보 없이 자유롭게 글을 쓰는 것이다. 간편하고 내가 누군지 모른다는 장점을 이용해, 디시에는 더 많은 사람이 사진과 글을 올리기 시작했다. 이렇게 이용자 수가 많고, 익명성을 강조하던 커뮤니티에선 점점 더 도를 넘는 게시물들이 출현하기 시작한다. 게시글이 음란하거나, 폭력적이거나, 원색적일수록 사람들의 관심을 많이 받기 때문이다. 이 관심이 문제였다. 관심도가 높은 게시물은 단순히 그 게시판에서만 인기가 많은 것이 아니었다. 디시에서는 그러한 게시글을 따로 베스트 갤러리에 차출되어 박제된다. 이는 디시가 인터넷 밈을 통해 성장한 사이트이기 때문이다. 누군가가 한 갤러리에서 유행어를 새롭게 만들어내면, 다른 갤러리에서도 볼 수 있게 베스트 게시판에 올라간다. 각 게시판 이용자들은 많은 사람들의 추천을 받은 베스트 게시판을 보고 사이트 전체의 흐름과 문화를 받아들이는 것이다. 이러한 제도 때문에, 디시는 그 어떤 사이트, 앱보다도 유행이 빠르다. 지금의 틱톡이 거의 일주일에 하나씩 유행을 만들어내는 것도 이러한 맥락이다. 다양한 분야의 사람들이 모두 같은 것을 본다. 디시라는 하나의 사이트에서 각계각층의 사람들이 디시의 문화를 즐긴다. 이것이 디시를 20년이 지난 지금까지도 국내 최대의 커뮤니티로써 운영되는 이유다. 계속해서 새로운 문화를 만들어내기 때문이다.

이러한 익명성의 문화는 다양한 사람들의 참여로 새로운 문화를 만들어냈지만, 새로운 문화에는 예쁘고, 아름답고, 웃기고, 좋은 것만 있는 것이 아니었다. 오히려, 익명이라는, 가면 뒤에서 폭력적이고, 차별적인 문화가 더 빠르게 생성되었다. 내가 누군지 안 알려진다는 장점과 어떤 것에도 책임을 묻지 않는 인터넷 세상, 그리고 많은 관심을 받으면 따로 베스트갤러리로 차출된다는 점 때문에 몇몇 사람들은 더 많은 관심을 받는 것을 목표로 하기 시작했다. 사회에서 절대로 할 수 없는 행동들을 하면, 사람들이 더 많은 댓글, 더 많은 관심을 표하기 시작한다. 댓글들이 자신에게 동조를 하든, 욕을 하든 상관없다. 관심을 받는다는 것은 내 글이 의미가 있었다는 뜻이기 때문이다. 결국 베스트 갤러리에는 성적이고, 원색적인 것으로 도배가 되었고, 디시의 운영자들은 이런 게시글들을 내리기 바빴다.

아이들이 과자를 좋아하는 이유가 무엇인가? 집에서 먹던 심심한 맛이 아닌 자극적인 맛이기 때문에 좋아한다. 몸에 좋지 않은 것은 상관없다. 어른들은 왜 밥 먹기 전에 과자를 먹으면 안 된다고 가르치는가? 자극적인 것을 먹고, 심심한 밥을 먹으면 상대적으로 맛없음을 느끼고, 안 먹게 되기 때문이다. 이런 자극적인 사진과 글들은 지워졌지만, 심심한 것만 남은 게시글들은 이제 성에 차지 않는다. 봤던 사람들은 또 보고 싶고, 못 봤던 사람들은 제목을 보곤 보고 싶어서 계속 찾을 것이다. 그런 삭제된 게시글들을 박제했던 곳이 바로 일간 베스트 저장소. 줄여서 일베(이하 일베)인 것이다. 아마 의아한 사람들이 많을 것이다. 일베가 단순히 가장 많은 추천 수를 받은 게시글을 따로 저장해서 모아두는, 예를 들면 옛날 종이신문에서 자신이 필요한 기사만 따로 스크랩하여 모으는 사이트라는 것이 말이다. 디시는 몰라도 일베는 아는 사람들이 많을 것이다. 그만큼 일베는 우리나라에 엄청난 파장을 불러일으켰고, 익명성과 관심의 콜라보가 어떤 기현상을 일으키는지 전 국민이 보는 뉴스에 매번 송출되었다. 매년 글에 담을 수도 없는 수많은 문제를 일으킨 일베지만 뉴스 송출로 특히 많은 사람들이 관심을 갖던 시기에 극우 성향을 보이면서, 일베는 극우집단이라고만 아는 사람들이 많다. 이는 박근혜 전 대통령 탄핵 사건과 맞물려 일베에 대한 더 큰 관심을 보이게 되었고, 사람들은 단순히 일베를 극우 정치집단이라고만 생각하게 되었다.

하지만 일베는 엄밀히 말하년 디시의 농축판이었다. 초창기의 일베는 정말 게시판마다 걸려있는 모든 베스트를 수집하기만 하는 도감의 성격이 강했다. 일베가 점점 괴팍해진 것은 디시의 트래픽 분산으로 인한 차단 이후부터이다. 일베는 몇 번의 운영자가 바뀌면서 지금의 형태를 만들어갔는데, 인터넷 세상에선 트래픽이 곧 돈이었다. 많은 방문 수가 광고 단가를 정하기 때문이었다. 디시의 글들을 보기 좋게 정리해놓던 일베로 사람들의 트래픽이 분산되는 것을 본 디시는 일베의 링크를 차단하게 되었다. 디시의 베스트 글들을 보며 댓글을 달고, 더 극적으로 재생산하던 일베는 이에 디시의 베스트 글을 정리하는 것을 그만두고, 디시처럼 여러 게시판으로 나누어 주제에 맞게 이야기하기 시작했다. 이때부터가 바로 사회의 악이라고 불리는 일베의 시작이었다. 일베도 디시와 마찬가지로 추천을 받기 위해 글을 쓴다. 하지만 디시에서 잘린 게시글들의 특징이 무엇인가? 바로 매운맛도 아닌, 마라 맛이라는 점이다. 익명성 보장이 주 원칙이어서 웬만한 글들은 봐주는 디시에서조차 잘린 사람들이 모인 곳이 바로 일베였다. 그렇기 때문에 디시보다 더 자극적이지 않으면 추천을 받기 어려웠다. 자극적인 것에 중독된 사람들이 더 자극적인 요소를 찾다 보니, 일베에는 차마 기술하지 못할 사건들이 넘쳐났다. 실제로 구속당하고, 수사가 들어가는 일들도 많았다.

 그렇다면 이들은 대체 왜 보수의 대명사가 되었을까? 바로 설립시기 때문에 그렇다. 일베가 만들어진 당시는 이명박 전 대통령 집권 시기였는데, 그 이전에, 인터넷에선 "이게 다 노무현 때문이다."라는 이야기가 유행한 시기가 있었다. 당시 인터넷에선 모든 사람들이 노무현 전 대통령을 욕했다. 심지어 같은 당에서도 노무현 전 대통령을 비판하는 경우가 많았고, 하도 많이 이야기되어서 당시에 '이게 다 노무현 때문이다'라는 말은 욕이 아닌, 놀림이라고 보면 적당할 듯싶다. 예를 들면 "석식에서 제육볶음이 다 떨어져서 내 차례 때, 김치 볶음이 나오더라. 이게 다 노무현 때문이다."라는 방식으로 쓰였다. 이런 드립이 집권 시기가 끝날 때까지 이어지던 와중에 광우병 사태가 일어나게 된다. 이에 대해서 디시는 반 민주당파가 늘어나게 되었고, 햇볕정책 등, 북한 친화 정책 때문에 디시뿐만 아니라 인터넷에선 반민주당이 주류가 되었다. 그래서 디시에서는 노무현 대통령의 합성 사진 등과, 민주당 혐오 발언들이 쏟아지게 되었고, 너무 선을 넘는 것들은 게시물 삭제가 되었다. 그래서 노무현 전 대통령에게 반대를 넘어 혐오하는 대부분의 디시유저들은 일베유저가 되었다. 게시글이 삭제되었기 때문이다. 좌파, 우파 가릴 것 없이 디시에서 배척당한 사람들이 있던 초창기 일베와는 다르게 일베는 극우파들을 대표하는 사이트로 변모하고 만다.

그렇게 몇 년의 시간이 흘러 2015년 대한민국에는 메르스가 터진다. 중동 호흡기 증후군으로 이름 붙여진 이 전염병은 지금의 코로나처럼 한국을 공포에 휩싸이게 만든다. 너도나도 메르스에 대한 이야기를 하자, 디시에서는 메르스에 관한 이야기를 하는 갤러리를 창설하게 된다. 사람들의 반응은 이젠 이런 갤러리를 만드냐는 핀잔과 무슨 드립을 칠까 고민하는 사람들이었다. 문제는 이 게시판이 만들어지기 전날 새벽이었다. 모든 사람을 수용하겠다는 의지를 가진 디시의 수많은 갤러리 중 여자들이 더 많은 갤러리가 없었을까? 당연히 있었다. 바로 남자 연애인 갤러리, 속칭 남연갤이었다. 남자 연예인을 좋아하는 사람들의 대다수가 여자이기 때문이다. 문제는 다른 여성시대나, 쭉빵 카페 등과 같이 여자임을 인증하고 이야기하는 여성 커뮤니티가 아닌, 누구나 들어와서 글을 쓸 수 있는 디시의 특성상 남자들도 들어와서 이야기를 할 수 있다는 점이었다.

메르스 갤러리가 만들어지기 3일 전 남연갤에 어떤 한 남자가 글을 쓴다. 30대 중반이던 이 남자는, 배용준의 예시를 들며, 자신보다 한참 어린 이제 막 스무 살이 된 여자에게 고백해도 되는지 묻게 된다. 대부분 여자들이었던 사람들은 너도나도 그 게시물에 욕을 하기 시작했다. 당시의 인터넷 분위기는 페미니즘이 오프라인에 대두되기 직전이었고, 대략 2010년부터 시작된 남녀평등에 대한 논의가 터지기 직전이었다. 각종 커뮤니티 내에선 TV 프로그램 등에서 나오는 혐오 발언에 대한 논의가 본격적으로 시작되던 시기였고, 2015년이면 남자, 여자 모두 싸울 준비를 마친 상태였다. 그동안 쌓였던 루저발언, 된장녀, 김치녀, 김치남등 한국 사회에 깔려있던 성역할의 고착화가 인터넷 세상에서 부서지던 중이었다. 예를 들면 남자는 능력 여자는 외모같이, 남자는 예쁜 여자만 보면 침을 흘리는 모습을 보여주는 클리셰나, 돈 많은 남자에게 시집을 가는 클리셰 등에서 불편함을 느끼고 있던 때였다. 남자, 여자 할 것 없이 자신들의 진영을 위해, 자신들이 생각하던 부당함, 불편함에 대해서 생각하고, 상대방에게 공격을 했다. 이런 과정을 통해 남자, 여자 비하 발언을 서슴없이 하던 한국문화는 조금씩 바뀌고 있었다.

　인터넷 커뮤니티에서는 그동안 각종 커뮤니티에서 말싸움하며 쌓아왔던 소스들을 무기로 양측이 전쟁 준비를 마치고, 늘 긴장 상태가 유지되고 있었다. 디시등 커뮤니티 사이트에서는 게시판을 도배하여, 다른 게시판 이용자들이 이용하지 못하게 테러하는 전쟁이란 문화가 있다. 신규 갤러리인 메르스 갤러리는 점령하기 좋은 새로운 땅이었다. 먹을 땅이 있어야 전쟁은 시작된다. 3일 전 한 남자의 상식적으로 이해되지 않는 발언들은 명분이 되어 남연갤의 여자들을 하나로 모았고, 메르스 갤러리에 총공세를 가해 점령전을 시작했다. 결국 메르스 갤러리는 남자 혐오 글로 도배가 돼버리고 만다. 당시 글들은 같은 여자가 봐도 읽기 거북할 수준의 글들이 올라왔다. 이에 메르스 갤러리 운영자가 다른 사이트보다 더욱더 강경하게 제재를 가했고, 이에 점령을 완료한 남연갤 및 남성 혐오 유저들은 계속된 글의 삭제로 새로운 곳을 찾기 시작했다. 시위를 생각하면 될 것 같다. 이렇게 모인 사람들이 쉽게 흩어지긴 어렵다. 이 기세를 몰아서 표출할 곳을 찾아야 했다. 시간이 지날수록 그들은 여기저기 다른 게시판으로 흩어지고 있었다. 그때 하나의 사이트가 창설된다. 바로 메갈리아였다.

이쯤에서 각종 커뮤니티에 대한 기본적인 설명을 해야 할 것 같다. 이 이후로부터 본격적인 페미니즘 커뮤니티에 대한 이야기가 시작되기 때문이다. 원래 혐오 발언은 폐쇄적인 곳에서 자행되던 것이었다. 사람들의 발길이 닿지 않는 외진 곳 말이다. 대표적인 예가 일베다. 일베가 유명해지기 전까진, 디시를 아는 사람은 꽤 있어도 일베를 아는 사람은 골수 사용자뿐이었다. 이런 폐쇄적인 곳일수록 발언이 자유로웠고, 일베는 여성혐오 발언의 중심지 같은 곳이었다. 물론 디시에서 혐오 발언이 없었다는 뜻이 아니다. 일베와 비교했을 때, 상대적으로 낫다는 뜻이다. 사실이 이야기를 다시 말하면, 인터넷 커뮤니티의 중심지이던 디시조차도 인터넷 문화에 관심이 없는 대다수의 사람들은 존재조차도 모르는 폐쇄적인 공간이라는 뜻이다. 시작이 카메라였던 만큼, 남성 수가 많은 갤러리가 대부분이던 디시에서는 여성혐오 발언이 계속해서 생성되었다.

그렇다면 남성 혐오는 없었을까? 폐쇄적이고, 여성들이 모이는 커뮤니티에서 역시 남성 혐오 발언들이 성장하고 있었다. 그중 대표적인 예가 '여성시대'(이하 여시)였다. 여성시대는 본래 쭉빵 카페(이하 쭉빵)에서 파생된 커뮤니티다. 쭉빵에서 몇몇 유저들을 스카우트하는 방식으로 시작한 카페인데, 그렇다 보니 폐쇄성이 정체성이다. 이후에 일반 회원제로 바뀌지만, 폐쇄성은 그대로 남아서 카페 내의 등급을 올리려면 타 커뮤니티에 비해서 엄청나게 빡센 미션을 수행해야 한다. 여성시대를 낳은 쭉빵은 2000년대 초 얼짱이라는 단어가 나왔을 때, 지금으로 치면 뷰티 정보 공유 카페로 시작했다. 어원은 "얼짱들의 비리를 '쭉' 모아서 '빵' 터트리자."해서 쭉빵이다. 얼짱에 대해서 관심이 많은 10대, 20대 초의 여자들이 많았고, 후에 뷰티 정보뿐만 아니라 위에서 이야기한 익친등 이야기 공유의 기능이 강해지고, 익명으로 친분을 쌓는 남자 커뮤니티에서 보면 굉장히 특이한 방식으로 성장한다. 자신의 고민에 대해 익명으로 이야기하면 위로와 공감을 할 수 있는 공간이란 점이 당시 10대, 20대 초반이던 90년대생 여자들의 폭발적인 인기를 얻고 여성 전용 카페 중에서 회원 수 1위를 차지하게 된다. 이 두 커뮤니티는 애매한 관계에 있는데, 디시와 일베의 관계를 생각하면 된다. 서로를 그래도 내가 더 낫지 하는 시점으로 보기 때문에, 서로 이해관계가 맞을 땐, 동맹을 맺지만, 기본적으로 꺼림칙한 관계라고 생각하면 된다. 그 외에 여성향의 폐쇄적인 사이트의 경우 트위터가 있다.

트위터는 현재까지도 논란이 되는 여론조작 사건들에 가장 큰 지분을 가지고 있는 사이트인데, 아마 이곳의 문화를 잘 모르는 사람들은 트위터가 왜 여성향 커뮤니티인지 의아할 것이다. 트위터는 다른 커뮤니티와는 조금 다른 종류라서 잠깐 짚어야만 한다. 페이스북처럼 평범한 SNS가 아닌가? 라고 생각할 수 있지만 특유의 폐쇄성 때문에 트위터는 여성향 커뮤니티가 되었다. 트위터는 아무나 가입할 수 있지만, 아무도 가입하지 않으려는 곳이었다. 이 이야기의 뜻은 일단 대표적인 특징을 알아야 이해가 되는데, 먼저 철저한 익명성 보장이다. 회원가입 시 자신의 실명을 적지 않아도 된다. 트위터는 페이스북처럼 자신의 정보를 노출하는 곳이 아니었다. 그리고 대부분의 게시글은 글로써 통용된다. 기능은 인스타그램과 비슷하다. 하지만 디시처럼 사진을 올려야만 하는 인스타그램과는 다르게 트위터는 대부분의 사람들이 글로써 소통한다. 사진은 자신도 모르는 사이 정보를 유출할 불안함이 있다. 위에서 이야기했듯이, 글로써 소통하며, 익명성이 갖춰진 곳이 바로 커뮤니티를 하는 여성들을 끌어들일 수 있는 최적의 장소였다. SNS 태동기 때, 아는 사람과 대화하고 싶은 사람들은 페이스북으로, 모르는 사람들과 이야기하고 싶은 사람들은 트위터로 가게 된 것이다. 그래서 트위터는 아무나 가입할 수 있었지만 아무도 가입하지 않았던 것이다. 일상생활, 오프라인에선 굳이 트위터가 필요가 없었기 때문이다.

둘째로 문화, 유행의 소비 속도가 빠르다. 위에서 이야기했듯이 모두가 같은 곳을 보면 문화를 만들어내고, 더 빠른 유행을 할 수 있다. 트위터에는 리트윗이라는 기능이 있다. 기존 네이버 블로그의 퍼가요를 생각하면 된다. 문제는 트위터가 140자 제한이라는 것이다. 한 화면 안에 몇 개씩 들어오는 글들은 리트윗을 통해 순식간에 트위터를 하는 모든 사람들이 읽게 된다. 이는 신규로 들어오는 사람들이 이런 유행의 소비 속도에 따라가지 못하게 만들었고, 트위터를 하는 사람들은 이런 유행 속도를 따라가기 위해 다른 어떤 것보다 트위터를 더 많이 해야만 했다. 140자 이하의 간단한 글로 소통함으로써 간편함을 강조한 트위터는 오히려 많이 해야만 하는 입문하기 부담스러운 커뮤니티였다.

 마지막으로 목표 문제다. 트위터의 보상은 단순히 디시와 일베에서 베스트에 오르는 수준이 아니었다. 바로 계정 팔로워와 좋아요 시스템이다. 지금의 인스타그램, 유튜브 등과 완전히 동일한 방식인데, 인스타그램과 유튜브가 '관종'으로 골머리를 앓았던 것처럼 트위터도 관종이 생길 수밖에 없는 구조였다. 트위터는 140자 이내로 사람들의 관심을 이끌어 내야만 했다. 이런 폐쇄성과 익명성, 빠른 유행, 140자 이내의 짧은 글들은 어떤 결과를 낳았을까? 위에서 말한 숏츠 이야기처럼 140자로 축약된 짧은 이야기들은 왜곡된 가치관들을 만들어 냈고, 리트윗 기능으로 사람들에게 거의 세뇌하듯이 반복적으로 노출시켰다. 팔로우 시스템은 더더욱 자극적인 말들을 쓰도록 만들었고, 익명성과 폐쇄성은 여자 중에서도 오프라인보다는 온라인이 편한 여자들을 끌어들였다. 이 모든 요소가 모여서 트위터는 결국 남성 혐오의 중심지가 되었다.

 남성 혐오는 남성 커뮤니티의 남자들을 묶었고, 여성혐오는 여성 커뮤니티의 여성들을 묶었다. 남들이 보기엔 다 같은 커뮤니티라고 생각할 수도 있지만, 각각의 남초 커뮤니티가 모두 사이가 좋은 것이 아니고, 여초 커뮤니티도 마찬가지다. 오히려 서로 적대하는 커뮤니티가 훨씬 많다. 이런 커뮤니티들의 관계는 남자, 여자로 나뉘는 것이 아니라, 각 커뮤니티마다의 역사, 정치 성향, 게시되는 콘텐츠 등 다양한 이유로 관계가 유동적으로 변한다. 하지만 적의 적은 아군이라고 했던가. 성별에 대한 혐오는 여러 커뮤니티를 하나로 뭉치게 했다. 각 갤러리가 자치제로 운영되던 디시의 내부에서도 남성 혐오에 관해서는 남자라는 카테고리로 묶여 한마음 한뜻으로 싸웠고, 남자들의 취미생활로 묶인 대형 커뮤니티들도 합세했다. 당시엔 롤이 아닌 스타크래프트가 유행했기에, 스타크래프트 커뮤니티인 와이고수, 줄여서 와고, 축구게임 커뮤니티인 에펨코리아, 줄여서 펨코 등이 있었다. 이들은 디시의 영향을 많이 받는 사이트였고, 그중 펨코의 경우 디시에서 파생된 커뮤니티이기도 하다. 그 외에 보배드림은 자동차 커뮤니티라는 특성상, 나이대가 많아서 이런 일에는 제외되었고, 한때 꽤 유명했던 웃긴대학, 줄여서 웃대나 오늘의 유머 줄여서 오유 등은 친민주당의 성향으로 디시와 적대적 관계를 보인다. 윗글에서 디시가 모든 커뮤니티를 통합한 것처럼 이야기가 되었지만, 디시의 사례를 본 각각의 커뮤니티들도 자신들만의 커뮤니티를 만들며 생존했다. 디시와 동시대에 생겨난 각종 커뮤니티는 아직도 자신들만의 역사와 성향을 가지고 마치 한 나라처럼 살아있다.

  그렇다면 메갈리아는 어떤 커뮤니티였나? 이들은 각종 커뮤니티에서 산발적으로 남성 혐오를 하던 사람들이 모여서 만든 사이트였다. 목적 자체가 남성 혐오를 위해서 만들어진 사이트였다. 이들은 그동안의 일베에서 자행되던 여성 혐오를 예로 들면서 자신들의 남성 혐오를 우리도 당한 만큼 돌려주겠다는 '미러링'이라고 칭했다. 사이트명이 메갈리아인 이유는 '메'르스갤러리에서 모인 이'갈리아'의 딸들이란 뜻이다. '이갈리아의 딸들'은 노르웨이의 게르드 브란튼베르그라는 사람이 쓴 책인데, 남성우월주의의 보편적인 사회에서 남성과 여성의 역할을 바꾼 소설이라고 생각하면 된다. 이때부터 페미니즘이 본격적으로 이름을 알리기 시작했는데, 여성 커뮤니티 내에서만 성장하던 페미니즘이 소위 말하는 레디컬 페미니즘의 성향을 띄기 시작한 것이다. 더 이상 참지 않겠다. 여성 인권은 우리가 힘으로 되찾겠다는 논리였다. 쉽게 이야기하면 혁명이었다. 그리고 위에서 말했듯이 이러한 행동은 당연히 부작용을 이끌게 된다. 아쉽지만 20대 여자들은 사회에서 큰 힘이 있지는 않았기 때문이다. 과격한 행동을 할수록, 사회에 충격을 주고, 그 집단 전체를 대변하게 된다. 메갈리아가 과격한 행동을 하며 사람들에게 페미니즘을 알리면 알릴수록 사람들의 인식은 나빠지고 있었다.

물론 기본적으로 남녀 평등주의에 기반했기 때문에 메갈리아 내에서도 너무 심한 남자 혐오에 대해서는 비판의 목소리가 있었다. 그리고 성소수자에 대한 가치관 차이 등으로 메갈리아는 조금씩 분열하게 된다. 이에 운영 측은 "불만 있으면 나가라."라는 정책을 펼치게 되는데, 실제로 나간 사람들이 차린 곳이 바로 '워마드'였다. 일베가 디시의 농축판이었던 것처럼 메갈리아의 농축판이 바로 워마드였던 것이다. 문제는 메갈리아도 농축판이었다는 점이다. 메갈리아에서 극단적인 사람들을 거르고 걸러 만든 곳이 바로 워마드다. 정제된 레디컬 페미니스트였던 이들은 여성우월주의로 시작한 집단이다. 그래서 가장 폭력적이고, 극단적인 성격을 띤다. 워마드는 일베와 같이 후일에 많은 사회적 문제를 일으키게 된다.

　여기까지가 대한민국 인터넷 세상에서 유명한 사이트들의 개략이라고 보면 될 것 같다. 사실 각종 커뮤니티에선 페미니즘에 대한 인식이 좋지 않았지만, 인터넷이 아닌 사회 분위기에서는 페미니즘에 대한 인식이 나쁘지 않았다. 남자가 봐도 당시의 대한민국은 남성에 비해서 여성의 인권이 낮다고 생각하는 사람들이 많았기 때문이다. 오히려 페미니즘이 여성 인권 운동이라는 이야기를 듣고 여성과 인권에 대해서 다시 한번 생각해보는 사람이 많았고, 각종 성추행, 성차별 등에 대해서 바꾸려는 20대의 여자들을 보며 응원하는 사람들도 있었다. 페미니즘이 뭔지는 모르겠지만 아무튼 여성 인권 성장이라는 거지? 라는 인식이 대부분이었고, 각종 혐오 발언들이 현실 세계까진 나오지 않은 세상이기 때문에 각종 프로그램에서 자행되던 비하 발언들에 대해서 조심하려 노력하는 긍정적인 면이 컸다. 변화는 인터넷 세상에선 빠르고 극단적이지만 오프라인 세상에선 느리고 조금씩 변한다.

페미니즘의 몰락

이제 본격적으로 페미니즘의 몰락에 대해서 기술하려고 한다. 다시 한 번 말하지만 내가 말하고자 하는 것은 왜 이렇게 사람들의 인식이 좋지 않게 되었는지에 대한 배경 설명이다. 모든 역사를 이 책 안에 쓸 수도 없고, 90년대생들의 남녀 갈등에 대한 이해의 관점에서 기술되었기 때문에 중간중간 빠진 사건들이 많다는 점을 염두에 두고 조금 넓은 마음으로 읽어주었으면 한다. 필자는 역사는 다양한 관점에서 해석되어야만 한다는 가치관이 있기 때문에, 내 이야기가 꼭 정답은 아니라고 생각한다. 페미니즘에 대해서 자세히 아는 사람들은 단순히 이런 관점에서도 볼 수 있구나 생각해주었으면 좋겠고, 모르는 사람들은 이런 사건들로 시간이 흘러갔구나 정도로 봐주었으면 한다.

시간이 조금 흘러 2016년 강남역 묻지마 살인사건이 일어난다. 이 사건은 살인사건인 만큼 뉴스에 대대적으로 보도되었다. 조현병에 걸린 한 남성이 강남역 인근의 공용화장실에서 여성을 무참히 살해한 사건이다. 검거 첫날 피의자는 범행동기가 여자들이 자신을 무시해서라고 진술했는데, 이로 인해 이 사건을 여성혐오 범죄가 맞는지에 대해 갑론을박이 이뤄졌다. 이후 경찰의 조사와 피의자의 진술 번복으로 공식 발표는 여성혐오 범죄는 아니라고 공표되었다. 하지만 전쟁이 이래 그렇듯, 어떤 명분이 중요한 것이었다. 이 사건을 둘러싸고 인터넷에서는 전쟁이 일어났고, 여성 측에서는 피해자 추모행사를 주도하였다. 강남역에서 포스트잇을 붙여서 피해자를 추모하는 것이었다. 남성 측에서는 이에 대해 항의하고 후에는 몸싸움으로까지 번졌다. 아마 대부분의 사람들이 이렇게 알 것이다. 실제로 당시 사람들은 인터넷에서의 여성혐오와 남성 혐오에 대해서 잘 알지 못했다. 일반인들에겐 그냥 묻지마 살인사건이 일어났고, 여성들이 피해자 추모를 했고, 일베들이 그것을 방해했다 정도로 이해하고 넘어갔다. 하지만 이 사건은 어떻게 보면 우리나라 페미니즘 역사에서 가장 중요한 사건이었는데, 일반인들에게도 페미니즘이 무엇인지 알리게 된 사건이고, 서로 적대시하던 남성, 여성 커뮤니티들을 하나로 결집시켰던 사건이기 때문이다.

이때 당시의 여론은 일베의 세월호 조롱 사건 등이 조명되면서 인터넷 커뮤니티 전체에 대한 여론이 좋지 않았고, 커뮤니티를 하지 않는 일반인들은 강남역에 나온 남성들을 대부분 일베라고 생각하게 된다. 일반인들에게 일베는 사실상 정신이상자나 사회 부적응자 집단 정도로 생각되기 때문에 여론은 여자 측 편이었다. 왜 싸우는지에 대해서 모르는 사람들은 불쌍하게 죽은 여자를 추모하기 위해 모인 우리나라의 여성들에게 딴지를 거는 이상한 사람들 정도로 생각하고 끝났다. 여기에 정치권에서는 여성혐오 범죄로 단정 짓는 정당들이 있었고, 심지어 남성 측 입장에 대해선 일언반구도 하지 않았다. 한국 사회는 여성 인권이 낮다고 생각하는 어른들이 대부분이었기 때문에 남성 측의 인식은 더더욱 안 좋아졌다.

하지만 이들이 이렇게 싸운 이유가 있었는데, 바로 여성 시위 측의 남성은 잠재적 가해자라는 슬로건 때문이었다. 남성 측은 조현병 걸린 사람 한 명 때문에 남성들 전부를 예비 범죄자로 만드는 것에 불만이 있었다. 안 그래도 현실에서 인정받지 못하는 인터넷 커뮤니티 유저들에게 예비 범죄자라는 지칭은 굉장히 불쾌하고 공분을 사기에 충분한 단어였다. 인터넷 커뮤니티를 이용하는 사람들은 정서적 독립을 겪지 못한 사람들이 많기 때문이다.

둘째로 남성 혐오를 막기 위해서이다. 이때 당시에 메갈리아뿐만 아니라 메갈리아에서 파생된 남성 혐오 집단인 워마드를 필두로 남성 혐오가 극에 달하던 시기였다. 애초에 사람들은 지금 인터넷 세상에서 어떻게 싸우고, 어떻게 돌아가는지 알려고 하지 않았다. 정치권에서는 남성 혐오를 모른척하고, 여성혐오만을 중점적으로 다뤘다. 인터넷상에선 벌써 몇 년 동안 남성과 여성이 갈라져서 싸우고 있었고, 서로를 향한 혐오 발언의 수위가 높아지고 있었다. 당시의 상황은 디시의 일베처럼 워마드와 메갈리아를 주축으로 레디컬 페미니즘을 표방하는 급진적인 페미니스트 집단이 커지고 있었다. 남성이라는 이유로 욕을 하고, 모든 남성들은 잠재적 살인자라고 이야기하는 신종 집단에 격분하여 남성 커뮤니티 중에서는 상대적으로 여성에게 친화적이었던 오유, 웃대까지 여성 측을 비판하는 상황이었다.

마지막으로는 힘이 없었기 때문이다. 남성 측의 주장은 가부장제의 나라에서 태어나 여성들을 차별한 것은 윗세대인데, 지금 시대의 20대가 무슨 힘으로 차별을 했냐는 것이었다. 돈도, 직업도, 사회적 지위도 없이 군대만 달랑 갔다 온 남자들은 오히려 남자라서 차별받았는데, 여성들의 사회진출이 자유롭게 이뤄진 지금 시대에서 윗세대들이 만들어 놓은 차별을 없애겠다고 지금의 여성들에게 보상해주는 것은 역차별이라고 생각했다.

그렇게 추모 현장은 피해자에 대한 추모가 아닌, 각자 사상을 가진 남성 측과 여성 측이 둘로 나뉘어 의견 대립을 하는 곳으로 변모하고 만다. 포스트잇으로 추모하는 현장의 특성 때문에 각 진영은 "여성혐오로 인해 벌어진 사건이다."와 "이 사건으로 모든 남자를 일반화하지 말자."는 포스트잇을 붙이며 대립하게 된다.

이 싸움은 대중들에게 페미니즘이 알려지게 되는 계기가 되었다. 자초지종을 몰랐던 일반인들과 정치권의 페미니즘에 대한 우호적 개입, 일베의 자충수 등으로 대중들에겐 페미니즘에 대해 긍정적 인식이 심어진다. 그 이유에 대해 세부 사항을 살펴보면 첫째로 슬로건이다. 여성 측의 슬로건은 "이 사건은 피해자가 여자였기 때문에 죽었다. 남자들은 밤길을 걸을 때 무서워하지 않지 않은가? 당신의 딸, 아내는 밤에 혼자 길을 갈 때, 약자이기 때문에 무서워한다."는 것이고, 남성 측의 슬로건은 "묻지마 살인 사건이 남성 혐오로 번지는 것은 부적절하다. 단순히 가해자가 남자였을 뿐, 죄 없는 남자들에게까지 책임을 묻는 것은 안 된다."는 것이었다. 일반인들은 대부분 여성 측의 슬로건에 공감했다. 왜냐면, 남성 측 주장은 당연한 이야기였고, 여성 측 주장은 그렇게 생각하지 못했던 사람들에게 충격을 주었기 때문이다.

둘째로 정치권의 개입이었다. 당시 문재인 대통령과 각종 정당에서는 해당 사건을 여성혐오 사건으로 규정했는데, 인터넷 문화에 대해서 잘 알지 못하는 일반인들에겐 정치권의 이러한 발언들이 크게 작용했다. 보통의 사람들은 그냥 그런가 보다 하고 넘어가기 때문이다. 남녀 갈등에 대해서 심각했던 것은 인터넷 문화에 깊이 빠져 있던 사람들이었다. 그러나 이 사건으로 인해 그들만의 전쟁으로 끝나던 일이 이젠 오프라인까지 나오게 된 것이다. 이러한 배경을 모르던 정치계는 더 많은 사람이 공감을 가질 수 있는 쪽의 손을 들어줬다. 그쪽은 당연히 여자 측이었다.

마지막으로 일베의 자충수였는데, 당시에도 이미 일베는 오프라인에서 각종 사고를 치고 다니던 집단이었다. 이 사건에서도 예외는 아니었는데, 일베는 추모 현장에 천안함 용사들이 남자라서 죽었다는 문구를 넣어서 화환을 보낸 것이었다. 당연히 여론이 좋을 리 없었고, 사람들은 또 일베가 사고 치는가 보다. 하고 넘어가게 되었다.

그러던 와중, 시위 현장에서 핑크 코끼리 탈을 쓴 사람이 주토피아의 예시를 들며 서로 싸우지 말자는 피켓을 들었다. 이 사람에게 누군가 일베충이라는 포스트잇을 붙이고, 이를 계기로 주위에 있던 사람들이 인형 탈을 벗기려고 하는 등의 행위를 했다. 여성 커뮤니티에서 가장 큰 적이 일베였기 때문이다. 핑크 코끼리의 행동은 한창 시위 중인 집단 속에 들어가서 시위하지 말자, 싸우지 말고 같이 대화로 해결하자는 피켓을 든 것인데, 다른 시위였으면 오히려 경찰이 제지했어야 할 정도로 위험한 행동이다. 어쨌든, 핑크 코끼리의 이런 행동으로 언론 매체에서 강남역 추모 행사를 여성혐오와 남성 혐오의 대결로 보는 견해가 많아지게 되었다. 일방적인 보도만 하던 언론들도, 다시 사건을 보게 된 것이다. 그렇지만 이미 사람들의 여론은 페미니즘의 손을 들어줬고, 이때부터 페미니즘은 전성기를 맞이하기 시작한다. 이후에 대학가를 중심으로 '불꽃페미액션' 등의 페미니즘 단체가 생겨나기 시작했고, 각종 언론 매체에 등장하게 된다. 그렇게 페미니즘은 2018년에 이르러 최전성기에 이르게 된다. 이것을 입증한 사건이 바로 혜화역 시위였다. 사실 이 사건이 페미니즘의 최전성기이자 몰락의 시작이었는데, 우리나라에서 가장 건드리면 안되는 집단을 두 곳이나 건드렸기 때문이다.

혜화역 시위는 워마드가 주체했다. 발단은 이렇다. 당시 홍익대학교 회화 수업 시간에 누드모델이던 워마드 회원이 동료 누드모델과 말싸움 뒤, 해당 모델의 나체사진을 몰래 도촬하여 워마드에 올리게 된다. 이 게시글은 워마드 내에서 엄청난 화제가 되었고, 게시글이 내려간 이후에도 사이트 내에서 해당 남성을 성적으로 조롱하는 게시글들이 계속 올라오게 된다. 다음날 이를 어떤 한 남성 기자가 보도하게 된다. 기사 이후 경찰조사가 진행된다. 이후 워마드, 트위터 등에서는 도촬 가해자가 남자라는 가능성을 제시했으나, 경찰조사 후 워마드 회원의 여자로 밝혀진다. 가해자가 10개월의 형량을 받자, 피해자가 남자이고, 가해자가 여자이기 때문에 더 많은 언론의 관심을 받았고, 훈방 조치나 벌금형에 처할 수도 있는 사안임에도 10개월이라는 과중한 처벌, 여성 몰카 수사보다 더 빠른 수사들을 예시로 들며 이 사건이 여성 차별이라는 논지를 펼쳤다. 이에 기존의 레디컬 페미니즘이 아닌 페미니즘과 페미니즘이 아닌 일반 여성들, 정치계까지 합세하여 세력 규모와 규탄의 목소리가 커지게 되었고, 이는 결국 혜화역 시위로 불리게 되는 대규모 시위로 번지게 된다. 이 시위엔 '생물학적 여성'들만 참가할 수 있는 시위였고, 자초지종을 정확히 모르는 여성들도 합세하여, 규모는 시간이 갈수록 점점 커지게 되었다. 반년을 넘게 시행된 이 시위는 6차까지 진행되었고, 평균적으로 만 명에서 만 오천 명 규모의 시위였다.

 이 시위의 대표적인 주장은 여성 경찰청장 임명, 여경, 남경의 비율을 9:1로 늘리자는 것이었다. 시위 측은 남성은 봐주기식 수사를 하고, 여자들에게만 엄격한 편파수사를 없애기 위해 필요한 조치라고 주장하였다. 1차 시위때만 하더라도, 시위의 내용이나, 폭력성이 주목받지 못했었고, 경찰청장은 성차별 수사 논란에 대해서 사과를 표명하게 된다. 이 사과에 남성 측과 여성 측은 인터넷에서 그야말로 박터지게 싸우고, 2차 시위까지 번지자 전혀 관심 없던 오프라인 사람들까지 주목받게 된다. 2차 시위까지만 하더라도 몰카라는 단어와 여성 시위라는 것을 보고 대부분의 사람들은 또 어떤 여성이 몰카 범죄를 당했구나 생각하고 말았다. 그래서 나이가 많은 어른들이나 남녀갈등에 대해 문외한인 경우 이 시위를 지지하는 사람들도 꽤 있었다.

 문제는 바로 3차 시위부터다. 3차 시위부턴 본격적으로 페미니즘의 긍정적 인식이 부서지는 시기였는데, 먼저 문재인 전 대통령 모욕을 필두로 한 반정부 시위였기 때문이다. 당시에 정부는 계속해서 시위가 지속되자, 주최 측과 접견을 시도했으나, 페미니즘 단체에서는 이를 거부하고 시위를 지속했다. 그 뒤, 시위에서 문재인 전 대통령도 남자니까 재기하라는 피켓을 들었다. 여기서 재기라는 말은 2013년까지 활동하던 남성 인권 운동가인 故 성재기 남성연대 대표를 말한다. 당시 직접 운영하던 남성연대의 재정상의 어려움을 호소하며 한강에서 투신을 하였는데, 자살 시도는 아니었고 주목받기 위한 퍼포먼스라고 이야기했다. 하지만 결과적으로 이 행동은 죽음을 불러오게 되었고, 여자들 측에서는 남성 인권 운동가가 죽은 것을 조롱의 목적으로 사용하였다. 즉, 재기하라는 뜻은 성재기 대표의 이름을 따서 자살하라는 표현을 바꿔 이야기하는 것이다. 이 3차 시위에선 국회와 대통령을 모욕하고, 박근혜 전 대통령을 옹호하는 등 이상하게 흘러갔다. 시위가 대통령 측에 대한 모욕으로 이어지자 이 시위는 경찰들에 의해 외부에서 보지 못하도록 단속이 진행되었다.

혜화역 시위는 3차부터 이상한 국면에 들어가기 시작했는데, 본래 여성계는 민주당 계열이었다. 여성단체의 대부분은 시민단체이고, 이들은 노동계, 민주당 계열이기 때문에 진보 계열 인사들로 분류되었다. 그래서 새롭게 만들어진 페미니스트 단체들의 지원도 진보 계열 시민단체와 민주당계에서 진행되었고, 보수 측에서는 이들을 배척하는 정책을 펼치곤 했다. 그런데, 노무현 전 대통령에서 이어진 문재인 전 대통령은 민주당의 상징 같은 존재였다. 자신들이 밀어줬던 단체에서 문재인 전 대통령에 대해 모욕적인 언사를 포함한 반정부 시위를 하는 것을 보자, 민주당계에선 이들에 대한 대처에 곤란을 겪게 된다. 물론 아무 이유도 없이 진짜 남자라서 문재인 전 대통령을 욕하기 시작했던 것은 아니고, 3차 시위 전에 문재인 대통령이 국무회의에서 편파수사라는 말이 맞지 않다고 발언했기 때문이었다. 문재인 전 대통령은 당시 이런 상황이 문제해결은 안 되고 성별 간 갈등과 혐오를 부추기기만 하는 상황이 될 것 같다고 우려했다. 이러한 평가를 내린 이유는 시위 자체의 명분이 합당하지 않았기 때문이다.

먼저 가해자가 빨리 잡힌 이유는 당시 누드 크로키 수업에 용의자가 몇 명 되지 않았기 때문이다. 그중에서 수사를 하면 되는 상황이라, 용의자 특정이 빠를 수밖에 없었다. 둘째로 형량인데, 형량 문제가 조금 있다. 10개월의 형량은 실제로 다른 남자 몰카 가해자에 비해서 굉장히 높은 형량인데, 원인은 피의자가 출석 거부 및 자신의 휴대폰을 은닉하는 등 증거인멸의 행위를 했기 때문이었다. 남자와 여자의 형량 문제는 양형 기준에 여성이 들어있는 점을 들어 오히려 여성보다 남성이 가중처벌을 당한다는 견해도 있다.

사실 이 몰카 사건의 형량 문제는 남자, 여자에 따른 형량이 문제가 아니라 몰카 범죄의 형량 자체가 문제였던 것인데, 매체에서는 여성들이기 때문에 더욱 가중처벌을 받았다는 페미니즘 단체의 발언을 보도하였고, 여성이 남성의 나체를 유포한 특이한 사건이었기 때문에 대중에게 혼란을 주었다. 종합적으로 봤을 때, 문재인 전 대통령의 발언은 틀린 말이 없었고, 시위 자체의 정당성에 대해 이야기했다고 볼 수 있다.

하지만 문재인 대통령의 발언은 결과적으로 4차 시위에서 문재인 대통령 본인뿐만 아니라, 노무현 전 대통령을 비하하고, 박근혜 전 대통령을 옹호하는 결과를 낳게 되었다. 심지어 시위에서 재기해처럼 디시에서 만든 운지라는 단어를 사용하였다. 운지는 노무현 전 대통령의 자살 사건을 조롱하는 표현인데, 운지는 디시의 정치사회갤러리, 정사갤에서 만들어진 운지천 CF 패러디 영상이다. 원본 영상에선 날아 차기를 하며 활력을 표현한 장면을 편집하여 마치 절벽에서 떨어지는 듯한 영상으로 만든 것이다. 그래서 운지라는 단어는 디시 산하에 있던 모든 갤러리에 퍼지게 되었고, 노무현 전 대통령을 비하하는 것이 아이덴티티였던 일베에서는 거의 숨 쉬듯이 쓰게 되었다. 이처럼 시위는 점차 민주당 계열의 반민주당 집회라는 무엇이라 특정할 수 없는 시위로 변질되고 있었다.

게다가 4차 시위는 혜화역이 아닌 광화문에서 개최되었다. 눈치챈 사람도 있을 것이다. 당시 광화문에서는 박근혜 석방, 문재인 퇴진을 외치는 친박 단체의 시위가 같이 열렸다. 나이대가 지긋하신 어르신 계열이 많던 친박 단체로서는 젊은 여자들이 자신들과 같은 말을 하는 것을 보고 어안이 벙벙했다. 물론 이 두 집단이 당시에는 섞이지 않았다. 4차 시위 역시 생물학적 여성들만 참여할 수 있는 시위였기 때문이다. 하지만 이 사건을 빌미로 시위의 핵심 주최자였던 워마드 측은 박근혜 전 대통령 석방을 위해 노력하던 박사모 및 대한애국당, 일베 등의 극우세력들과 함께 박근혜 석방 집회에 참여하는 등, 진보 계열의 극우세력이라는 이상한 타이틀을 얻게 된다.

심지어 그 시기는 탄핵당한 지 얼마 되지 않은 시점이었기 때문에 박사모 등의 친박 단체는 말이 통하지 않는 할아버지들의 이미지가 강했다. 이런 어르신들이 탄핵 사건 이후 극우 단체를 표방하고 있던 일베에 대거 들어오게 되어, 일베는 한순간에 노령화를 맞이하고, 몰락하게 된다. 그리고 그동안에 쌓아온 일베의 이미지를 그대로 친박, 극우단체가 받게 되어, 일반인들에게 일베, 친박, 극우라는 단어는 대한민국에서 없어져야 할, 사회의 악 같은 존재가 되었다. 워마드는 이런 단체들과 손을 잡은 것이다. 민주당 집권 시기에 보인 이러한 행보는 민주당을 지지하는 일반인들에게 페미니즘에 대해 안 좋은 인식이 심어지게 된다. 대한민국에서 건드리면 안 되는 첫 번째 정치를 건드린 것이다. 그리고 이어지는 성체 사건으로 페미니즘의 긍정적 이미지는 끝나고 만다.

성체 사건은 3차 시위가 진행된 후 며칠이 지난 워마드에서 벌어졌는데, 성체란 천주교에서 예수 그리스도 그 자체를 의미한다고 생각하면 된다. 쉽게 말해 최후의 만찬에서 자신의 제자들에게 빵과 포도주를 주면서 이것이 나의 살과 피라고 이야기하는 장면이 있는데, 여기서 빵이 바로 성체이고, 포도주가 성혈이다. 예수님이 직접 자신의 살이라고 이야기했기 때문에 빵이 성체가 된 것이다. 그래서 이 성체는 음식의 범주가 아닌 신성한 것 그 자체로 분류된다. 이런 성체를 워마드 회원이 집에 가져와서 붉은 글씨로 예수님에 대한 욕을 적었고, 꼬챙이에 끼워 불로 태운 사진을 인증한다. 이런 글을 올린 이유를 천주교의 낙태죄 반대 때문이라 이야기했는데, 워낙 충격적이라 인터넷에서 금방 화제가 된다. 대한민국 1/10이 천주교 신자였기 때문에, 한 신자가 이를 공론화하고,

우리나라 천주교지부들에 제보하게 되었다. 성체는 일반인들이 쉽게 받을 수 있는 것이 아닌, 천주교에서 세례를 받고 인정을 받은 사람만 준다. 그 때문에 천주교인이 이런 행위를 벌였다는 것을 안 천주교 측은 발 빠르게 움직였다. 천주교 내에서는 성체를 훼손할 시 사면을 박탈한 즉각 파문에 해당할 정도로 심각한 중죄에 해당하기에 이 사건은 천주교 매체뿐만 아니라 각종 메이저 언론에서도 중요하게 다뤄졌다. 이에 워마드에서는 조롱이라도 하듯, 성체에 낙서 된 붉은 글씨가 자신의 월경혈로 그린 것이라고 주장했다. 이후에도 성체 훼손 사건은 이어졌다. 천주교 측에서 1차 훼손의 충격에서 벗어나 참회에 대해 논한 직후에 2차 훼손이 훨씬 더 심한 강도로 거행되었다. 2차, 3차, 4차까지 이어진 워마드의 성체 훼손은 분명한 보복성, 조롱성 행위였고, 많은 종교인, 일반인들의 규탄을 받는다.

대한민국에서 가장 건드리면 안 되는 분야가 2가지 있다. 바로 정치와 종교이다. 이 두 가지는 무엇이 옳고 그르고를 따질 수 없고, 사실관계를 파악하기도 쉽지 않다. 믿음으로써 운영되는 조직들이기 때문이다. 자신이 틀리지 않았음을 증명하는 것이 목표인 단체들이다. 믿음은 어떤 논리적인 이유로 믿게 되는 것이 아니다. 믿어지는 것이다. 아무리 논리적인 이유를 들어서 상대 진영을 설득하려고 해도 쉽지 않다. 믿어지는 것에는 너무나 많은 이유와 요소가 있기 때문이다. 어떤 논리가 절대적이라는 보장은 아무도 할 수 없다. 우리가 과학적으로 밝혀낸 사실조차도 사실 근거에 의한 추정일뿐이다. 그 추정이 맞다는 사실조차도 믿음이다. 믿음으로써 근거를 대는 것이지, 근거 때문에 믿는 것이 아니다. 그렇기 때문에 정책이 아닌 정치는, 도덕이 아닌 종교는 옳고 그름을 가려서 상대방을 회유하는 것이 아니라 있는 그대로의 모습을 인정해줘야 하는 것이다. 그래서 부모 자식간에도 정치와 종교는 이야기하면 안 된다고 하는 것이다.

하지만 워마드는 종교와 정치가 등을 돌리게 했고, 여태까지 했던 행동과 인식들이 영향을 끼쳐 이들이 워마드인지, 메갈리아인지 중요하지 않은 일반인들에게는 페미니즘으로 묶여서 불리게 되었다. 그렇게 페미니즘은 몰락의 길을 걷게 된다. 물론 이 사건 때문에 페미니즘이 완전히 몰락하게 되었거나 그런 것은 아니다. 조금씩 성장하던 여성운동이 대중의 따가운 눈총을 받게 된 시작이라는 뜻이다. 이후에도 남자와 여자의 싸움, 아니, 페미니즘과 일반인과의 싸움은 계속되었다. 여성 측에서도 페미니즘에 반대하는 사람들이 나오기 시작했기 때문이다. 워마드 같은 극단적인 레디컬 페미니즘 말고도 다른 페미니즘도 있다는 말은 대한민국에선 이제 틀린 말이다. 대중들은 페미니즘이란 단어를 레디컬 페미니즘으로 받아들이기 때문이다. 극단적인 페미니즘이 아닌 페미니즘들은 대중들의 눈 밖에 난 페미니즘이란 단어를 쓰지 않는다. 젠더리즘으로 자신들을 표명한다. 일베의 이미지를 가지고 있는 페미니즘을 굳이 고쳐 쓰려고 하지 않는다.

이렇게 페미니즘은 몰락의 길을 걷게 된다. 물론 나는 페미니즘의 역사를 인터넷 커뮤니티의 역사의 관점에서 설명하였고, 그동안 있었던 굵직굵직한 사건들 전부 다 생략하고, 오프라인에서 가장 중요한 사건이었던 강남역 살인사건부터 혜화역 시위로 이어지는 사건에 대해서만 이야기 했다. 이 과정에서 생략된 수많은 사건과, 차마 입에 담지 못할 일베, 디시와 워마드, 메갈리아의 엽기적인 범죄행위들의 대부분을 생략하고 이야기했다. 글 작성 중, 거북함을 느꼈기 때문에 지우게 되었는데, 말을 하지 않았다고 해서 이들의 범죄 행위가 지워지는 것은 아니다. 개인이 저지른 범죄이지만 동아시아권 대부분의 나라는 개인의 행동이 집단을 대표한다.

이 글을 썼을 때, 일베나 워마드 같은 극단적인 단체가 미화되는 것이 아닐까 걱정이 된다. 하지만 이들은 익명성이라는 인터넷의 장점을 극도로 악용한 사례이고, 남성과 여성, 세대 간의 갈등, 정치적인 갈등의 원인이자, 거름이다. 시대의 흐름과 발전에서 어쩌면 꼭 필요했던 집단이다. 사회 문제의 이유에 큰 생각을 하지 않던 일반인들에게 조금 더 본질적인 문제를 제기했기 때문이다. 혹여나, 이 글을 읽고서 어떤 커뮤니티가 더 낫다거나, 더 나쁘다는 의견을 가지지 않길 바라면서 사족을 적는다. 이렇게 커뮤니티가 극단적인 성향을 띄는 것은 시대 때문에 그렇다. 커뮤니티는 순기능도 있지만 지금 같이 시대가 바뀌는 혼란한 과도기에선 악영향이 훨씬 크기 때문이다. 가치 판단이 정확히 명시되지 않은 지금의 세계에서 익명성 뒤에 숨은 커뮤니티는 사회의 악이 되어가고 있다.

인터넷을 보면 안타깝다. 그들의 싸움의 역사를 모르는 대부분의 일반 사람들은 큰 사건과 언론사의 제목 보도만을 보고 판단한다. 나는 늘 페미니즘이 지금처럼 과격하지 않고, 정당한 이야기를 했으면 하는 상상을 한다. 명분이 있었던 강남역 살인사건부터 매스컴의 주목을 받았던 혜화역 시위까지 여경 총장 임명이나, 여경 비율 9:1 같은 비합리적인 대안 제시보다, 조금씩 여성들이 정말 차별받는 점들에 대해서 바꿔 나갔으면 많은 사람의 지지가 있었으리라고 생각한다. 혁명은 반발을 일으킨다. 반발을 잠재우고 사회를 변화시키려면 대중들이 자신을 지지하도록 만들어야 한다. 기존의 기득권을 가진 사람들에게 너무 많은 것을 가지고 있으니 당장 권리를 내놓으라는 이야기는 기득권을 적으로 만들고, 기득권을 지지하는 사람들을 적으로 만든다. 페미니즘은 남성들을 적으로 돌렸다. 20대끼리 뭉쳐도 50대, 60대들이 들어줄 리 만무한데, 힘을 반으로 뺀 상황인 것이다. 게다가 종교계의 지지를 버렸고, 남자에게 큰 반감이 없는 여자들을 버렸다. 결국 남은 자신들을 원래 지지해주던 여성계와 민주당계에 다시 기댈 수밖에 없었고, 페미니즘은 거기서 멈춰버린다.

20대 남자들이 왜 페미니즘을 싫어하는가? 아무런 능력도 없고, 이제 막 고등학교 졸업하고, 2년간 군대를 지키고 대학을 졸업하고, 20대 후반이 되어서야 첫 직장에 출근하게 되었는데, 자신의 대학 동기는 벌써 3년 차 4년 차 직장인이 되어 자신에게 훈수를 둔다. 나는 아무것도 이룬 것이 없고, 능력도, 돈도, 미래도 없는 처지인데, 페미니즘은 이런 내가 적폐이자, 세상이 나를 위해 돌아간다고 한다. 그리고 이들은 여경 비율 9:1, 여성 경찰청장 임명, 여성 할당제 요구 등의 상식적이지 않은 요구를 한다. 그리고 이들의 상식적이지 않은 요구를 들어준 집단이 바로 기존의 기득권이던, 자식들 보는 앞에서 실질적인 남녀 차별을 했던 나이 많은 남성이다. 이 남성들이 바로 90년대생 남자들의 아버지뻘이다. 자신과 동갑인 여자들은 남자는 기득권이라며 자신을 욕한다. 자신의 아버지뻘 세대도 사내자식을 운운하며 참으라고 한다. 이것이 바로 대부분의 남자들이 반 페미니즘을 선호하고 정치 성향이 보수 쪽으로 기운 중도가 된 이유다. 이제서야 대부분의 사람들이 "페미니즘? 그거 안 좋은 것 아니냐?"하는 인식이 생겼지만 남자들은 인터넷 페미니즘과 벌써 십년이 넘은 전쟁을 하고 있던 상황이었다. 십 년간 정말 수많은 사건이 있었다. 게임계와 여성가족부의 싸움, 고등학교 성교육 시간에서 벌어진 페미니즘 교육과 남성 차별 등등 한 번도 남성으로써 이득을 본 적 없는 세대에게 남성의 이점을 운운하며 역차별을 당한 남성들이 페미니즘을 옹호할 리 없다. 오히려 반페미니즘 성향을 띄는 게 당연한 수순이었다. 심지어 남자 페미니스트라고 스스로를 지칭하며, 남자와 적대하던 남자들의 대부분이 성 관련 범죄로 구속되어 가는 모습을 보면서 남자들은 자신들의 사상을 더 확고히 하게 되었다.

하지만 대한민국은 정말 성평등 나라인가? 인터넷에서 싸우는 사람들은 자신들이 얼마나 차별받았는지, 남성에 비한 여성, 여성에 비한 남성에 대해 이야기한다. 어딘가 분명히 평등하지 않다는 것을 남자도, 여자도 알고 있다. 여러 사안에 대해서 어떤 점은 남자가, 어떤 점은 여자가 불리하다. 이러한 논쟁은 토론을 통해서 서로 절충하며 해결해 나가야 한다. 하지만 인터넷 세상에선 다르다. 누구 하나 양보할 생각이 없으며, 남자가 잘못한 일에는 남자가 옹호하며, 여자가 잘못한 일에는 여자가 옹호한다. 이 점이 바로 남녀갈등이 정치적 표를 위한 공작이라는 이야기를 듣는 원인이다. 서로 간의 타협이 없다. 극단적으로 반 페미니즘을 지향한다는 말만 듣고 정당을 지지하는 사람이 있을 정도이다. 지금의 90년대생들의 남녀갈등은 거의 정치적인 싸움과 비슷하다. 자신의 정당이면 면죄부를 주며 무조건적인 옹호를 하는 극성 정치인들처럼 지금의 남녀는 둘로 쪼개져 양당 체제를 이루며 싸움을 벌이고 있다.

이렇게까지 갈등이 심화된 이유는 90년대생들의 기본 정서인 실패하지 않고 싶어 하는 가치관이 한몫을 했다. 페미니즘은 남자들의 입장에서는 잘못 하지 않았는데, 잘못했다고 하니 자신의 존재 자체가 부정당하는 기분이 들게 만들고, 페미니즘을 믿는 여자들의 입장에선 어떤 실패 자체를 자신의 잘못이 아닌 사회 돌리게 만든다. 페미니즘을 믿는 여자들은 '사회가 실패한 사회인 것이지, 자신이 실패한 인생은 아니다. 이 모든 것의 원인은 사회의 기득권인 남자들이다'라고 생각한다. 남자들은 '그럼 왜 그것을 우리 탓이라 하냐, 기득권은 우리 아버지들인데, 자신의 그런 모습이 싫으면 스스로 노력해서 벗어나야지. 우리가 뭘 했다고 우리 탓을 하냐?' 라고 이야기한다.

만약 서로의 의견이 절충되어서 함께 세상을 바꿔나갔다면 어떻게 되었을까? 남자와 여자, 서로의 불평등한 점들을 알아가며 더 좋은 세상이 되지 않았을까? 자식들이 싸우면 부모님이 중재해주는 가정은 나이를 먹어서도 친하게 지낸다. 하지만 한쪽의 편을 들며 다른 한쪽을 나무라기만 한다면, 나이를 먹고서도 서로를 적대시할 것이다. 10년 정도 전에는 남자와 여자가 싸우기도 하고, 편을 먹기도 하면서 사회에 보편적으로 깔린 무시와 혐오 등의 발언에 대해서 자유롭게 토론하던 시절이 있었다. 그때 당시에도 여성혐오, 남성 혐오 발언을 하던 집단이 있었지만, 지금처럼 주류라기보다는 이상한 사람 취급받는 수준에서 그쳤다. 이때 당시의 어른들이 이런 인터넷 문화를 보고 중재를 했다면 지금처럼 남녀 갈등도, 세대 갈등도, 정치 갈등도 적지 않았을까? 나아가서 익명성을 무기로 사회적인 물의를 일으키는 집단이 나타나지도 않지 않았을까 상상해본다. 물론 그때 당시의 어른들을 폄하하는 것은 아니다. 그들도 어쩔 수 없었을 것이다. 우리나라는 너무 빨리 발전했고, 세대별로 10년만 차이가 나도 아예 다른 세상에서 살았다. 나이를 먹는 속도와 시대가 변하는 속도가 너무 차이가 났다. 이 이질감은 마치 다른 차선에 있는 것 같은 기분이 든다. 인터넷을 통해 성장한 90년대생들과 당시의 어른들은 같은 도로 위에 다른 차선에 있었다.

나는 페미니즘의 'ㅍ' 자도 모르던 정말 일반인 중의 일반인이었다. 그런 내게 강남역 살인사건의 슬로건은 정말 충격이었다. 단 한 번도 술 먹고 집 갈 때 무서웠던 적이 없었기 때문이다. 내가 슬로건을 듣고 걱정이 되었던 것도 여자친구의 귀갓길이었다. 그렇기 때문에 남자와 여자가 갈라져서 싸우는 지금의 시대가 안타깝게 느껴진다. 거대한 몸을 움직이려면 많은 시간과 에너지가 사용된다. 대한민국이라는 거대한 집단을 움직이는데 너무 빨리 그 연료를 태워버린 것이 아닌가 싶은 생각이 든다. 정말 천천히, 서로를 이해하고 화합하는 교류의 자세로 나아갔으면 하는 안타까움이 든다. 혹자는 이에 대해 인터넷이라는 익명성과 수많은 가치관들이 충돌하는 공간에서 너무 유토피아적인 발상이라고 생각할 수 있다. 하지만 그동안 진행되었던 남녀갈등에 대한 100분 토론 등에서 단순히 표를 위한 정책이 아닌 정말 남녀노소 합당하게 인정할 수 있는, 유의미한 결과가 나오고, 실제로 반영이 되었다면 충분히 가능성 있지 않았을까 생각한다. 물론 이 이야기를 하는 것은 지금이라도 시행이 되었으면 하는 바람에서 이야기하는 것이다. 동서고금을 막론하고 갈등을 해결하는 것은 진짜 어른들이니까 말이다.

인생 쉽게 사는 법

여태까지 지금의 90년대생들이 살고 있는 환경, 역사, 문화에 대해서 이야기했다. 이제 이 모든 것들을 종합하여 90년대생들에게 해주고 싶은 말을 하려고 한다. 바로 이전 세대와 교류하는 법이다. 이전 세대와 맞붙을 수밖에 없는 상황이 언제일까? 바로 회사 생활이다. 꽤 많은 수의 90년대생들이 회사에서 혁명을 일으키고 있다. 그런 것들을 이해해주고 인정해주는 소위 말하는 '요즘 회사'들도 있지만, 우리나라의 대부분의 회사는 기존의 방식과 전통을 유지하고 있다. 요즘 회사에 들어가는 게 가장 베스트겠지만 숫자도 적고, 입사하기 전에는 그런 회사인지 알 수가 없다. 회사의 중추가 되는 80년대생들이 90년대생들에게 '젊은 꼰대'로 불리기 시작했기 때문이다. 이젠 나이대로 꼰대 회사인지 아닌지 유추를 하기가 어렵다. 그래서 대부분의 90년대생들은 '옛날 회사'에 들어가게 된다. 영원히 일 안 해도 되는 사람은 숫자가 많지 않다. 사회초년생으로서 힘이 없는 90년대생이 혁명을 주도한다면 모두의 적이 되기 가장 빠르고 쉬운 방법일 것이다. 90년대생으로써 회사에서 살아남기 위해서는 어떻게 해야 하는지 이야기를 나눠보려고 한다.

희생과 책임. 한국 사회에서 가장 강조되는 이야기다. 유튜브 좀 봤거나, 학교생활에서 한 번쯤은 들었을 단어가 있다. 주인의식이란 단어다.

알바의 입장에서도 자신이 주인이라고 생각하며 행동하라는 뜻으로 정의할 수 있다. 하지만 내가 해석하는 것은 조금 다르다. 내가 생각하는 주인의식은 업무의 파악이다. 중소기업에서 특히 주인의식이란 말을 많이 쓰는데, 보통 청소하라고 하기 무안할 때 쓴다. 청소는 또 맨날 하지 않는가? 그래서 좀 주인의식이란 말이 이제 부정적으로 들리는 경우가 많다. 그러나 주인, 즉 사장님이 되면 어떤 것이 가장 중요한가? 물론 청소가 중요하지만, 음식점이 아닌 이상 1순위, 0순위는 아닐 것 아닌가? 바로 사업의 주목적이 잘되는 것이다. 돈을 벌기 위한 사업은 잘돼서 돈을 많이 버는 것이 주인의식이다. 돈을 어떻게 벌까? 사업마다 다르고, 여러 요소가 있을 것이다. 내가 말하는 주인의식이란 이런 것에 대해서 생각해보는 것이다. 어떻게 하면 돈을 많이 벌까? 편의점을 예로 들어보자. 자신이 점장이라면 어린아이들이 자주 먹는 우유와 오렌지 주스 등을 허리춤보다 낮게 진열할 것이고, 소주를 허리보다 조금 높게 진열할 것이다. 주 고객층의 눈높이에 맞춰서 진열하면 매출이 올라간다는 연구 결과에 입각해서 말이다. 이 이야기를 알게 된 점장은 바로 야간 근무자에게 위치를 알려줄 것이다. 그런데 만약 자신이 야간 근무자라면 어떨까? 이러한 이야기를 사장보다 먼저 알고 직접 배치한다면 점장에게 좋은 점수와 인정을 받게 될 것이다. 90년대생들 대부분이 인정받는 욕구에 목말라 있기 때문에 주인의식으로 노동의 가치를 찾을 수 있게 된다.

하지만 실제로 이렇게 행동했을 때, 시키지도 않은 짓을 하냐는 핀잔을 먹은 사람들이 많을 것이다. 고급 정보를 듣고 와서 회사에 도움이 되려고 열심히 했는데, 아무것도 모르는 사람이 핀잔이나 줘? 이런 경험이 있는 90년대생들은 흑화하여 '주인의식은 개뿔 내 회사냐? 시키는 거나 하고 말지'라고 생각하게 된다. 그렇다면 어떻게 해야 할까? 바로 탐색이다. 적을 알고, 나를 알면 백전백승이다. 회사, 학교, 군대, 심지어 동호회에도 규칙이 있다. 수영장에 수영모를 착용 안 하는 것이 편하다고, 막무가내로 탈모한 상태로 가면 쫓겨날 뿐이다. 회사도 마찬가지다. 안되는 것엔 이유가 있다. 회사 전체의 규칙이든, 상급자의 규칙이든 이유가 있을 것이다. 항상 어떤 집단을 가든 상대방과 회사의 분위기와 규칙을 파악해야 한다. 모두가 잘 다니고 있는 회사에 자신이 돌을 던지면 당연히 좋아할 사람이 없다. 그게 맞는 말이라도 말이다. 생각해보자. 롤하고 있는데, 15살 여동생이 와서 "아니 오빠, AP가 몇 명인데 가갑을 가면 어떡해."라고 지적한다고 생각해보자. 맞는 말인데 기분이 좋게 받아들일 수 있을까? 롤 10년을 했는데, 15살 중학생이 와서 훈수를 두는 경우에 말이 좋게 나가진 않을 것이다. 또, 내가 입고 싶은 원피스를 입고 나가는데, 17살 남동생이 와서 "누나, 남자들은 그런 프릴 달린 옷 안 좋아해. 월톤이면 은목걸이 좀 빼."라고 이야기를 듣는다고 생각해보자. 웃으면서 주먹이 나갈 것이다.

자신이 알게 된 정보를 가지고 회사를 바꾸려고 하지 말자. 항상 모든 것을 사수와 상의해야 한다. 야간 편의점 알바생이 교대 시간에 점장을 만나서 퇴근 전에 잠깐 이야기한다고 생각해보자. "점장님 제가 어제 유튜브에서 편의점 마케팅이란 영상을 봤는데요, 이게 소주는 남자 여자 평균 눈높이에 두고, 우유 같은 건 바닥에 둬서 애들이 보기 쉽게 하면 매출이 올라간다고 하더라고요. 이거에 대해서 어떻게 생각하세요?"라고 이야기했다고 생각해보자. 만약에 안 된다면 안되는 이유를 말해주는 사람이 있을 것이고, 쓸데없는 소리 하지 말고 퇴근이나 하라는 사람이 있을 것이다. 다양한 이유가 있을 것이다. 매대가 작고, 어린아이가 없는 지역이라서 오히려 더 성인들만을 위해 배치를 해야 한다든지, 우유의 유통기한이 짧아서 더 많은 사람이 보는 곳에 두어야 한다든지 등 말이다. 하지만 이렇게 이야기를 하는 것으로 자신이 어떤 사람인지, 윗사람들은 판단하게 된다. 다시 말하면, 능동적으로 일을 찾아서 하려고 노력하는, 우리 편의점에 도움이 된다는 '편견'이 생기는 것이다.

쓸데없는 소리 하지 말라는 사람들을 보고 90년대생들은 꼰대라고 부른다. 하지만 실망하지 말고, 매장의 분위기를 살펴야 한다. 이런 사람들의 경우 자신이 직접 하는 경우도 있고, 사실 파악이 더 중요한 사람일 수도 있다. 마음을 열지 않은 것일 수도 있고, 정말 그냥 꼰대일 수도 있다. 이런 성향을 파악하는 능력을 길러야 한다. 단 한 번으로 모든 것을 판단할 수 없다. 그냥 그 제안이 마음에 안 들었을 수도 있다. 현 90년대생들의 가장 큰 문제는 빠르게 속단한다는 점이다. 유튜브 숏츠 보듯이 세상을 바라보면 안 된다. 현실은 a를 입력하면 b가 나오는 컴퓨터식 알고리즘의 세상이 아니다. 항상 현실을 상황과 맥락의 관점에서 바라봐야 한다. 그 사람이 단순히 오늘 아내와 싸우고 와서 기분이 나쁜 것인지 내 이야기를 듣기 싫어하는 것인지 한두 번의 대화로는 아무것도 알 수 없다. 편견에 자유롭고 싶어 하면서 자신이 편견에 휩싸이는 것을 항상 경계해야 한다. "정말 그 사람은 꼰대인가?" 사회생활에선 늘 대화를 나누며 상대방을 파악하기 위해서 노력해야 한다.

그렇게 사람들을 파악하다 보면 자신이 맡은 업무가 파악된다. 윗사람들이 무엇을 원하는지 깨닫기 때문이다. 그 이후에 유튜브를 보자. 아마 일하기 전에 들었던 정보와 같은 것을 들어도 차원이 다를 것이다. 경험을 통해 실력이 좋아졌기 때문이다. 운동도 안 하고 바로 마라톤을 완주할 수는 없다. 방법을 알아도 실력이 부족하면 완주할 수 없는 것이다. 그렇게 회사에서 사람들의 의중을 파악하고, 내가 맡은 업무에서 어떤 것이 중요하고, 다른 사람들은 어떤 것이 중요한지 파악이 된 후에야 회사에 변화에 대한 이야기를 꺼낼 수 있는 자격이 주어지게 된다. 입사했을 때와 다른 점은 그동안 착실히 능동적으로 일한다는 긍정적 편견을 쌓아왔으며, 경험을 통한 실력도 갖춘 상태라는 것이다. 다시 말하면 말의 무게감이 다르다는 뜻이다.

그래서 자기 자신에 대해 인지를 해야 한다. 자기 계발 유튜브를 보면 항상 나오는 메타인지를 말한다. 신입사원으로 입사한 자기 자신에겐 아무런 능력이 없다는 것을 받아들여야 한다. 지식을 알고 있는 것과 이해하는 것은 다르기 때문이다. 회사의 시스템이 아무리 비합리적이고, 힘들어도 그 회사가 그런 시스템을 차용한 이유를 알아야 한다. 부당해도 참고 견디라는 뜻이 아니다. 이유를 생각하고, 알아야 한다. 이것이 이해다. 회사에서 이해가 안 되는 것을 바꾸려고 하면 안 된다. 이해하려고 노력해야 한다. 참지 않는 가치관이 꼭 나쁜 것만은 아니다. 하지만 이해가 완벽히 되어 있고, 능력이 있는 상태에서 진행돼야 한다. 왜냐면 바꾼다는 것은 많은 사람들의 지지를 얻어야 하기 때문이다. 페미니즘이 왜 실패했는가? 급진적인데, 옹호해주는 사람이 없었다. 프랑스 혁명은 어떤

가? 급진적이고, 극단적으로 폭력적이었지만 성공했다. 대다수 사람이 지지했기 때문이다. 더 많은 사람들이 지지할수록 발언에는 힘이 실린다. 하지만 현대 사회는 각자가 너무나 지킬 것이 많고 이해관계가 얽혀 있기 때문에 혁명으로 많은 지지를 받기 어렵다. 그래서 혁명보단 교류의 방식으로 접근해야 한다. 저수지 빙판에 작은 돌멩이를 던진다고 해서 빙판이 깨지긴 쉽지 않다. 하지만 뜨거운 물을 붓는다면 부은 자리가 녹으며 같이 섞일 것이다. 교류는 그런 것이다. 큰 힘과 비슷한 성질을 가지고 섞여가는 것이다. 비슷한 성질을 가지기 위해서는 상대방을 이해해야 한다.

옳지 않은 부당한 일에 대해서 참지 않는 성격은 좋은 성격이다. 사회가 빠르게 변할 수 있는 원동력이자, 힘, 엔진이기 때문이다. 그렇지만 바퀴가 있어야 엔진이 의미가 있는 것이다. 지금의 90년대생들이 하는 이야기들은 엔진만 들고, 아무것도 없이 여행을 떠나겠다는 것이다. 모든 사람들의 이야기를 듣고, 자신의 편을 만들어서 차를 완성해야 한다. 힘 없이 바꾸려고 목소리만 내는 것은 떼를 쓰는 것에 지나지 않는다. 그럼, 힘은 어떻게 만드는가? 바로 경력이다. 경력이 오래 쌓이면 쌓일수록 힘은 쌓인다. 경력은 3년 차부터 시작되어 7년 차에 정점을 찍는다. 1년을 일하고 퇴사를 하는 것은 헬스 3개월 다니고 9개월 쉬는 것과 마찬가지다. 다시 시작할 때 처음 하는 것과 마찬가지라는 뜻이다.

그다음은 인간관계다. 상대방의 의중을 파악해야 한다는 위의 행동이 정치질이라고 생각이 드는가? 다른 사람들이 아니라고 했을 때, 상대방의 입장을 이해하는 것보다는 자신의 생각대로 설득하고 강압적으로 추진해서 나아가는 것이 바로 정치질이다. 위에서 이야기했듯 자신의 믿음이 틀리지 않았음을 증명하는 것이 정치이기 때문이다. 의중을 파악하는 것은 정치질이 아닌, 소통과 사회생활이다. 자신이 한 행동에 대해 어필해서 좋은 인사고과를 받는 것이 사회생활이고, 남이 한 행동으로 상을 받거나, 자신의 잘못을 남에게 덮어씌우는 것이 정치질이다. 사회생활은 근육처럼 늘리는 것이다. 태어났을 때부터 사회생활에 재능이 있던 사람들은 칭찬을 받으면서 더 사회생활을 잘하게 되고, 스스로 못한다고 생각하는 사람들은 못 하는 방향으로 더 나아가게 되어있다. 한번, 두 번 해서 늘릴 순 없다. 운동하는 것처럼 매일 조금씩 늘려나가야 한다. 전화 받기가 어렵다면, 전화를 많이 해보면 된다. 대화하는 게 어렵다면 인사부터 시작하는 것이다. 스스로를 속단하고 판단하지 말아야 한다. 90년대생을 둘러싸고 있는 많은 정보들은 실패를 하지 않게 도와준다. 이 말을 다시 해보면, 시도를 하지 않도록 막는다는 뜻이다.

대한민국 사람들 대부분은 유튜브에서 나오는 강인한 의지를 가진, 대단한 사람들이 아니다. 평범한 사람들이다. 이것을 인정하고 시작해야 한다. 왜 가슴 두근거리는 자기개발서를 읽고, 영상을 보고 채 3일을 안가서 술을 마시고 다짐한 것을 못 지켰다고 더 이상 아무것도 하지 않는가? 그것은 자신의 능력을 모르고 계획을 세우기 때문이다. 못하면, 그다음 날에 또 하면 된다. 다짐을 했다고 변하는 것이 아니다. 정보를 알고 있다고 해서 온전히 내 것이 되는 것이 아니다. 정보는 받아들일 능력이 없는 사람에게는 독이 될 뿐이다. 현명한 사람은 자신의 수준이 어떤지를 알고, 알맞은 지식을 활용하는 사람들이다. 그러니 상대방의 말이 틀렸다 해도 받아들여야 한다. 자신의 판단이 맞다고, 자신이 본 정보가 정확하다고 확신할 수 없는 세상이다. 편협한 지식으로 세상을 함부로 판단하지 말아야 한다. 자신이 틀렸다 해도 수용하는 법을 배워야 한다. 틀린 것을 받아들이고, 행동하면서 자신의 힘을 길러야 한다. 힘을 기르는 법은 자신의 장점을 숨기는 것이다. 조용히 자신이 알고 있는 지식과 현장에서 얻는 모든 지식을 엮어가야 한다. 지식은 유기적이기 때문이다. 이렇게 지식을 차곡차곡 쌓다 보면 때가 온다. 직접 경험할 때가. 지식은 경험으로써 요리가 되어 실력이라는 결과물이 된다. 자신의 위치가, 능력이 어떤지 알고서 천천히 알고 있는 지식을 요리하자. 그것들로 다른 사람들이 함부로 할 수 없는 사람이 되는 것이다.

주인의식과 메타인지를 섞으면 자신이 회사에서 맡고 있는 위치가 나온다. 신입사원으로서 회사에서 얼마나 많은 부분의 일을 하고 있을까? 정말 미친 듯이 일하는 사람도, 9시에 출근해서 6기에 설렁설렁 퇴근하는 사람도 전체를 놓고서 보면 큰 차이가 없을 것이다. 일의 중요도가 다르기 때문이다. 회사는 노동의 총량이 정해져 있다. 누군가 하지 않으면 다른 누군가가 어떻게든 해낸다. 모래사장에서 하던 깃발 쓰러트리기 같은 것이다. 높은 직급이 해야 하는 일들을 별것 아닐 것 같다고 깎아내려서는 안 된다. 해보지 않은 것에 대해서 판단을 하는 것이 바로 꼰대다. 00년생들이 입사했을 때, 90년대생들은 꼰대가 되지 않을 수 있을까? 늘 스스로를 되돌아봐야 한다. 이것이 정체된 자신의 성장을 뚫어줄 비결이다.

다음으로 이야기하고 싶은 것은 마음이다. 90년대생들 대부분 정신적으로 아픈 사람들이 많다. 머릿속이 안개가 낀 것 같은 멍한 상태의 브레인 포그 현상을 겪는 사람들도 많고 무엇이 문제인지는 모르겠지만 답답함을 느끼는 사람들이 많다. 만약 자신이 브레인 포그 현상을 겪는다면 지금 당장 핸드폰을 켜서 스크린 타임을 확인하자. 나는 그렇게 많이 핸드폰을 보지 않는다고 생각하지만, 생각보다는 훨씬 많이 보고 있는 상태일 것이다. 의도적으로 핸드폰을 참아보자. 영상, 사진을 그만 보는 것부터 시작해야 한다. 버스 창밖의 풍경을 보고, 버스 안의 사람들이 무엇을 하고 있는지보다 보면 한숨을 쉬며 핸드폰을 켜서 어플을 켜는 자신을 발견할 것이다. 이게 중독이다. 우리는 스스로 중독임을 인지하고 있어야 한다. 스마트폰 중독이란 말은 옳지 않다. 스마트폰 없이 살 수 없는 시대다. 쓰는 것에 스트레스를 받으면 안 된다. 90년대생이 걸린 중독은 감정중독이다. 먼저 감정의 기승전결을 되찾아야 한다.

가장 빠르고 효과적인 것은 운동이다. 운동은 하기 싫다는 '기'부터 그만하고 싶다, 이 정도면 되지 않을까?의 '승'을 지나 더 이상 아무것도 할 수 없는 '전'을 지나서 해내니까 뿌듯하고 활력이 돈다는 '결'을 느낄 수 있기 때문이다. 꼭 운동뿐이 아니더라도, 저항감, 해내겠다는 의지, 더 이상 할 수 없는 탈진감, 끝에 오는 보상감을 느낄 수 있는 모든 행동이면 가능하다. 책도 될 수 있고, 등산, 달리기, 그림 그리기도 될 수 있다. 하지만 게임은 안된다. 위 4가지 조건 중 어느 하나라도 제외되면 감정중독의 원인이 되기 때문이다. 게임은 시행하기 위해 필요한 의지나 저항감이 너무 약하다. 게다가 끝이라고 할 수 있는 부분이 없다. 12연패 하면서 한 판만 이기면 끈다고 하고 1승 한 뒤에 게임을 끄긴 쉽지 않다. 두근 거리는 고양감이 다시 결이 아닌 승의 감정으로 끌고 오기 때문이다.

이를 응용하면 회사에서 일하는 것도 치료의 방안이 될 수 있다. 회사에서 퇴사하고 싶은 이유가 무엇인가? 위에서 이야기했지만, 노동의 가치를 찾지 못해서이다. 회사생활에서 딱 하나 부족한 게 바로 보상감이다. 보상감을 느낄 수 있다면, 이러한 중독에서 벗어날 수 있다. 대부분 회사생활에서 기와 승과 전은 느끼기 때문이다. 하지만 좋아하는 일을 미친 듯이 하는 것은 치료의 방안이 되지 못한다. 저항감이 없이 일에 미쳐있는 사람들의 마지막은 과로로 인한 건강 악화다. 보상감이 없이 계속 일하면 번아웃이고 저항감이 없이 계속 일하면 자신의 상태를 알지 못한다. 통증은 몸의 이상을 알려 치료를 할 수 있도록 신호를 알리는 것이다. 통증이 없는 사람은 과다출혈로 죽을 때까지 이상함을 느끼지 못한다. 일을 시작하기 전에 느끼는 하기 싫은 저항감이야말로 사람이 건강한 삶을 살 수 있게 만들어 주는 신호라고 할 수 있다.

이 중에서 내가 가장 추천하는 것은 달리기이다. 등산도 좋지만, 지금 당장 할 수가 없기 때문이다. 그리고 누구나 할 수 있으며 적당한 저항감을 가지고 있다. 너무 큰 저항감을 가진 것부터 시작한다면 유지하기가 어렵다. 하루에 책 한 권 읽기와 5페이지 읽기의 저항감은 엄청난 차이가 있다. 만약 자신의 머리가 너무 뿌옇고 답답하다면 지금 당장 신발을 신고 1km를 달려보자. 몸을 움직이는 것은 몸에 활력을 불어넣는다. 몸에 생기가 돌고 에너지가 넘치는 상태가 바로 사랑이 넘치는 상태다. 마음이 너무 힘들어서 더 이상 아무것도 못 하는 사람을 우울증이라 한다. 자기 자신을 사랑하지 않으니 모든 행동의 동기부여가 되지 않는다. 사랑은 사람을 움직이게 만든다. 그러니 반대로 움직이면 사랑이 생겨난다.

나는 내가 너무 싫었을 때, 아무것도 하지 못할 때, 달리기를 시작했다. 1km가 넘어가자 하염없이 눈물이 났다. 그동안 나는 나를 사랑할 줄 몰랐다. 돈에 대해 걱정은 하지만 오늘도 돈을 쓰고 살았다. 오늘도 돈을 벌지 못했고, 내 삶의 의미를 찾고자 했지만, 방향을 잃어버렸다. 대한민국에서 돈 없이 산다는 것은 장애가 되지 않을 만큼만 내게 사고가 일어났으면 좋겠다는 상상을 하는 것이다. 돈이 없으면 모든 것의 가치판단을 돈으로 보고, 자신의 편협한 시선으로 기준을 정하고 평가한다. 돈이 없으면 돈을 갈망하고, 여유가 없어진다. 그래서 성공하는 법을 찾아봤다. 많은 지식들을 밀어 넣고 내가 맞다 생각하며 살아갔다. 하지만 이 답답한 마음은 걷히지 않았고, 나를 둘러싼 환경도 변하지 않았다. 나는 달리기를 하며, 내가 틀렸다는 것을 알았다. 내 마음 안의 나와 대화해본 것이 처음이었던 것이다. 나이를 먹으며 어른이 되어간다고 생각했던 난, 내 안의 나와 대화해보고 깨달았다. 나는 7살 어린애였다. 나는 내가 무엇을 원하는지 생각해보지 않고, 돈만 많으면 해결되겠지, 돈 많이 벌어 성공하기만 하면 되겠지하고 생각했던 것이다. 그래서 그때부터 세상이 아닌 나 자신에게 관심을 갖기 시작했다. 매일 달리며, 매일 대화했다. 이젠 명상하며 대화할 수 있는 능력이 되지만, 생각이 막히면 늘 달리기부터 한다. 생각이 막혀 답이 떠오르지 않을 땐, 언제나 달리고 있는 내게 내 자아가 귓속말을 해준다.

이 책을 쓰기로 마음먹은 것도 달리기를 하면서였다. 꼭 써야겠다는 두근거리는 마음이 들었다. 나는 90년대생들이 스스로를 조금 더 사랑했으면 좋겠다. 몸이 아프면 병원에 가면서 자신의 마음이 아픈 것은 무통각증 환자처럼 느껴질 못하고 있다. 90년대생들의 가장 큰 강점은 다른 세대가 40세, 50세가 되어야 가질 수 있는 이상적인 가치관과 정보, 지식을 가지고 있다는 점이다. 자신을 사랑하며 가치관을 사용할 수 있는 능력을 키우고, 사랑을 통해 얻은 에너지를 쏟을 목표를 찾고, 돈이 아닌 진짜 목표를 알고 남들에게 베풀며 삶의 가치를 찾는다면 어느 세대보다 가장 빨리 성장할 수 있는 세대다. 자신의 고민을 외부로 돌리지 않고, 자신이 컨트롤할 수 있는 내부로 끌어와, 삶의 가치에 대해 생각해보고, 자신의 자아에 대해 생각해봤으면 좋겠다. 그로 말미암아 자신이 삶에서 이뤄야 하는 원대한 목표를 찾아 자아실현을 하길 바란다. 자신의 영향력을 다른 사람들에게 끼치는 어진 인간이 된다면, 70세가 되기도 전에 종심소욕 불유구의 경지, 내가 마음 가는 대로 살아도 사람들이 따를 것이다. 이게 내가 제시하는 인생 쉽게 사는 방법이다.

요즘 애들은 멍청해서
우리나라가 망했다는 어른들에게

마지막으로 90년대생들을 바라보는 어른들에게 이야기하려고 한다. 이제 사회적으로 MZ세대, 90년대생은 좋지 않은 이미지를 풍긴다. 처음엔 MZ세대로 화제가 대두되며 90년대생이 대표인 느낌이었다면, 그래도 요즘은 90년대생이라고 직접적으로 지칭하는 경우가 많아졌다. 90년대생을 윗사람들은 일하기 싫어하며, 자만심은 높고, 아는 체하고, 나약하며, 실질적인 능력은 없는 세대정도로 인식한다. 뉴스에선 90년대생들이 일자리 없다고 아우성치지만, 회사에는 이력서 한 장 들어오지 않고, 그나마 간간히 들어오는 이력서는 의구심이 든다. '이 나이 먹도록 알바 한번 안했어?' 그동안 쌓아온 회사 문화는 꼰대라는 단어로 없어져야 한다고 주장하는 것에 진절머리가 날 것이다. 그래도 많은 사람들이 꼰대라는 소리를 듣지 않기 위해 조심한다. 사람 구하기가 어렵기 때문이다. 당연한 것을 억지로 참으며 비위를 맞춰주다 보니 내가 윗사람인지, 아랫사람인지 헷갈릴 정도다. 이게 지금 80년대생들의 입장일 것이다. 윗사람들에게는 했던 대로 그대로 해야 하고, 아래 사람들에게는 나가지 않게 화를 참으며 케어를 해야하는 형국이다. 언제나 위, 아래에 끼어 있는 사람이 가장 불편한 법이다. 뭐만 하면 꼰대라 하니, 여기서부터 시작해보자. 대체 뭐를 꼰대라고 하는 걸까?

대한민국의 문화부터 생각해보자. 기본적으로 그동안 회사에 다니는 사람들은 모든 과정을 이유 없이 수용해야만 했다. 군대식 문화가 대부분인 회사들이기 때문인데, 군대에서는 인력 부족을 이유로 들며 병사들이 병사들에게 교육을 진행한다. 학교로 치면 각 수업 선생님들이 수업은 하지 않고 자습만 시키고, 시험만 보는 것이다. 대신 학급 인원 중 누구 하나가 못하면 선생님이 지정해준 일진이 혼나는 방식이다. 일진은 혼나기 싫으니 어떻게 해서든 모든 인원이 완수할 수 있도록 다그치고, 대개 이 과정에서 폭력을 행사하게 된다. 선생님도 이런 폭력을 눈감아 준다. 전문적인 훈련을 받지 않은 병사가 다른 병사에게 가르치는데, 이유가 무엇이 중요한가? 목적은 무조건 전 인원 통과다. 그것만 되면 만사형통이다. 그 때문에 이유를 모르는 경우가 많아, 이유를 묻는 인원에게 "까라면 까 임마."를 시전하며 넘어간다. 그리고 어찌저찌 잘 운영이 되는 게 이런 군대식 문화다. 이런 성공의 경험을 가지고 회사에 들어간다. 그냥 윗사람들이 하라는 대로 하면 또 어찌저찌 된다. 이유를 알 필요가 없었던 것이다. 하지만 지금의 시대는 다르다. 지금 당장 유튜브를 켜보자. 절대 하면 안 되는 이유, 이렇게 하면 안 돼요. 시작하기 전에 알아야 할 것 등 그냥 하면 안 되는 이유에 대해서 수천 가지 영상이 뜬다. 회사에 다니면 어쩔 수 없이 회사에 관련된 정보들을 여러 사이트에서 검색하기 때문에, 데이터가 쌓여 자동으로 피드가 뜬다. 유튜브에서 이거 하면 안 되는 이유를 보고 왔는데, 회사에선 그냥 하라면 해 임마라고 알려준다. 그러면 자연스럽게 못 미덥게 되고, 말이 안 통하는 꼰대라고 생각하게 된다.

나이가 많아서 꼰대가 되는 것이 아니다. 이유에 대해 크게 생각해보지 않고, 원래 그렇게 하는 거니까 하는 거지라고 생각하는 사람들이 요즘 시대의 꼰대라고 불리는 사람들이다. 그리고 꼰대들이 나쁜 사람들도 아니다. 그냥 한 부류일 뿐이다. 세상에 순응하며, 이유에 대해서 크게 생각해보지 않은 사람들이 꼰대가 되는 경우가 많다. 세상에 순응한다는 뜻은, 변화보다는 유지의 가치관이 더 크다는 뜻이다. 크게 보면 자신의 업무에 대해 이유를 알고, 더 효율적으로 일하려는 변화의 가치관에 더 큰 비중을 둔 90년대생들과 맞지 않는 것이다. 이들이 90년대생과 친해지는 법은 상대방의 의중을 직접적으로 묻고 존중해주는 것이다. 바꿀 필요도 없다. 나와는 다른 사람이라는 것을 인정하면 된다. 자신이 생각했을 때 당연한 것들에 대해 의문을 품는다는 것 자체가 언짢을 수 있다. 모든 사람들이 다 마찬가지다. 자신이 왜 믿는지 생각해보지 못한 행동에 대해 남이 의문을 품고 지적하면, 기분이 나쁘다. 하지만 기분이 나쁘다고 해서 자신이 다른 사람들의 말을 듣지 않는 외골수인 것이 아니다. 모태신앙인 종교인이 자신의 종교에 대해 이유를 생각하지 않는다고 광신도가 아닌 것처럼 말이다. 대신 기분이 나쁜 것을 남에게 표출하면 외골수가 되고, 속으로 받아들이고 기분이 나쁜 자신에 대해 생각해보면 어른이 된다.

나는 이유도 말해주고 화도 안 내는데, 90년대생들은 꼰대라며 회사의 기본적인 것도 안 하려고 한다는 반박을 들을 수도 있는데, 맞는 말이다. 회사엔 싫어도 해야만 하는 일들이 있다. 하지만 실제 계약서상 업무와 어느 정도 관련이 있는지를 생각해봐야 한다. 이런 경우는 업무 외적인 일을 이유를 들면서 하도록 유도했을 가능성이 높다. 업무 외적인 것을 같이 하길 바라는 경우엔 회사를 좋아하도록 만들어야 한다. 회식을 예로 들어보자. 90년대생이 회식 안 하고 집에 가면 뭘 할 것 같은가? 왜 회식을 안 하려고 하는가? 그냥 불편하기 때문이다. 친구들 만나고 술 마시고 하는 편한 분위기면 자기가 먼저 하자고 할 것이다. 굳이 피해 보기 싫은 것이다. 회식 안 하고 자기 계발을 하러 간다는 뜻은 언제든지 회사를 나가겠다는 뜻이다. 별로 정을 붙이지 않았으니 퇴사를 쉽게 생각한다. 이전 세대가 알바할 때의 마음으로 회사를 다닌다고 생각하면 된다. 그래서 90년대생들을 효율적으로 사용하려면 계약서에 애매모호한 표현은 지워야 한다. 논리적 이유를 기반으로 감정적 선택을 하기 때문이다. 사장님만 계약서를 자기가 읽고 싶은 대로 읽는 게 아니다. 모든 사람이 마찬가지다. 하지만 90년대생들은 이전 세대처럼 애매한 표현에 대해 의문이 들어 질문했을 때, 안된다는 말 한마디에 아쉬워하며 "아… 그렇죠…. 네ㅎㅎ…. 혹시나해서요…."라고 말하지 않는다. 부당하고, 공정하지 않은 평범한 회사라고 생각하고 다른 회사를 알아보기 시작한다. 확실한 표현으로 처음부터 공지한다면 충분히 첫인상이 좋은 회사가 될 것이다. 물론 공지도 했고, 업무에 해당하는 부분에 대해서도 태만의 태도를 보인다면 강하게 나가야만 한다. 90년대생들을 다루려면 확실하고 공정한 기준이 있어야 한다. 기존의 회사가 회식과 친밀감 형성을 먼저 만들어 놓고, 다 같이 좋게 좋게 일하자는 마인드로 사람들을 붙잡아놨다면, 이젠 업무와 보상에 대한 공정성과 형평성을 통해 회사 생활에서의 청사진을 제시하여 안정감과 한 사람으로서의 인정해주는 성장의 발판이 되는 환경을 만들어놓기만 하면 된다. 그러면 90년대생들은 스스로 회식을 주도할 것이다.

  고등학생 때 내 세상을 가득 채우던 것은 고등학생이었다 내가 직장인이 된 후론 내 세상에 고등학생은 없다. 사람은 성장할 때마다 자신이 살던 세계를 그 자리에 두고 새로운 세계에 뛰어든다. 나이가 어렸던 사람이 기존 세대들이 만들어 놓은 세상에 새로이 들어온다는 것은 이상한 나라의 앨리스처럼 아예 다른 세상에 떨어지는 것이다. 새 학기 때는 같은 반 친구들 얼굴 한명 한명 외우기가 어렵다. 하지만 2학기 때 전학생의 얼굴을 외우는 건 쉽다. 나는 기존의 세계에서 살던 사람이 자신의 세계에 첫발을 내딛는 초년생들을 이해해줬으면 한다. 어색해하는 전학생에게 말 한마디 거는 것처럼 말이다. 우리 모두 새 학기였던 때가 있었다. MZ세대와 소통하겠다고 그들이 쓰는 언어를 억지로 사용하는 것은 소통이 아니다. 어린 사람과 같은 말을 쓰는 것은 나잇값을 못 하는 것이다. 몸에 맞지 않는 옷을 입는 것보다 선배로서 전학생 대하듯이 말 한마디와 공감, 나아가야 할 길을 행동으로 보여줘야 한다. 사회초년생인 90년대생에게 필요한 것은 한 사람 몫의 인정과 나아가야 할 방향을 잡아주는 것이다. 이것이 꼰대가 아닌 선배로서, 어른으로서 문화를 존중하되 자신들의 언어로 배려해주는 교류이다.

  다음은 이 챕터의 제목인 멍청함에 대해서 이야기하려고 한다. 90년대생들이 이런 이야기를 듣는 가장 큰 문제는 바로 혼자서 못하는 것과 어휘력 문제다. 혼자서 못하는 이유에 대해서는 위에서 계속 이야기했다. 정서적 독립을 못 했다는 것과 실패하기 두려워하는 가치관이 가장 큰 이유이다. 이에 대해 업무의 흐름에 대해서 이해할 수 있도록 돕고, 잘못한 것에 대해선 실패가 아닌 과정이라는 인식을 심어주고, 잘한 것에 대해선 어떤 점을 잘한 건지 알려준다. 계약서처럼 정확히 증거가 있는 말로 업무를 지시하고, 뭐든지 근거가 있어 하루 업무의 예측이 가능해져야만 한다. 뭐 그렇게까지 할 필요가 있냐고 할 것이다. 하지만 시대가 변했다. 사람이 변한 것이 아니다. 90년대생도 똑같은 한국인이다. 시대에 맞춰 행동하는 어른은 존경받고, 멘토가 된다. 90년대생에게 가장 필요한 멘토 말이다. 필요한 것을 제공해줬을 때 아랫사람의 충성심은 어마어마해진다. 반대로 바뀐 시대를 인정하지 못하고 과거에 묶여 있으면 꼰대, 나아가서 외골수라는 호칭을 얻게 될 것이다. 군대 임금이 옛날보다 많이 올라갔다고 해서 자신이 받던 만큼으로 다시 내려야 한다는 사람은 없다. 세상이 변한다는 것은 그런 의미를 가진다.

마지막으로 이 책의 대미를 장식할 어휘력 문제이다. 요즘 90년대생들의 어휘력 문제가 심각하다고 인터넷에서 연일 화제다. 보통 "금, 토, 일인데 왜 사흘이냐?" "교수님 금일이면 금요일 아니에요?" "심심한 사과? 즐겁게 사과해야 해?"라는 댓글과 카톡 등이 SNS에서 돌면서 화제가 됐다. EBS에서는 당신의 문해력이라는 프로그램으로 고2 수업 시간에 학생들의 문해력을 확인하는 시간이 있었는데, 융통성 위화감 등의 단어 자체를 모르는 장면이 나와서 사람들에게 충격을 줬다. 이러한 사태를 보는 사람들의 시선들이 다양한데, 조금 정리해볼까 한다.

먼저 대부분을 차지하는 "요즘 애들은 상식이 없다."이다. 이런 기본적인 단어를 모르는 것이 말이 안 된다고 생각한다. 이에 대한 반박으로는 이제는 사용하지 않는 단어가 되었을 뿐, 상식이 모자란 것이 아니라는 입장이다. 오히려 지금 세대에서 사용하는 코딩용어나, IT 용어에 대해서 지금 사람들이 모른다는 것을 보고 상식이 없다고 하지 않는다고 주장한다. 이 의견 다툼은 매해 제기되었던 신조어 논란의 연장선이라고 볼 수도 있다. 한글의 극심한 파괴는 하면 안 된다는 주장과 한글은 시대에 따라 무궁무진하게 변하면서 발전되어 온 살아 있는 문자라는 주장과 맥락이 비슷하기 때문이다. 그러나 이 문제는 후술하겠지만 한글의 파괴 문제, 쓰는 단어가 변했다는 문제가 아니다.

다음으로 모르면 그냥 배우면 되지라는 입장이다. "아니 뭐 모를 수도 있지, 지금 알게 된 거 아니야?"라는 낙관론적인 관점인데 문제는 지금 세대는 이런 낙관론적인 관점에서 바라보면 안 되는 세대란 점이다. 유독 지금 이 문제가 크게 대두되는 이유가 있다. 바로 이 문제의 타겟이 사실 90년대생이 아니라 정확히는 90년대 후반생부터 00년생들이기 때문이다. 이들은 타협하지 않는 신념의 세대다. 90년대생은 과도기의 세대라고 했다. 00년대생은 어떤가? 실제 정보화시대의 사람이다. 이들은 태어나면서부터 태블릿으로 뽀로로를 보며 성장한다. 이들의 부모님들은 초보 주부의 구원자라면서 아이들이 깨어있는 대부분의 시간에 뽀로로와 핑크퐁 등을 보여준다. 이를 아는 유튜브는 유튜브 키즈라는 또 다른 사이트를 만들어 운영할 정도였다. 00년대생들은 태어나서 기억이 존재하는 순간부터 지금까지 정보와 감정에 중독된 채로 살아가고 있다. 90년대생들은 가치관이 세워지는 시기에 인터넷을 가장 활발히 사용하여 논리를 기반으로 한 감정 선택을 하도록 변했다고 했다. 00년대생들은 어떤가? 이미 90년대생들이 만들어 놓은 인터넷세상에서 유아기부터 청소년기를 지나 청년기에 진입하고 있다. 심지어 코로나를 겪으면서 온라인 줌 수업을 진행하게 됐다. 저항감의 마지막 보루인 학교를 2년간 겪지 않은 것이다. 인터넷의 논리 기반의 감정 선택이라는 건강하지 못한 체계를 이들은 성장하는 대부분의 시간에 겪게 된다. 이 체계 기반의 가치관이 위험한 이유는 다른 사람들을 이해하지 못하고 피해버리는 배척의 가치관을 갖게 되기 때문이다. 어느 정도 중간에 걸쳐있던 90년대생들과는 달리 이제 정말 배척의 시대가 와버릴 수도 있다. 왜냐면 문해력이야말로 이해와 배려의 마지막, 최후의 보루이기 때문이다. 그리고 문해력이 떨어졌다는 기사는 이 보루가 무너졌다는 뜻이다.

이를 살펴보기 위해 문해력이 떨어진 원인부터 천천히 찾아가 보자. 다들 알다시피 이제 영상이 모든 것을 삼켜버렸다. 학교 강의도 영상, 학원 강의도 영상, 쉴 때도 영상, 놀 때도 영상이다. 영상은 구어체를 사용한다. 그래서 문어체는 사장되어버렸다. 이에 대해서 "이것 봐라. 그냥 시대가 변해서 쓰는 단어가 달라진 것이 맞지 않느냐? 뭐가 문제란 뜻이냐?" 할 수 있다. 단순히 어휘력만 보면 맞을 수 있다. 모르면 배우면 되니까, 하지만 문해력의 수준에서 보면 이들이 모른다고 배울 수 있는 수준이 아니란 점이 문제다. 왜냐면 한자 교육이 이제 의무가 아니기 때문이다. 아마 이 얘기에 대해 반발이 심할 것이다. 내 이야기는 한자를 알아야만 어휘력이 올라가서 문해력이 높아진다는 이야기가 아니다. 잠시 한자의 원리를 알아보자. 한자는 크게 4가지의 원리를 통해 만들어진다. 바로 상형, 지사, 회의, 형성이다. 쉬우면서 대부분의 사람들이 알고 있는 한자는 거의 상형자다. 불 화, 큰 대 같은 한자들을 말한다. 우리가 흔히 상식이라고 알고 있는 이 정도만 알아도 된다. 왜냐면 한자의 거의 7할, 8할이 바로 형성자이기 때문이다. 형성자는 상형자를 주축으로 한 2가지 한자를 음과 뜻을 가져와 만들어진다.

  기본적으로 상형문자를 몇 가지 알고 있다면 어휘력에 많은 도움이 된다. 왜냐면 상형자는 필수 어근을 담당하고 있기 때문이다. 우리가 처음으로 영어 공부를 한다고 생각해보자. 한 문장에 단어가 10개가 있으면 10개를 모를 것이다. 10개의 단어를 다 외우고 다음 줄로 나아가면 또 10개의 모르는 단어가 나온다. 하지만 계속해서 반복하다 보면 10개 중 3개만, 2개만, 1개만으로 줄어들게 된다. 그렇게 반복해서 외우다 보면 in이라는 단어가 반복됨을 알 수 있다. 인테리어를 떠올리면 인이 안을 뜻하는 것을 알게 된다. 그 후에 exterior라는 단어를 보고선 EX도 바깥이라는 것을 알게 되고, 인테리어의 바깥이니깐 외부 디자인이겠네 라고 유추할 수 있다. 언어, 어휘력, 문해력의 핵심은 유추다. 모든 단어를 정확하게 알고 쓰자는 뜻이 아니다. 모든 단어를 알고 있는 것은 어휘력이 좋은 것이지, 문해력이 좋은 것이 아니다. 어근에 의한 느낌으로 모르는 단어를 하나씩 유추하는 것이 문해력의 핵심이다. 사람마다 단어의 의미가 다르기 때문이다. 단어는 사회적 약속이다. 이는 환경과 생각 등에 의해서 모든 사람이 인식하는 것에 차이가 있다는 뜻이다. 치킨이라는 단어를 떠올려보라고 했을 때, 누구는 BBQ를, 누구는 시장 통닭을 떠올리는 것이다. 그래서 문해력이 좋다는 것은 글 쓴 사람의 의중을 파악하는 능력이 뛰어나다는 뜻이 된다.

이번엔 한자의 7,8할을 차지하는 형성자를 보자. 한자는 발음 특성상 자주 사용되는 음이 있다. 그 결과가 바로 높을 고와 옛 고 자이고 으뜸 패와 패할 패자를 예시로 들 수 있다. 월드컵 3연패와 리그 3연패의 차음은 같다. 뜻은 극과 극으로 다르지만 말이다. 하지만 한국어에서 사용되는 대부분의 한자들은 어근의 의미를 가지기 때문에 문맥에서 유추가 가능하다. 한자는 그 자체로 뜻을 가지고 있어 합성어가 많기 때문이다. 위안의 뜻을 몰랐더라도 문맥상 위로와 안도의 뜻이지 않을까? 하면 보통 맞다. 그래서 한자를 조금이라도 안다는 것은 문맥상 유추하는 방법을 안다는 것이고, 이는 문해력의 토대가 된다. 글을 읽는데, 모든 단어를 하나하나 따로따로 외울 수 있는 사람은 천재가 아니고서야 있을 수 없다. 대부분의 사람들이 아는 단어들 통해서 문맥으로 읽는다. 그러나 나는 한자를 알아야만 문해력이 올라가거나 어휘력이 좋아진다고 주장하는 것은 아니다. 한자를 한자로 보면 정말 문제가 많다. 오죽하면 중국에서도 한자를 버리고 간체자를 쓰겠는가?

사실 한글 단어를 아는 것이랑 한자를 아는 것은 아예 다른 의미다. 영어에서 어근을 안다고 영어 단어를 아는 것이라고 말하기는 조금 애매한 것과 같다. 심지어 한자어는 한글과 이상하게 엮여 있는 말하자면 2개의 언어가 서로 얽혀있는 관계라고 보면 될 것 같다. 언어는 약속이라고 했다. 약속은 시대가 변하며 많은 변화를 겪고, 사어가 되기도 하고, 새로운 단어가 탄생하기도 한다. 중국, 일본과의 교류가 끝이었던 세상과는 많은 차이가 있다. 과학은 또 얼마나 급성장했는가? 그러나 우리나라에서 한자는 더 이상 새로 만들어지진 않았다. 새로운 개념이 매일 매일 추가되지만, 한자는 그대로다. 그래서 현재는 영어권 단어를 끌어와서 신조어를 만드는 경우가 훨씬 많아진 것이다. 게다가 뜻을 알기 위해 한자를 배운다는 것도 개인적인 생각에서는 좋지 않은 생각이라고 본다. 한자를 알아서 뜻을 알 수 있는 것은 거의 없다. 대부분 단어 사전을 보고 해석을 해야 한다. 내 어린 시절 옥편을 보며 늘 생각했던 건 이 글자를 알기 위해서 옥편을 찾아보면 단어가 무한 굴레에 빠진다는 것이다. 예를 들면 포도라는 단어가 궁금해서 옥편을 찾아보면 '포도나무 포'에 '포도나무 도'가 나온다. 이런 식으로 한자를 통해 글자의 뜻을 알려고 하면, 내가 원하는 뜻을 찾지 못하고 계속 빙글빙글 도는 경우가 많다. 게다가 약속이기 때문에 문어처럼 한자와 뜻과는 아예 맞지 않는 경우가 있다. 먹을 쏘는 어류라 글을 아는 물고기구나! 해서 글월 문자를 썼다는데, 이걸 한자를 보고 유추하라는 것은 유추가 아닌 추리다. 심지어 친구인 오징어는 오적어라는 단어의 차용어다. 뜻 없이 음만 가져다 쓴 단어이다. 양말이나 당면처럼 시대가 변했는데, 뜻이 너무 옛날 시대에 한정된 단어들도 많다. 게다가 순서만 달라도 뜻이 다른 한자들도 있다. 대표적으로 사회와 회사다. 둘은 같은 한자지만 아예 다른 뜻으로 약속되어 있다.

이러한 현상이 벌어지는 것은 한자가 우리나라 글자가 아니어서 그렇다. 한글이 창제되었던 시기 이전까지만 하더라도 우리나라엔 글자가 없었다. 그런데 조선시대엔 중국이 그래도 먹어주는 나라였다. 일본 넘어가면 태평양인데, 우리나라의 세상에 중국과 일본 말고 다른 나라가 주류가 될 수는 없는 법이다. 그래서 가져온 것이 한자였다. 문어체와 구어체는 다르다. 그 이유는 쓰는 곳이 다르다. 종이가 만들기 어려웠던 시절엔 한 글자라도 아껴서 써야 했고, 실패를 용납할 수 없으니 정성이 들어가야 했다. 그러니 마음을 경박하게 가지지 못하고 정제되고 차분한 마음으로 글을 써야 했다. 게다가 한자의 특성상 알지 못하면 읽지도 못하니 더더욱 한국어를 한자로 바꾸어 아티스트적으로 꾸며대기 시작했다. 모두를 위하지 않고 한자를 아는 사람들을 타겟으로, 내가 더 잘난 것을 보여주기 위해서 더 많은 한자, 더 많은 기술로 한국어를 한자로 바꾸는 약속을 발달시켜온 것이다. 하지만 한글이 창제된 이후부턴 이런 한자에 대한 약속들이 이상하게 변모하게 된 것이다. 뜻과 음과 글자 3가지를 함께 봐야만 했던 한자를 음만 따와서 한글로 바꾸니 기존의 한자어와 한글과 한국어가 서로 맞지 않게 되었다. 이를 시간이 흘러 억지로 융화되면서 지금에 이르게 된 것이다.

즉, 지금의 한자어를 통한 한글 교육은 맞지 않는 것이 맞다. 하지만 딱히 한자어에서 파생된, 우리 선비님들의 언어를 모두 대체하기도 어려운 것도 사실이다. 한글을 이용한, 한글만을 위한 언어체계와 공부 방법 등이 다시 확립되면 좋겠지만 지금의 언어학적 교육에서 한자 공부를 능가할만한 대체법이 없는 것도 사실이다. 그래서 내가 주장하는 한자 교육의 제안은 단어에서 가장 많이 사용되는 기초적이고 필수적인 상형문자 몇 가지들과 단어가 다른 언어들과는 달리 한 글자, 한 글자 속에 숨어 있는, 한 문장을 줄인 말들이라는 한자의 형성법을 공부하는 것 정도를 말한다. 이를 공부하는 데에는 한 달도 걸리지 않는다. 결국 내 주장은 한자를 하나하나 알아야 한다는 것이 아니라, 한자는 한글에서 많이 쓰이는 어근과 글자가 풍기는 느낌을 이해하며 유추하는 능력을 기를 수 있는 현재로선 유일한 방법이기 때문에 이를 활용하여 한국어 공부법을 확립해나가자는 뜻이다.

한자 교육이 의무교육에서 배제되고 코딩이나 영어, 수학 등이 더 큰 미래가치를 창출할 것으로 기대되어 국어교육의 중요성이 떨어지고 있다. 다행히 어휘력의 심각성이 계속 화제가 되자 교육부에서는 국어의 비중을 높인다고 한다. 현재 문제점을 단어 하나하나에 포커싱하는 사람들이 많은데, 사흘을 모른다는 것은 이제 그런 단어를 잘 안 쓰기 때문에 충분히 그럴 수 있다. 언어는 시대에 따라서 변하기 때문이다. 진짜 문제는 어휘력이 아닌 받아들이는 태도다. 먼저 00년대생들은 단어 하나하나를 외울 수 없는 상태다. 위에서 이야기했듯, 하나하나 맥락 없이 외우는 것은 불가능하다. 00년대생들은 90년대생들과 마찬가지로, 아니 오히려 더 심하게 정보의 포화상태이기 때문이다. 단순 암기가 불가능한 지경이다. 그런데 굳이 사어로 분류해도 될 정도로 일상에서 쓰지 않는 문어체들을 하나씩 외운다는 것은 불가능하다. 한 문장에 10가지 단어를 모르는데, 10가지 단어를 다 찾아보면서 읽는 것은 저항감이 장난 아니다. 그리고 단어를 외우는 것은 유기적이라 가속도가 붙는다. 1,000개를 아는 사람이 100개를 외우는 것과 100개를 아는 사람이 100개를 외우는 것은 엄청난 속도 차이가 있다. 기존에 알고 있던 단어 개수의 크기만큼 그 속도는 더 빠르다. 문어체 구어체에 상관없이 어느 정도의 지식을 가진 윗세대들은 사흘이란 단어를 몰랐어도 다음에 볼 땐 별 의식하지 않아도

3일인 것을 안다. 하지만 지금 세대는 다르다. 뇌에서 한 번 보고선 치워 버린다. 다음에 봐도 3일이란 것을 인식하지 못한다. 정보의 포화상태이기 때문이다. 자주 사용하지 않는 단어라 생각되어 기억에서 빠르게 치워버린다.

다음은 상대방을 이해하지 않는다는 점이다. 계속 이야기한 논리 기반의 감정 선택에 대한 이야기다. 태어나자마자 인터넷 세상에서 살아가는 이들은 자신의 숭고한 가치관을 만들어갔다. 옳고 그름을 따지는 것이 삶의 목적이 된 셈이다. 사회에 아직 나아가기도 전에 이런 가치관을 만들어간 학생들이 사회에 첫발을 내디뎠을 때, 자신의 가치관에 부합하지 않는 사람들을 이해하려고 할까? 내가 맞고, 네가 틀렸다는 생각에서 출발한 가치관들의 가장 큰 문제는 배척이다. 90년대생 후반생부터 00년생들은 상대방을 이해하려고 하지 않는다. 이대로는 정말 감정의 시대가 고착화되고 만다. 조금 더 지나면 철학의 시대가 아닌 신념의 시대가 되어버리고 말 것이다. 감정의 시대는 서로를 이해하려 하지 않고, 감정에 따라 혁명만을 추구하는 시대이다. 건강한 가치관들끼리 서로 교류하며 성장하는 철학의 시대가 영영 오지 않을지도 모른다.

그래서 국어교육의 필요성이 더욱 커졌다. 그것도 지금까지와는 다른 진짜 국어교육 말이다. 국어의 진짜 목적은 상상과 이해다. 문학은 인간의 삶에서 많은 의미를 가진다. 다양한 장르의 문학작품에는 작품이 쓰인 당시 사람들이 사용하던 단어, 말투, 상황이 적나라하게 적혀 있다. 우리는 문학을 통해 내가 경험할 수 없었던 삶을 넌지시 경험해볼 수 있다.

'상상'을 통해서, 그리고 나라면 이 상황에서 어떻게 했을까? '이해'를 할 수 있다. 문학작품이 가치 있는 이유는 한 작품, 한 장면, 한 문장도 저마다 다르게 읽기 때문이다. 각자가 처한 상황이 다르기 때문이다. 그래서 천편일률적으로 적힌 고전이 가치 있는 것이다. 시대가 아무리 바뀌어도 변하지 않는 본질에 대한 이야기이기 때문이다. 고전은 시시각각 변하는 지금의 유동적인 세상에서도 흔들리지 않는 하나의 기점이 되어줄 수 있다. 우리는 고전을 통해, 문학을 통해 과거와 현재를 잇고 상상하고 유추했다. 하지만 이제 그 연결고리가 끊어지고 말았다. 영상 때문에 말이다. 언어체계가 온전히 구어체로 넘어갔다는 뜻은 이전 세대와의 단절을 이야기하며 나아가 상대방을 이해한다는 최고 수준의 도덕적 가치와 행복의 기준을 무너뜨리는 것이다. 국어 교육은 수업의 목표대로 단순히 모두가 같은 것을 보고, 같은 답을 찾는 따분한 수업이 되고 말았다. 자신이 좋아하던 소설에 대해 열심히 이야기하던 어린 국어 선생에게 한 학생이 묻는다. "그래서 답이 뭐예요?" 이 학생이 바로 나였다.

책을 읽는다는 것은 자신이 알고 있던 단어, 약속 등을 재점검하고, 남들과 자신이 생각하고 있는 단어의 의미에 대한 차이를 느끼는 것이다. 책 속의 주인공이 되어 그 세계를 상상하고, 나라면 어떤 느낌일까 생각해보며 상대방에 대해 이해하는 것이다. 배려는 이해가 없으면 실행되지 않는다. 점자블록을 읽으며 잘 가고 있는 시각장애인에게 뜬금없이 위험하다고 몸으로 움직이지 못하게 막는 것을 배려라고 할 수 있을까? 내가 볼 때의 위험 요소와, 상대방이 생각하는 위험 요소는 다른 것이다. 내가 행동한 배려가 상대방에겐 공포가 될 수도, 오지랖이 될 수도 있는 것이다. 요즘 시대는 사람들에게 친절과 배려를 베푸는 상황이 적어지고 있다. 개인주의 성향이 짙어졌다는 것과 친절과 배려가 오히려 자신에게 불이익이 될 수도 있다는 생각 때문이라고들 이야기한다. 나는 여기에 더해서 상대방에 대한 입장에 대해서 생각하는 능력이 감퇴하였기 때문이라고 생각한다. 사람들의 독서율은 최하를 달리고 있다. 문해력은 독서율을 따라가고 있다. 이는 상대방을 이해하는 능력이 떨어지고 있다는 방점이다. 영상을 볼 때, 제작자를 이해하면서 보는 사람은 거의 없다. 영화 칼럼리스트가 아닌 이상, 영화는 영화로 본다. 감독이 상상하는 그대로를 보여주기 때문이다. 책은 다르다. 주인공이 되어 상상해야 하고, 단어의 의미를 곱씹어야 하며, 쓴 사람에 대해서 배려하며 읽어야만 한다. 문어체에서 구어체로써의 완전한 전환은 벌써 부작용을 야기하기 시작했다.

나는 반드시 이번 국어교육의 비중이 단순히 문제를 푸는 것을 넘어서 토론과 감상으로 넘어가야 한다고 생각한다. 교육을 통해 자신과 다른 상황의 다른 가치관을 가진 사람들을 존중하고 이해하는 법을 가르쳐야 한다. 자신이 생각한 모든 것이 정답이고, 남들은 틀린 것이라는 감정적 논리기반 결정 가치관을 깨뜨려야만 한다. 그리고 이런 방향으로 나아가기 위해 전 세대가 함께 노력하고, 행동으로 모범이 되어야만 한다. 90년대생 다음의 00년대생들이 이런 사고와 가치관을 갖게 된 것은 모두의 책임이기 때문이다. 00년대생을 태어나자마자 인터넷 세상에서 시작하게 만든 70, 80년대생들과 90년대생들이 인터넷 세상을 그렇게 만든 것에 책임이 있는 60년대생, 그리고 실질적으로 이런 인터넷 문화를 만든

90년대생들까지, 사회 전반에 있는 모든 사람들의 책임이다.

　우리나라는 그동안 경제발전을 위해서 모든 것을 두고 왔다. 빠르게 달리는 트럭 뒷좌석에서 알아서 낙오 안 되게 잘 타고 오라는 게 유일한 지시였다. 아득바득, 꾸역꾸역 트럭은 목적지에 도착했지만, 많은 낙오자가 생겼다. 개인은 스스로 챙겨야 한다. 우리 트럭은 기다려 주지 않는다. 트럭에 타서 완주한 사람들은 낙오된 사람들을 나무란다. 낙오된 사람들은 트럭을 손가락질한다. 토끼와 거북이의 경주를 보는 듯하다. 종착지는 같지만, 빨리 가면 조롱하고, 늦게 오면 비웃는다. 우리 사회도 이제 길을 걷다 조는 토끼가 있으면 깨워주는 거북이와 거북이를 업고 언덕길을 올라가는 토끼의 사회가 되었으면 한다. 결국 우리는 한민족이고, 책임감을 가진 어른들이기 때문이다. 나는 변화하는 시대에 맞춰 더 건강한 세계, 더 행복한 사회를 만들어 놓고, 새로운 전학생이라는 00년생, 10년생, 더 미래에 나타날 후손들을 반갑게 맞이하는 것이 어른으로서 책임을 지는 것이라고 믿는다.

OO년대생이 온다

책을 마무리하며 쭉 읽어봤다. 많은 사람들이 제목은 90년대생은 왜 이럴까?면서 90년대생만의 이야기가 아니라 여러 분야에 걸친 장황한 이야기를 했다고 느낄 것 같다. 내가 이 책에서 말하고 싶었던 것은 90년대생이라고 한국인이 아닌 것은 아니라는 것이다. 90년대생들도 윗세대들과 유전자가 다르지 않다. 다만, 환경과 시대가 변하는 과도기 세대이기 때문에 특이하게 느껴지는 것이다. 좋은 뜻으로 말하면 시대의 흐름에 가장 먼저 올라탄 세대란 뜻이지만, 반대로 지도 없이 항해 중인 불안한 세대란 뜻이다. 중간에 90년대생을 다루는 법에서 이야기한 것은 90년대생들의 약점과 불안한 마음에 대한 나침반을 제시한 것이다. 정상적인 사람은 자신이 필요로 하는 것을 주는 사람에게 감사함과 존경을 느낀다. 나는 어른들이 선배로서 지도 없이 항해하는 불안한 사회 초년생들에게 등대 같은 선임이자, 연장자이자, 어른이 되어주었으면 한다. 물론 나도 내 얘기가 꼭 정답이라고 생각하지 않는다. 다만 내 짧은 이야기로 인해 어른들이 좀 더 다양한 관점에서, 정답을 찾고자 하는 시선에서 잠시 벗어나, 문화의 교류로써 서로를 이해하길 바란다. 전학 온 수줍은 새내기들에게 우리가 썩 괜찮은 사람이라고 말해주는 멘토가 되어주었으면 한다.

지금의 90년대생을 비유해보자면 풍선이다. 하늘 높은 줄 모르고 올라갈 수 있지만, 힘이 약해 자그마한 장애물에도 올라가지 못한다. 한 없이 커질 수 있지만, 자그마한 가시에도 터져버린다. 너무 높은 이상으로 인해 자아가 버거워하는 이들의 목표는 단단해지는 것이다. 자신의 이상을 컨트롤 할 수 있도록, 많은 장애물을 거치고 하늘로 올라갈 수 있도록 말이다. 나는 90년대생들이 지금의 중독상태에서 벗어나, 자신을 사랑하며, 사랑을 베풀고, 다른 사람을 이해하고, 좋은 영향력을 끼치는 세대가 될 것이라고 믿어 의심치 않는다. 그 어느 세대보다 숭고한 가치관과 지식을 이미 가지고 있기 때문이다.

항간에 90년대생들이 문제라고 이야기하는 기사들을 보며 90년대생들은 생각한다. '그래 좀만 기다려봐, 00년대생들이 올 거니까' 나는 이 말을 말미암아 레퍼런스 없이 나아가는 90년대생들이 좋은 선례가 되어 이후 세대들을 이끌 것이라고 본다. 윗 세대와 아랫 세대를 동시에 이해하는 세대는 90년대생들이 유일하다. 이들은 세대를 나누는 선. 과도기 세대이기 때문이다.